# 让孩子们成长得更好

## 成长得更好

名校长公益
大讲堂实录

第1辑

共青团上海市委员会
少先队上海市工作委员会 ◎编
上海市少先队工作学会

学林出版社　上海人民出版社

# 序

共青团上海市委员会书记　王宇

　　习近平总书记曾经饱含深情地指出，孩子们成长得更好，是我们最大的心愿。孩子是每一位家长的精神寄托，也是国家的希望、上海的未来。走进新时代，国家正在迈向高质量发展，上海正在建设卓越的全球城市，实现这些宏伟蓝图最终要靠今天的孩子们接力奋斗。今天我们培养什么样的孩子，明天我们的国家、我们的上海就会是什么样。随着经济社会高速发展，学业竞争日益激烈，家长不同程度地存在着"教育焦虑"，而这种情绪又被传递给价值观尚未健全的孩子们，这是全社会都要共同面对、共同思考的重要问题。

　　党和政府始终关心各族少年儿童，努力为他们学习成长创造更好的条件。作为党的助手和后备军，共青团始终牢牢把握服务青年这一工作生命线，坚持把服务青年成家立业这两大根本需求作为自身工作的重中之重。研究表明，子女教育是家庭生活的最大压力之源、焦虑之因，继而引起未婚青年对婚姻的逃避和未育青年对生儿育女的畏惧。可以这样说，缓解青年家长教育焦虑，不但是一个社会问题，更是事关国家和上海长远发展的战略问题。作为青少年的"大学校"、青年家长的"娘家人"，把先进的教育理念、高质量的教育实践经验、具有鲜明时代特征的教育案例呈现给青年家长，帮助青年家长树立正确的教育观、成才观，形成平和理性的教育心态，缓解"教育焦虑"，是共青团、少先队义不容辞的时代责任，也是为青少年提供有效服务的重要方法和手段。正是在这样的理念下，共青团、少先队推出了"让孩子们成长得更好"名校长公益大讲堂，旨在为家长提供市场难以满足的专业权威的教育指导和咨询服务，补市场之缺，急家长所急，充分发挥共青团、少先队的独特作用和公共服务能力。

2017 年下半年以来，名校长公益大讲堂第一季、第二季活动成功举行，在全市教育界人士和青年家长群体中引起广泛关注，350 余万人次的家长通过线上线下渠道聆听校长的真知灼见。18 位沪上知名校长就青年家长普遍关心的教育问题作了精彩的演讲和回答，见解深刻，很有启发。希望通过《让孩子们成长得更好——名校长公益大讲堂实录》的编辑出版，能够把各位知名校长的教育理念、观点、经验、案例传播给更多的读者，向全社会发出"平和理性看教育"的专业声音，让青年家长少一点焦虑，让孩子们的童年多一份快乐，把国家和上海未来的建设者培养得更好。

2018 年 7 月

# 目 录　Contents

# 了解孩子的认知规律

## 张人利

上海市静安区教育学院附属学校校长，上海市后"茶馆式"教学研究所所长，上海市特级校长，享受国务院特殊津贴，获全国"五一"劳动奖章。上海市少先队工作学会副会长。华东师大特聘教授，教育部中学校长培训中心兼职教授。上海市"双名"工程名校长基地主持人，上海市德育骨干教师实训基地主持人，长三角中小学名师名校长培训实践基地主持人，教育部—中国移动中小学校长培训项目实践基地主持人。首批"国培"专家。领衔的教育科研成果曾多次获得国家级、市级等第奖。

各位家长，很荣幸有这个机会跟大家探讨教育问题。今天跟大家讨论的话题是，在"要让孩子成长得更好"的背景下，了解孩子的认知规律。

## 教育的三个基本属性

了解孩子的认知规律，这取决于教育的三个基本属性。

教育的三个基本属性是什么？一是教育的艺术性，二是教育的社会性，三是教育的科学性。实际上，这三个方面最后决定着教育效果，也决定着孩子是否能够成长得更好。如果三个方面中有两个基本不变，只要一个方面有突出变化，也会产生不一样的效果。

举一个例子。我们学校针对不同的学

—— 校长观点 ——

**" 教育的三个基本属性是教育的艺术性、社会性和科学性。"**

生有专门的分层作业。有困难的学生完成的是基础性的作业，特别有潜能、精力也比较丰富的学生，我们给他做有选择性的荣誉作业。同样一个班级，数学老师也有荣誉作业，外语老师也有荣誉作业。外语老师怎么布置的呢？他是这样说的："同学们，如果你喜欢做，就到我这里来拿一些荣誉作业。"基本没有人拿，理智上都不愿意做。但是，数学老师就不一样了，他规定了一些政策：测验分数做到几分、作业要认真到什么程度、正确率要到什么程度才能拿。然后班级里同学就开始比，你拿几本，我拿几本，拼命做。

其实这不是一个荣誉作业的问题，是因为布置的方式不一样，产生的效果不一样。第一，这件事情是不容易做到的。容易做到，他不会在乎。要做到什么才能拿

—— 校长观点 ——

**" 作业布置的方式不同，产生的效果也不一样。"**

—— 校长观点 ——

**❝ 能够通过自己的努力获得成功的喜悦才是最好。❞**

到，这个东西不容易才会在乎。第二，荣誉作业的题目是比较难的，有一定的挑战性。如果一点没有挑战性，他也没有兴趣。第三，荣誉作业的题目也不能太难。难到他一点不会做也不行，难到能够通过自己的努力获得成功的喜悦才正好。这三个方面全部符合心理学、社会心理学。

家长没有布置这些作业的问题，但是也面临教育中的同类问题。如果你要给孩子布置一些事情，要考虑你的布置方式是不是符合这三个属性当中的某一个方面。

## 学生学习的 "最佳发展期"

实际上首先要阐述的是：人在什么时候，学习什么学科才是合适的。现在社会上都在说 "不要输在起跑线上"，这句话是有道理的，问题是怎么叫 "不要输在起跑线上"？这是有科学规律的。

例如一些东西如果学得太晚，肯定是不好的。过去有一个流传很广的故事：印度 "狼孩"。小的时候被狼叼走，长大了被发现的时候他已经不会说话。错过了最佳的语言学习期，再学语言是不可能的。在什么时候学什么是有规律的，过了这个时间肯定是不好的。

　　然而我们现在的社会教育问题，不是学得太晚，很多都是学得太早，在"抢跑"。"抢跑"是不是对的呢？其实也有问题。比如我问你，到底是先学物理好，还是先学化学好？我们国家是很明确的，初二学物理，初三学化学，天经地义。但是我告诉你，全世界有三种情况。第一种，新加坡是化学物理同时上。第二种，欧洲有一些国家是先学化学再学物理。当时我问他们，为什么你们国家先学化学呢？回答很简单：中学的化学内容比较好学，我们就早点学吧。

　　同样的学科，同一个学生，在不同的年龄阶段，学习效果也不一样。例如，数学的有理数的四则运算，在小学能学吗？能学。上海第一次课改的时候就把这个内容加了进去。结果是什么呢？这些题目教得会吗？教得会。但是要教多少时间呢？60 课时也不够。同样内容放到中学呢，26个课时就够了。那么你说这个内容到底是放在小学学好，还是放在中学学好？我认为毫无疑问应该是在中学学。有的内容是孩子学了很长时间也学不会的。

　　在场的小学一年级的家长，你的孩子会不会跳绳？我告诉你，不要硬逼他跳，跳不了的，差几个月都不行，不相信你试试看，到了这个月份就会跳了，不到这个月份就不

会跳，不是孩子笨，这跟年龄有关。

再比如小孩子总是搞不清楚左右。自己的左右、别人的左右、别人的左右相对自己的左右要全部搞清楚，很难的，我自己 7 岁的时候能搞清楚就不错了。但是有的则不然，比如说语言的模仿，孩子到一个语言环境里一学就会。外地人到上海，小时候来，上海话一说就会了，因为小时候语言模仿能力极强。但是我这个年龄就不行，不是脑子笨，是年龄过了。我要说明的是：人在什么时候学习什么东西，是有规律的。抢跑没有用，有的是学不会，有的即使学会也要花很多时间。

包括今天所谓的奥数，炒得红红火火。奥数本身没有什么不好，但是搞得像气功一样就不对了。目前我认为有三个不好。第一，低龄化不好。这不是小孩子学的东西，不管你打出什么旗号，不到年龄学不好。第二，大众化不好。这只是少数人的游戏，不是要求人人都要玩。奥数读得好的人是聪明人，奥数读得不好的人，也有大量聪明人。我说过一个笑话，我说现在的高考制度是我们毛主席也很难学下去的，因为毛主席数学不好。每个人的情况不一样，何必千军万马都要走这一条路呢？第三，功利化不好。孩子本身喜欢，才去学，

—— 校长观点 ——

**❝ 人在什么时候学习什么东西，是有规律的。抢跑没有用。❞**

孩子不喜欢，不要去学。有人说，现在没有办法，不读奥数进不了好高中。我统计了一下，今年我们学校正式毕业的学生有150多人，这当中进交大附中、复旦附中的

就有十几个，没有人依靠奥数项目。

那么有没有是喜欢奥数的呢？也有。比如说我有一个学生，小学读书成绩平平，不要说奥数，对数学也不是非常感兴趣。但是到中学发力了，突然对数学感兴趣。他母亲到学校里和老师说，"我孩子是不是有毛病，他一天不读奥数就难受"。他读到什么程度，初三毕业参加高三的数学竞赛，全国二等奖。这不是教出来的，因为他感兴趣，所以拼命读。这个学生高二被清华提前录取，高三被哈佛录取。这一次他回国到学校来看我，我跟他交流了一次。我问他，你今后有什么打算？他的回答让我很高兴。他说：张校长，我的志向是要增加中国人的话语权，我到美国后发现，世界的标准很多都是美国人制定的，对我们不公平，我要为中国人发出我们的声音。我想我们的教育已经到位了。

—— 校长观点 ——

**"孩子本身喜欢，才去学；孩子不喜欢，就不要去学。"**

—— 校长观点 ——

**"任何年龄阶段都有一些内容要学，先学完不一定有用。"**

我举这个例子是为了说明，我们要研究人在什么年龄阶段学什么、学到什么程度才是合理的。这实际上取决于三个方面，第一个是学科本身，第二个是学生，第三个是社会。社会因素很重要，比如说计算机，在 20 年前学习计算机是很高端的事情，到今天学计算机已经变成普及性的事了。

同一学生，学习同一学科，要达成同一目标，在不同的年龄阶段所花的时间是不一样的。我们把学生学习某学科效能最高的年龄阶段，称为学习这门学科的"最佳发展期"。很多人问"零起点"是不是什么都没有，其实不是的。这是约定俗成的说法，为什么叫"零起点"，实际上我们国家的教育制度是从小学一年级开始正规地、系统地学习知识。要准备的是什么？准备的是一些习惯、一些态度。实际上任何年龄阶段都有一些内容要学，二年级有二年级的要求，六年级有六年级的要求，但是社会上炒热了说要去先学，先学完了不一定有用，而且我认为效果很坏。

## 怎样才能使孩子真正学会？

怎样才能使学生学会，这很重要。我们老师有时会说学生，同样在一个教室，为什么他懂你不懂，他懂说明我讲过了，你不懂说明你没有认真听。有没有可能，老师讲得非常清楚，孩子认真听，他脑子很聪明，但是听不懂？当然有可能，要不然的话老师都不需要上课了，全校集中在一个阶梯教室，放录像，老师只要做警察管住学生认真听就可以了。有时候老师讲过了，学生认真听还听不懂，说明什么？说明教的、讲的，不一定是学生同时学会的。

我可以举一些例子。杨振宁是西南联大毕业的，他在回忆过去大学生活的时候说了这么一段话：在教室里上课往往只能听懂一半，还有一半是晚上没有电灯，跟同学闲聊时搞懂的。这当然是杨振宁的谦虚，杨振宁的脑袋怎么可能只能听懂一半呢，但是当他回忆时还会说出这样的话，说明杨振宁确实还有听不懂的。杨振宁还有听不懂的，其他人只要认真听就能全听懂了？不可能的。

我自己也遇到过这种事。我是教物理的，原来在一个重点中学当校长的时候，还带高三毕业班。这一年所有选考物理的同学，考场全部在我们学校，本校学生也在，监考老师换了。下午考试，中午的时候一个高三女同学哆哆嗦嗦地进了校长室

—— 校长观点 ——

**" 教的、讲的，不等于学生学会的，真正学会往往需要'对话'。"**

—— 校长观点 ——

**「 学生在教室里读书，在接受教育的时候，他脑子里不是空的。 」**

说："校长，我还有三道多重选择题不会做，你帮我指点一下。"我一看还有 20 分钟不到就要考试了，我说："同学不要再做了，我们做的题目够多了，现在需要安静，安静对你下午高考的正常发挥可能更好。"没有想到，小姑娘不走，还要威胁我："万一下午考到了怎么办？"最后，我把题目全部解答好，差不多也要考试了，小姑娘高高兴兴地进了考场。

这一天作为主考官我去巡视，当然这一天的巡视我最关注的就是题目。巧了，真的有一道题目是刚刚问到的，当时我很庆幸，幸亏回答了。全部考试结束，我在校门口看到小姑娘，我说这次你赚了，5 分有了。没想到她摇摇头跟我说，张校长，你中午讲的这道题我还是做错了。我当时心里火得不得了，但是不能发出来。我没讲清楚？她没认真听？你说她脑子有毛病？这个学生不傻的，后来考取的是医学院，毕业之后就在我们静安区中心医院做医生。看来都不是。那么为什么中午讲的下午就忘掉？我举这个例子说明：教的、讲的不一定是同时学会的。那么怎么才能真正学会？实际上我们的学生在教室里读书，在接受教育的时候，他脑子里不是空的，都有自己原有的知识、原有的经验。

这些知识和经验，有的可以帮助你接受新知识，有的是和你今天要掌握的知识完全相悖的。

何为灌输，何为启发？举一个例子。我听了一堂初中物理课，讲什么？浮力。老师问学生，军舰为什么能够浮在海面上。有一位学生说，因为是盐水，所以浮起来，是错的。接着我们的老师说，你不懂是吧，我给你再说一遍，$F_浮 = \rho g V_排$。结果学生还是不懂。因为我们现在大量的老师和家长，只有一个本事：讲正确的。他从来就没有关注孩子在想什么，怎么让他懂？所以现在都说要关注学生，关注学生什么？要关注学生在想什么，这叫关注。

不仅是教授知识，德育也是这样的。静安区有一个学校，篮球架旁边包着保护套，这都是公共财物，但是总有人给它撕坏，包上了又撕坏。校长没有办法，把学生集中起来，问为什么要把篮球架包起来？学生说，为了保护篮球架。校长说，要保护篮球架，为什么包下面不包上面呢？学生答不上来。校长告诉他们，保护套不是为了保护篮球架，是为了保护你们的安全。从此再也没有人撕了。

这些例子说明了什么？何为灌输，何为启发。实际上学生接受教育，他头脑里

—— 校长观点 ——

**❝现在都说要关注学生，关注学生什么？要关注学生在想什么。❞**

不是空的，都有原有的知识系统。灌输就是不管你脑子里想什么，反正我告诉你的就是对的。启发就是千方百计把他已有的东西引领出来，还要碰撞，再放到脑子里，这样的教学才叫有效教学，才能真正学会。

## 习题是否做得越多越好?

**—— 校长观点 ——**

**66 启发就是千方百计把学生已有的东西引领出来，还要碰撞，再放到脑子里，这才叫有效教学。 99**

家长认为"做总比不做好，多做总比少做好"。现在是看到人家孩子做自己孩子不做，家长难过；看到孩子三天不做功课，家长浑身难受；周末两天做下来，孩子不高兴，家长高兴。那么是不是作业越多越好，或者是不是越少越好呢？这实际上都是片面的。习题肯定要做，而且有一定量的，不到一定的量成绩是上不去的，但是多做也是不好的。

有一个 PASA 考试，是国际权威的学业质量评价，上海参加了两次，成绩全部都是全世界 68 个国家的第一名，68 个国家里包括大部分发达国家。有人说中国的教育就是死记硬背，根本不是。这件事情一直震动到当时的美国总统奥巴马，可以说全世界震撼，特别是数学。这个考试不仅涉及学习成绩，还涉及与学习成绩有关的其他方面，比如说家庭文化背景，家庭经济条件，比如注意力，比如睡眠时间，这都是相关的因素。

测试下来的情况怎么样呢？有一个数据很重要：15 周岁的孩子，一周的回家作业总量不要超过 11.8 小时。这个数据是怎么来的？是几万、几十万的学生测试出来的结果。在 11.8 个小时之内，是作业越多成绩越好。超过 11.8 个小时再增加作业，成绩是平的。如果还要增加作业，成绩也许非但不涨还在跌。实际上心理学早就有过理论，就是"高原现象"。但是过去没有数据，所以拐点找不出来。但是现在大数据时代到了，给我们大量的数据做验证，和理论完全一样。上海测试下来有多少？13.8 小时。过去的市教委主任是公开承认上海的学生负担还是太大了。所以不要说做习题是对的或者不做习题是对的，本质是要按照科学规律办事。

根据上海指标统计，我们学校的作业量是多少？比上海市少了 40 个百分点。不少老师要增加作业，我马上同意，作业太少也不好。我们初中的物理回家作业最少，我增加了多少作业？一个学期增加 48 张小练习。结果这一次测试下来，与第二名的差距拉开了。那么是不是都要增加？

—— 校长观点 ——

**" 不要说做习题是对的或者不做习题是对的，本质是要按科学规律办事。"**

—— 校长观点 ——

**" 作业一定要考虑它的多样性、分层和分类，适合孩子的作业才是好的。"**

不一定，这是有规律的，有大家公认标准的。

还有一点，大数据是整体的，而人和人是不一样的。作业这个问题不要看着人家做我也做，没有什么好攀比的。我们学校严格执行一个制度：第一，班级里今天布置的作业，如果数学多了，语文多了，外语多了，学生可以举手跟老师说：我今天完不成。第二，如果一个学生做到很晚，他的家长可以发个信息给班主任：我的孩子已经做得很晚了，明天不交或者是迟交作业。人和人之间还是不一样的，适合孩子的作业才是好的。所以作业一定要考虑它的多样性、分层和分类。

## 一张试卷的教学测量可靠性如何？

期末考试之后，肯定是几家欢乐几家忧，拿到成绩，好的都很开心，不好的都不开心。拿到成绩不好的，都在怪自己的孩子。有没有孩子状态差不多，但是有时候成绩好，有时候成绩不好，有可能吗？完全有可能的。什么道理你想过吗？实际上这是一个重要的教育测量问题。

我们教育的测量实际上是以一张卷子作为测量工具的。但是这个工具怎么制造的呢？从高处来看，有两种测量，一种测量叫间接测量，一种测量叫直接测量。像这间房间面积多大，这就是物理测量，是直接测量。只要测量方法对，测量工具准，出来的数据即便有一些误差也不大，而且这种误差可以消解。但是我们的试卷不是，试卷是抽样测量的，它是间接测量。我做了几十年的老师，题目就在我们的手里，出题目想让学生考几分就考几分。

考试阅卷，一张语文卷子的作文，评出来分数相差不能超过3分或者4分，超过就要重新评，不超过就算平均值。但是这样评出来的分数怎么会没有误差？所以这张卷子看上去是高度的公平，其实里面也有不公平，看上去是高度精确，实际上是很不精确。因为它是间接评价，不是直接评价，是抽样出来的。如果一张数学卷子36个题目，即便你数学考得好，只是36个题目考得好，而不是全部数学好。如果家长有这种心态，经历孩子的一次次考试，你的焦虑就小得多，也不会再怪你的孩子了。因为决定成绩的，绝对不仅仅是孩子努力不努力，这当中涉及的问题很多。

—— 校长观点 ——

**" 如果一张数学卷子36个题目，即便你数学考得好，只是36个题目考得好，而不是全部数学好。"**

**" 什么年龄进行什么样的考试，小学是目标考试，达成目标就可以了。"**

# 正确对待学生之间的差异

人是复杂的。其实在中小学阶段，最复杂的问题根本不是学科的问题，而是对人研究的问题。我们小学奖金分配制度，小学一年级老师奖金最高，因为不是学科复杂，是人复杂。这个问题复杂在什么地方？刚刚我说的认知规律，学什么，怎么评，这些东西的规律就来自对人的研究。

比如说小学为什么要等第制？小学搞等第制，考中学为什么又没有等第制？这问题有道理吗？听上去有道理，实际上不对。为什么不对？其实等第制也有不一样的，到了高中还有等第制，但是这个等第制和小学的等第制是不一样的。

高中、初中考试是目标参照系，既要考虑达标，又要考虑选拔。因为我们国家的分流就是从初中开始的。小学是目标考试，达成目标就可以了。这是有规律的，什么年龄进行什么样的考试。小学的等第制是不以比例限制的，如果班级里面都算 A 也可以，50% 是 A 也可以。但是逐步上去以后，要有一个目标意识，要有选拔意识。所以到了中考就是两考并一考。什么是两考，一个是目标考试，还有一个是选拔考试。所以不同的年龄阶段应该有不同的要求。

还有人是有差异的，而且差异很大。大到什么程度？我不是吓大家。我们小学的学生全部是对口入学，统计下来每年心理有问题的学生实际人数大概有多少？1%左右。这些人面对的不是教育问题，是要进行心理治疗的问题。但是很多家长不愿意面对，我还特地请了上海、北京的一些医学专家来讲课。你们知道吗？大脑当中有一个中枢是控制语言的，有一个中枢是控制动作的，有一个中枢是控制情感的。这些地方出问题，有的人是狂躁症，有的人是多动症。这些不是教育的问题，是需要治疗的问题。这些是我们应该关注的关键少数，人不多只有1%，但是要关注。

人是多元的，大量的还是其他的差异，而且非常大。家长一定要发现你的孩子到底喜欢什么？你的孩子更适合什么？千万不要跟风。比如你看现在电视台的一些主持人，很简单的数学题目做不出来，但是人很漂亮，普通话很好，做主持不是很好吗？比如做教师，当然要愿意与人打交道，不愿意与人打交道的，就不要做教师。现在社会给大家的机会非常多，家长尤其是小学家长，更加要考虑，自己的孩子适合做什么，不适合做什么。

—— 校长观点 ——

**" 家长一定要发现你的孩子到底喜欢什么？你的孩子更适合什么？千万不要跟风。"**

问津校长

**家　长**：您刚才说到了有意义的教学，除了让孩子多看书多做题，尽量引导他们多提问，还有什么方法吗？

**张人利**：这个问题问得很好。学习同样的知识会有不同的路径。我举个例子，小学中学都会出现一些物理知识，比如蒸发。蒸发跟三个因素有关，一个是温度，一个是空气流动，一个是接触面积。这些内容可以直接告诉你，从教育上讲，这叫接受性学习，接受的是他人总结出的知识，是我们一般的教育方法。

但是还有一种方法也十分重要，叫研究性学习，也叫实践性学习，即"做中学"。怎么做呢？例如，给学生放一个盆，倒上水，问他水在什么位置。明天后天再来看，让学生发现是水自己跑掉。那么，水自己跑掉跟什么因素有关系呢？学生再猜想，再观察，再研究，这样也可以得出蒸发与三个因素的关系。

"做中学"的好处是实践能力、探索能力和解决问题的能力强。但是也有不好的：知识不够全面，可能有漏洞和重复。学校里的"做中学"，知识体系强。但有些知识光讲结论记不住，理解不深。

所以两种方式都重要，教育孩子的时候也都需要。

**家　　长：** 面对孩子在成长过程中的差异，家长在教育的时候还有什么需要关注的共性问题吗？

**张人利：** 我认为是要守住做人的准则。我们学校有一个孩子，他学习成绩相对有些差距，但是道德品质非常好。他在初二升初三的时候参加竞选，争取做小队长，竞选的理由是什么？他说：我在静教院附校已经读了八年书，虽然成绩不好，但是我看到了学校老师的辛勤付出，我爱这个学校，爱这个集体，我希望为班级多做一些事情，希望大家选我当小队长。他不仅这么说，也是这么做的。我在那年的毕业典礼上讲了这个故事，接着我说，这位同学是静教院附校优秀的学生，希望他毕业以后常回来看看，母校欢迎这样的毕业生。那天他的爸爸妈妈坐在后面，爸爸身体有残疾，妈妈身体也不好，结束以后，他们上来握着我的手说，校长，我们真的很感谢学校。

# 以全人教育面向世界和未来

**吴子健**

包玉刚实验学校总校长，特级校长。上海市九年一贯制教育专业管理委员会主任，上海市民办中小学协会副会长，华东师范大学青少年发展研究中心特聘教授，上海市建青实验学校前校长。具有幼儿园、小学、中学教育的理论与实践经验，从 20 世纪 90 年代起从事教育国际化与双语教学的实践与研究。主编出版《快乐体验》《九年一贯制素质教育模式研究》《学生创造力培养序研究》《探究学习与教师行为改善》。出版专著《教育在哪里》。发表论文数十篇。主持的课题获教育部基础教育课程改革研究成果三等奖、全国第三届教育科研成果三等奖、上海市第七届教育科研成果一等奖、

中国可持续发展项目"十五"优秀研究成果专著三等奖。课题"从研究学生出发，提升'15 年一贯制'学校课程实施的有效性"入选中国教育学会教师培训课程库。

**如**何培养在国际舞台上具有领导力的创新人才？我想结合包校的三大办学使命谈谈看法。

—— 校长观点 ——

> **如果没有正确的价值观，无论走到哪里，都很难得到很好的发展和成长。**

## 发展全人教育

**包**校通过丰富多彩的教育活动，全面提高孩子的创新能力、社交和情绪管理能力，培养坚韧品格和积极的学习态度。

首先，正确的价值观是非常重要的。包校有三大核心价值观：仁、义、平，我们把它定位为五个方面：责任、自我管理、反思、尊重和坚韧。如果没有正确的价值观，无论走到哪里，都很难得到很好的发展和成长。

孩子成长的过程中当然要关注他的学习成绩，但是我们认为，品格培养比学习

成绩更重要。每一个到包校来参观的人都
会说，包校的孩子最大的特点就是阳光、
自信、包容、诚信、创新。

如何培养孩子阳光、自信地成长？一
年级孩子进包校的时候，老师都会问他们
三个问题：你和别人不一样吗？你有什么
不一样？你喜欢与别人不一样吗？对孩子
自信心和创造力的培养，要从他进校的第
一天开始。

在这里我想给大家分享一个抽水马桶
的故事。有一次学校的保洁工在打扫卫生
时发现一年级的卫生间里有声音，进去一
看发现是一个男孩在鼓捣水箱。保洁工把
结果告诉了上课的老师。老师问学生，你
为什么要拆那个水箱？他说，我要研究水
箱冲水的秘密。我们这才知道，前一段时
间，水箱经常漏水，就是因为这个孩子去

—— 校长观点 ——

**❝对孩子自
信心和创造力
的培养，要从
他进校的第一
天开始。❞**

—— 校长观点 ——

**"** 简 单 的 批 评 教 育 不 能 解 决 问 题 。 **"**

研究水箱的秘密而造成的。那天，正好螺丝帽掉到马桶里，孩子无论如何装不上。我们认为，简单的批评教育不能解决问题，所以把孩子的家长请来了解情况。这个孩子懂事之后，就把家里除了父亲的名贵手表外都拆过一遍。为什么在学校里面研究水箱而不在家里研究水箱？因为家里的水箱是连体的，学校的马桶与水箱是分体的。问题发生之后，我们也和家长进行了沟通，一是肯定了孩子善于动手、善于研究的良好品格，同时也对学生进行了批评教育。后来，家长在家里给孩子买了一个分体式的抽水马桶，学校也为他提供了更多的科技创新的研究平台。这个孩子后来在香港举行的乐高比赛中获得了冠军。从这个故事可以说明，对孩子的教育和培养，首先应该要给他发现自己能力的空间和机会，同时也要注意引导。

在孩子的品格教育当中，家长的参与是十分重要的一环。因此，我们鼓励家长通过积极参与各类学校活动来加强对孩子们的品格教育。

包校的家长们自己组织了自行车骑行俱乐部——Run-A-Way 俱乐部。这个俱乐部的传统项目是"两湖三岛"骑行，即环台湾岛、崇明岛、海南岛，太湖和千岛湖骑行。中学部的学生可以骑 900 多公里，小学部的学生可以骑到 400 多公里。每年六一儿童节，学生与家长从长宁校区骑到松江校区，距离 40 多公里。去年六一，我在松江校区迎接队伍的时候，看到一个 6 岁的娃娃骑着小自行车，从长宁骑到了松江，我都不敢相信。这个孩子是今年要进我们小学一年级的一位新生，她跟着姐姐、爸爸妈妈，从长宁骑到了松江校区。像这样的骑行活动，还有野外长途跋涉等，一方面锻炼了他们的体魄，也是对社会的一种考察。家长对孩子的品格教育，不完全是通过言语表达，而是通过共同参与来体现的。

此外，我们的家长和学生还致力于参加慈善活动。有一次一位外籍的体育教师提出要以 24 小时在松江校区不间断跑步的形式为尼泊尔的贫困家庭捐款。我们当时都不敢相信，包校的创办人包文骏先生、我还有很多松江校区和长宁校区的师生以及家长等都陪着他跑，当然，不是跑 24 小时，而是跑一段路。这样的慈善活动，可以让孩子从实际行动当中学到：即使今后学习成功、成为领军人物之后，也要回报社会。

每年暑假，包校都会举行为自闭症

—— 校长观点 ——

**" 慈善活动，可以让孩子从实际行动中学到，即使今后成功之后，也要回报社会。"**

儿童捐款的慈善活动。今年的活动延续了"为'爱'畅游"的主题，汇集了来自包校、星踏青少年体育俱乐部和彩虹妈妈关爱中心的 200 多位参赛者和志愿者，一起畅游，爱心接力。有一次我带着外籍教师和外籍学生家庭到成都山区去参加慈善活动，不仅捐了款，还和当地的孩子共同生活，也给他们上课，进行互动，感受他们在这种环境下如何自主创新。

这些活动都与家长的积极参与分不开。由于在和孩子的沟通教育当中，经常是妈妈的投入相对较多，而爸爸可能投入较少。所以在有一年的冬季音乐会上，我们安排了孩子们和爸爸们一起演唱"爸爸去哪儿"的节目。爸爸们知道之后，踊跃报名，参与合唱排练，甚至有些家长是特地从国外坐飞机赶来参加排练。演唱那天，一位家长正好在北京有事，他坐着飞机赶到上海，唱完歌之后再回到北京。演唱过程中，许多观众听了他们发自内心的演唱都不禁热泪盈眶。

在培养孩子的过程中，很重要的一条是要加强体育锻炼。在包校，小学部平均每天运动时间是 90 分钟，中学部每天运动的时间要达到 120 分钟。这样的安排也得到了家长的支持，运动当中个别孩子也会

—— 校长观点 ——

**❝ 在培养孩子的过程中，很重要的一条是要加强体育锻炼。❞**

出现一些受伤的情况，家长知道这个情况之后，都能理解和支持。他们说："吴校长，我们还是希望学校在加强保护措施的同时，继续把体育运动这样的好传统坚持下去。"

在体育活动中，我们也把名人请到包校，请他们分享体育精神，促进学生成长。这里还有两个小故事可以和大家分享。

有一次一位家长和领导找到我，说孩子要到国外读一所名校，但体育成绩不合格，问能不能把不合格的成绩改一改？我们了解情况后知道，这个女孩子那天有特殊情况，因为体育老师是外籍男教师，她不好意思讲。最后经过讨论，学校写了一个书面解释文件，但成绩没有改。因为这牵涉诚信的问题。

还有一次，一位家长打电话给我，说因为孩子身体不舒服，能到校上课，但不能上体育课。体育组长向家长表示，体育不仅是一门课，也是对培养孩子们团队精神、体育毅力非常重要的项目，能来上课就必须上体育课。后来家长也同意了。

由此可见，家长对孩子品格的培养，

—— 校长观点 ——

**"家长对孩子品格的培养，不仅要体现在口头上，更应该体现在实际行动中。"**

不仅要体现在口头上，更应该体现在实际行动中。

对孩子艺术方面的培养也非常重要。在包校，只要孩子有艺术表演的愿望，都能有展现的舞台。学校每年都有英语或是英语的音乐剧上演，只要孩子希望上台演出，都会给他们一个角色。在此前的"爱丽丝梦游仙境"英语剧目中，小学部一共有 500 多名学生，200 多名学生都在舞台上表演。去年，包校隆重庆祝了十周年校庆，在上海交响乐团举办了大型音乐会，全校的 1000 多名学生中，有 600 多人参加了演出。这些活动不仅可以让学生们充分展示自己的艺术才能，还能够培养他们的自信。

另外，包校还创设各类舞台，为孩子的发展提供了很好的空间。去年，一位十二年级的同学在英特尔国际科学与工程大奖赛中获得了美国计算机协会（ACM）专项奖。

我也可以和大家分享一个关于这位同学的小故事——黑客的故事。一次我们发现校园网有"黑客"进入，经过调查发现是这位同学在卫生室看病时通过那里的电脑，把学校的计算机网攻破了。这个事件学校非常重视，因为内网当中有很多的内部文件，包括很多老师的考卷等。当时对

—— 校长观点 ——

**❝只要孩子有艺术表演的愿望，学校要尽量提供给他们展示的舞台。❞**

这位学生的处理方式有两种意见，其中一种意见认为这样的孩子应该给予警告记过或是行政处分。我请学校的同事先了解了一下原因，据学生的家长说，这位同学从四年级开始，就对网络信息技术产生了浓厚的兴趣。之所以会入侵学校网络，是因为他想看学校的网络安全设置水平，也想检验自己的信息技术能力。在了解情况后，我们最后没有处分这名学生，而是邀请学校的信息技术教师和家长一道，共同探讨孩子的技术能力和未来发展方向。按照教师的建议，我们还推荐了许多信息技术学习的资料和网站，鼓励他继续钻研。

—— 校长观点 ——

**"家长对孩子的启发和帮助，不仅体现在口头上，更体现在行动上。"**

家长对孩子的启发和帮助，不仅体现在口头上，更体现在行动上。这位学生的家里有一个小小的工具房，里面有各种各样可以让这位同学自主动手的材料以及工具。可以说，家庭环境为他的科技创新、计算机能力的发展创造了很好的条件。他后来作为中国科协和教育部联合开展的"英才计划"成员，到美国参加计算机比赛，这与他本人的努力，也和家人从小为他创设的条件分不开。发展全人教育，不仅体现在品格方面，也体现在对孩子个性的全面发展方面。

—— 校长观点 ——

"传承中华文化是教育中不可或缺的一环。"

# 传承中华文化

不管是去国外进一步深造，还是在国内通过很好的学校发展各方面的能力，传承中华文化是教育中不可或缺的一环。

在此我们可以谈谈包校创办的初衷。包玉刚实验学校，是世界船王包玉刚爵士的长女包陪庆女士、外孙包文骏先生，和原上海市妇联主席谭茀芸女士共同创办的。包玉刚爵士一直十分注重教育的发展，向上海交通大学捐赠了包兆龙图书馆和包玉刚图书馆。1986 年，由包玉刚爵士基金会、中国政府和英国政府三方出资，中英两国领导人与包玉刚爵士基金会在英国伦敦共同签署了"中英友好奖学金计划"的协定。迄今为止，该计划已资助过 1728 名中国留学生，其中不少学成归来成为了各个领域的领军人才。包氏子女也热心教育事业，致力于将包玉刚精神、价值观及其对社会的责任感和情怀一代代传承下去。

改革开放以后，尤其是最近十几年，越来越多的孩子从小就出国留学，缺少对中华文化的传承。而与此同时，随着外资企业人才来华，许多的外国孩子也希望能更多地了解中国文化。因此，2007 年，包玉刚爵士之长女包陪庆教授率幼子包文骏先生秉承家训、捐资创办了包玉刚实验学校。

这里我想要讲一个伊顿公学开设汉语专业的故事。伊顿公学是世界名校。英国的家庭，孩子刚刚出生就到那里报名了。由于办学质量好，这所学校培养出了很多英国政府官员和创新性的人才。

包文骏先生 8 岁开始在伊顿公学就读。他刚进学校的时候，包陪庆女士就问伊顿公学的校长："你们学校有没有汉语课？"伊顿公学的校长说没有，因为没有经费。包陪庆女士说，我给你十年的经费，校长说："好啊，但是我们还没有老师。"包陪庆女士说："我给你从北京请来最好的汉语老师。"校长又说："我没有学生。"包陪庆女士说："我的孩子就是第一个学生。"就这样，伊顿公学从那天开始，开设了汉语专业。现在伊顿公学的汉语专业，已经成了十分受大家欢迎的一门课程。我讲这个故事是想说明，无论孩子到哪里，只要是中国血统，就一定要能够有中国的根，要了解、掌握中国的文化。

其实国际课程和上海课程，无论是课程理念、课程目标，还是课程的内容及方法，有很多都是相同的；当然在上海课程

—— 校长观点 ——

**" 无论孩子到哪里，只要是中国血统，就一定要能够有中国的根。"**

—— 校长观点 ——

" 我们孩子的创新能力仍然需要提高。"

当中，也有很多要进行改革的方面。同时我们也应该看到，上海基础教育的成果已经得到了国际教育界的认可，我们可以从 2013 年《纽约时报》专栏作家、《世界是平的》作者托马斯考察闵行区的蔷薇学校时写的文章中体会到这一点。

如今，上海的数学教材已经出口到英国，英国教育部长也来过上海，希望上海能够派出数学老师，能够用我们的课程、我们的教材，给他们的孩子们上数学课。这些都说明，在整个课程建设方面，上海课程、我们国家的课程得到了国际上很多专家的好评。

当然，从 PISA 考试来看，虽然获得了很好的成绩，但是孩子们的创新能力，尤其阅读理解能力还是需要提高的，我认为这也是在孩子们进行国际化教育时需要注意的问题。

现在，我想结合包校几个案例说明学校是如何培养孩子传承中华文化的。一个高三的孩子，他和他的母亲一起到西部地区、西藏和新疆等地考察，回来之后写了一本《古格王朝》，对中国的传统文化作了非常好的理解和阐述。

另外，有两位八年级同学提出要写一本中文小说，反映 19 世纪普法战争的历程，这场战争当中，法国是正义的一方，德国是反面的一方。所以，这本小说的名字就叫"光明与黑暗之书"。《光明与黑暗之书》通过对两个士兵心理活动的描写，反映了整个战争的历程。他们通过人文课的教学和阅读，积累了大量素材，了解了每一个历史事件的素材及资料情况。两位学生也在学习的过程中发现了许多有趣的历史事实和不同的评判标准，并进行了热烈的讨论。一开始他们认为，既然法国士兵是作为光明的一面，肯定全部都是好的；而德国士兵作为黑暗的一面，则应该全部都是不好的。但是通过讨论他们发现，光明的一面也有不足，法国士兵的人性中也存在黑暗的一面，反之亦然。当代著名语文教育家、语文特级教师、全国语言学会理事于漪老师在《初试锋芒赞》中评论："19世纪70年代普法战争之事，初中学生学习都德短篇小说《最后一课》时均略有知晓。教学时因不作具体阐述，学生印象往往是抽象的、模糊的、概念化的。而今，两位八年级学生创作《光明与黑暗之书》，用文学的笔触把这场战争刻画得波澜迭起，惊心动魄，一个个人物形态各异，历历如在眼前。"因此，可以说这本书的创作既培养了学生的批判性思维，也对两个孩子的

—— 校长观点 ——

" 学生的批判性思维，要有意识地培养。"

语言能力起到了重要的磨练作用。

其中一位小作者的妈妈在和我交流时也谈到，当初这位学生到包校以后，因为开始的时候英语有一定的差距，她曾经提出到外面给孩子找补习班补英语，并让他多看英语书。但孩子不同意到外面补习，因为他原来读的小学中文非常好，他想要继续认真研究中文。但是一段时间以后，他慢慢认识到，提高中文的同时也需要加强英语水平。需要指出的是，这样的转变和老师在整个教学过程中培养学生阳光、自信的品德息息相关。他的老师在上课前就和他讲：你每节课觉得老师哪方面没有讲到，请你下课以后提醒我。像这样的老师，给孩子的鼓励非常大。有些转校生一开始觉得上课听不懂，我就和外籍校长反映，外籍校长告诉我：吴校长，你告诉这个同学，请他在课堂上大胆向老师提问，一直提问到老师回答不出也可以，然后学生与老师可以一起开展讨论。

我想，不仅老师要有意识地培养孩子的批判性思维，家长也应该有这样的理念。我们知道，现在很多家长给孩子补习，请各类补课老师，或者上培训班。但最关键的还是要让孩子自己通过大量阅读，理解消化之后提高自己的能力。所以在包校，

—— 校长观点 ——

**" 希望孩子们在课堂上大胆向老师提问，一直提问到老师回答不出来也可以。"**

尤其是在传承中华文化方面，我们非常重视阅读和理解的培养。包校的图书馆资源十分丰富，为学生大量阅读提供了平台。高中还将四大名著作为必读科目。同学们通过名著阅读，不仅了解了名著当中所蕴含的中国文化内涵，而且也能提高语言水平。

此外，学校还举办了中华诗词大赛，鼓励学生们阅读中国名著，每天安排上午半小时对古诗词的阅读……这些都为学生们传承中华文化创造了良好的条件。

## 拓展国际视野

我认为要拓展国际视野，首先要对我们国际化的人才做一个定位。什么样的人才是国际化人才？我认为要具有国际化的意识和胸怀，以及国际一流的知识结构、视野和能力，在全球化竞争中善于把握机遇并争取主动。具体而言，国际化人才应该具有如下七种素质：

1. 有宽广的国际视野和强烈的创新意识；

2. 具备本专业的国际化知识；

3. 全面了解国际惯例；

4. 跨文化沟通能力；

—— 校长观点 ——

**❝什么样的人才是国际化人才？我认为要具有国际化的意识和胸怀，以及国际一流的知识结构、视野和能力，在全球化竞争中善于把握机遇并争取主动。❞**

—— 校长观点 ——

**"培养孩子的英语能力，并不是单纯上一些语法、单词课，而是要通过广泛的阅读来理解。"**

5. 独立的国际活动能力；

6. 较强的运用和处理信息的能力；

7. 正确的政治素养和健康的心理素质，能经受多元文化的冲击。

现在很多家长都在关心的问题是：中国家庭如何培养孩子的双语能力。很多家长也在问我：明年我的孩子想来包校就读，由于包校对孩子的英语能力有一定要求，应该如何提高英语能力？因此，即使家长把孩子送到民办的双语幼儿园，甚至是国际幼儿园，但还是在外面请了外教。有的孩子在上海很有名的公办幼儿园，按照教育法规的规定，幼儿园不能进行学科类教学。所以，公办幼儿园中一般不开设英语课。为此家长更是特意请了很好的外教。但即使这样，也有好几个孩子，花了很多时间补习英语，最后也没能进入包校一年级就读。

究其原因，首先，培养孩子的英语能力，并不是单纯上一些语法、单词课，而是要通过广泛的阅读来理解。有些刚进包校的家长问我：包校的英语课从来没有教语法，也从来没有教单词。但在公办学校，至少要默单词、背单词、教语法。这样能学好英语吗？为此，我特意去请教了英语教研组长，他告诉我，我们教孩子学英语，就像学自行车一样，先学会自行车，再了解自行车的构造。

其次，想要学好英语，必须学好汉语，因为汉语是孩子的母语。

包校创办之初，大家都不知道包玉刚实验学校是什么样的学校，也不知道学校教育质量到底如何。当时为了招这些学生，我们花了很大力气。可以说当时的第一批学生很多都没有英语基础。但这届的学生最后都进入了世界名校。事实说明，想要培养学生具备很好的双语能力，首先还是要把汉语学好。我们知道，即使不读书的人也会说话，但是会说话，不等于他了解这个语言背后的文化。所以，了解语言背后的文化，才是学好双语的关键。

包校为学生提供了沉浸式的双语教育环境。图书馆是开放式的，孩子们可以通过各种形式进行阅读。写《光明与黑暗之书》的小作者告诉我，包校每天给学生提供一个小时的自由阅读时间，这是他最大的收获。包校还采取分级阅读的形式来帮助学生多读书，读好书。每个学生的阅读能力不同，为此我们把所有的英文图书，按照难度分成不同等级，老师通过和学生们交流，给他们确定等级。比如这个孩子的英语阅读能力是三级，我们就给他推荐

—— 校长观点 ——

❝想要学好英语，必须学好汉语，因为汉语是孩子的母语。❞

—— 校长观点 ——

**❝ 快乐教育，不是学习没有压力，而是让孩子们很阳光、很自信。❞**

二级的读物给他看。我们知道，成人看书也可能在文章中碰到生僻的字词，或者有些句子看不懂。但只要对文章有兴趣，如果要了解这个词的意义，肯定需要会查字典。通过了解这个词的含义，也增进了读者对这篇文章中心思想的理解。但阅读更重要的是培养孩子对语言背后文化的理解。所以在包校，老师每个星期都会与这些孩子进行交流，看阅读能力是否得到提高。现在，分级阅读的办法也已经融入了语文学科的教学当中。在小学部，我们对中文图书也进行了分级，根据孩子们的能力推荐读物。

包校也鼓励学生多参加社会实践活动，培养能力。比如去年毕业的一位十二年级同学就非常喜欢旅游，去过很多国家，但是她到那些国家去，不是先到旅游景点，而是先去博物馆研究。她写了 40 多个博物馆考察研究报告，求学期间还到东南亚柬埔寨参加了"保护大象"的慈善活动。后来她被美国常春藤联盟的布朗大学录取了。学校录取她的原因有很多，但她的课外研究能力，以及参加社会活动的能力给招生官留下了非常深刻的印象。

包校的快乐教育，不是学习没有压力，而是让孩子们很阳光、很自信。比如说，体育活动也是进行品格教育和语言教育的一种平台。在小学部的体育馆当中，就有一幅画，上面写着"冲突解决角"，学生按照这里的指示解决运动当中经常会发生冲撞、矛盾。其中包含六个步骤：（1）手心向上；（2）解释问题；（3）倾听对方；（4）一起解决；（5）友好握手；（6）赞美对方。可以看到，这个六步解决法也可以用于解决学生在学校或者社会中与其他人产生的冲突或矛盾。

拓展国际视野的另一个很重要的部分就是学习国际课程。就以包校提供的 IBDP 课程为例。IBDP 课程是大学预科课程项目，采用类似大学文理学院的通才教育理念，用国际统一标准来安排课程和活动。课程量大，在科学、人文、语言、艺术、数学、社会工作等各方面注重学习者的平衡、全面发展；同时，还非常重视培养国际视野和社会责任感。IB 高中课程包括六个学科领域和三项核心要求。在两年的学习中，学生将从每个学科中各选择一门课程进行学习，完成拓展性论文、知识论课程并参加创造、行动和服务活动。

想要学好 IB 课程，必须具备如下素质：（1）良好的创新性的学习能力；（2）均衡发展的能力；（3）优秀的双语能

—— 校长观点 ——

**" 冲突解决六步骤：（1）手心向上；（2）解释问题；（3）倾听对方；（4）一起解决；（5）友好握手；（6）赞美对方。"**

—— 校长观点 ——

**66 如果希望送孩子出国留学，什么时候最合适？我建议在国内读完高中再出国。这样的学生将有扎实的中国文化基础，与父母的感情也更加亲密。99**

力；（4）坚韧的意志品质。国外的大学采取预录取制，每年九十月份，学生需要先申请大学，到第二年 5、6 月份考试成绩正式出来，大学才会正式录取你。预录取分数的高低对学生最后是否能够成功录取有很重要的作用。包校有专门的升学辅导办公室，从高一开始就为每个孩子量身定制专业发展路径与学习计划，为学生的大学申请提供建议，并与这些大学的招生官保持联系。

前年，包校学生和美国教育部长进行了一次十分活跃的对话。时任美国教育部长对我们孩子们的品格、双语能力、学科知识和广阔的国际视野给予了高度评价。在这里，我也想回答家长们最关心的那个问题：如果希望送孩子出国留学，什么时候最合适？我建议在国内读完高中再出国。这样的学生将有扎实的中国文化基础，与父母的感情也更加亲密。如果父母能够陪同孩子出国读书，在高中阶段出国也可以。由于当前国内无论是双语学校还是公办学校国际部，都为我们孩子们出国留学创造了很好的条件，比如包校高中部实行的就是家庭式的寄宿教育模式。所以孩子具体什么时候出国最好？还是要根据家庭的经济情况，孩子的语言能力、自理能力、品格及各方面综合考虑才能最后决定。

问津校长

**家　长：**我们从外地来到上海定居的，父母工作忙碌，平时由阿姨带孩子，这样的环境下，如何教育得更好，让孩子成长得更好？

**吴子健：**希望家长可以亲自和孩子们在一起，孩子从家长那里可能会得到更多，包括亲情，对孩子的了解，家长是最清楚的。父母工作比较忙，和孩子的交流机会比较少，父母可以通过各种方式，多和孩子交流。

**家　长：**小朋友需要锻炼什么样的品格或者是要有怎样的学习基础，才更适合进入包玉刚实验学校？

**吴子健：**最适合孩子的教育才是最好的教育。我认为应该有让孩子全面发展的理念。要给孩子创设更多的平台。

我们主张孩子养成提问的习惯。老师很欢迎学生提问，老师看到学生来问最高兴，老师最喜欢和学生讨论。在我看来，孩子到包校来，首先要阳光自主，敢于提问，要有信心。

# 教有真情，育无止境

**吴蓉瑾**

黄浦区卢湾一中心小学校长，中学高级教师、黄浦区学科带头人，上海市教书育人楷模、上海市"星星火炬"奖章获得者、上海市园丁奖、上海市未成年人思想道德建设先进个人、上海市"关心下一代"先进个人、全国教育改革创新杰出校长等。十年来，坚持学校特色——情感教育，提出"教有真情，育无止境"，致力于培养学生积极的情感，面对学习、生活。目前开展的"云课堂"研究，着力于信息技术与教育教学的深度融合，深化情感教育。

在开始今天的交流之前，我想说说不少家长目前的困惑：比如，怎么和孩子沟通，怎么相处更好？比如，在情感教育的过程中，怎么用积极的、向善的方法回答她的尖锐提问，告诉孩子一些社会现实问题，同时，依然让她热爱生活，热爱学习？比如，小学五年到底学什么，会给孩子带来哪些变化，要达到什么目标，会给今后打下怎样的基础？还有家长问："我能走进他（她）心里吗？""我将给他（她）怎样的童年？""爱能教吗？"……在此，我将卢湾一中心小学在情感教育的实践中收获的点点滴滴与大家分享。

## 情感教育的必要性与重要性

曾经有这样几组数据，让我们读了觉得揪心。

数据一："你最愿意将心里话和谁讲?"——"母亲"33.0%,"同伴"20.0%,"写日记"15.8%,"对谁都不讲，也不写日记"12.5%,"父亲"10.7%。可见，有超过一成小学生心里话"对谁也不讲，也不写日记"。从分年级调查的数据来看，心里话最愿意和同伴分享的比例是逐步上升的：随着年龄的增长，小学生会更愿意将自己的心里话和同伴分享，而不是家人。但更需要关注的是有超过一成的小学生，对谁都不讲，也不写日记。特别是男孩子，不愿意讲述的比例是16.8%,而女生是8%。这部分的学生在日常生活当中可能存在沟通障碍，如果任其发展下去，他的心理会出现一定的健康问题。数据二：当心情很不舒畅的时候你会怎么办?——"很快忘记"48.8%,"过一段时间才能忘

—— 校长观点 ——

**❝学生在日常生活当中可能存在沟通障碍，如果任其发展下去，他的心理会出现一定的健康问题。❞**

—— 校长观点 ——

❝ 唯理智教育是'残缺不全'的教育，我们希望帮助孩子构建完整人格，完满人生。❞

记"39.7%，"长久不能排解"11.5%。可见，小学生的情绪调适和情绪排解能力普遍存在隐患，值得引起我们的重视。数据三：到晚饭的时候有事不能回家，会主动想办法通知家人吗？——"经常会"63.3%，"有时会"26.9%，"不会"10.1%。可见，有部分孩子很不善于关注和改善心情。实践是检验真理的唯一标准。面对孩子的这些令人忧心的表现，十多年前，卢湾一中心小学在特级校长程华的带领下，开展了情感教育的实践。当时我们就提出，唯理智教育是"残缺不全"的教育，我们希望帮助孩子构建完整人格，完满人生。

而经过十多年的情感教育实践之后，我们总结了孩子最容易出现的四大表现，分别是：（1）心安理得地习惯接受他人关爱，面对家人对自己的付出，想不到也不会去关爱别人、体谅别人。（2）冲动、任性、我行我素、缺乏自制力，对环境的适应性较差，在群体中的人际协调意识成熟较慢。（3）情感的感受能力较差，情感体验性不够。面对激动人心的客观事物和现象，其情感难以被打动。（4）安于顺境，缺乏吃苦耐劳的准备和勇气，坚毅精神不足，怯于面对困难和挫折。

## 情感教育的四大要素

> **要实现完整人格的培养，就要呼唤完整教育。孩子的成长过程是认知和情绪、情感方面的协调发展。**

要实现完整人格的培养，就要呼唤完整教育。孩子的成长过程是认知和情绪、情感方面的协调发展，我们教育的责任就是提供种种条件，满足他们的认知与情感发展的需要。情感教育旨在培养学生健康情感以及情感能力。经过多年的摸索与实践，我们总结了情感教育的四大要素：

（1）把"情感"本身作为教育目标而不是教育手段。我们开展的情感教育其目标指向主要不是探索"以情促知"，而是旨在探索如何"以情育情"。

（2）情感不仅是认知与行为的中间环节，而且在个体人格形成的完整过程中具有特殊的地位。我们开展的情感教育其主要内涵，不局限于心理层面的情感发展，而全面涉及精神层面和人格发展中的情感发展问题。

（3）情感不仅是非智力因素，是核心成分，也是智力潜能到智能现实化过程中不可或缺的重要因素。我们开展的情感教育其实施形态，不是教育中孤立的一部分，而与德育、智育、体育、美育等诸育交融一体。

（4）处理情绪、情感的表征和表达方式，既有"外在化"的道路，又有"内在化"的道路。我们开展的情感教育其操作方法，不是首先重在成人言语的引导和教育，而是首先重在为孩童自由表达情绪情感、大量积累情感体验创造更多条件。

具体说来，我们开展情感教育的方法，不在于老师怎么说，怎么教育，怎么去引导，而首先重要的是让孩子去表达，所以才会有了情感教育。刚开始就是让孩子畅所欲言，哪怕老师听了会很尴尬，家长听了会很难堪，也要让孩子先说。我刚刚开始上情感教育课的时候，要求孩子能够对自己的父母表达自己的爱。那怎么样才能落到实处？比如，爸爸给我检查完作业，我能说"谢谢"。妈妈给我盛了饭，我能说"谢谢"。这个简单的小作业要求孩子们把爸爸妈妈的表现写下来。第二天我收到孩子们不同的答案，很大一部分都是用各种描述方式和我讲述。比如，我爸爸说："你今天生病了吧？有没有发烧？"妈妈很不解地看着我，甚至有些爸爸说"啰唆什么，快吃饭"。我问孩子们，爸爸妈妈为什么那么尴尬，为什么他们不会反馈给你，甚至他们认为你生病了？那是因为你很久没有向他们表达过你的感情。

—— 校长观点 ——

**❝开展情感教育不在于老师怎么说，怎么引导，首先重要的是让孩子表达。❞**

试想，今天在座各位，回家吃饭的时候对孩子表达爱意，会用什么方式？我曾经遇到一个二年级的爸爸，他说："校长你说要抱一下小孩，对吗？我回去就抱他了。他在看电视，我一把把他搂过来，孩子非常诧异地看着我：爸爸你要干什么？我说：爸爸喜欢你，陪你看电视呀。孩子说：爸爸你去上班吧。"为什么？这种"突如其来"的拥抱，孩子肯定接受不了，因为我们都已经不习惯了，不习惯这样很真实、面对面地表达情感。但是，当有一天，他对身边的小伙伴，对他的老师，对自己的父母都能够这样真实而自然地流露情感，还会有人尴尬吗？我想，应该不会。

情感教育的核心是爱，起源于爱的情感，落实于爱的行动，教他们是爱的艺术。

—— 校长观点 ——

**"情感教育的核心是爱，起源于爱的情感，落实于爱的行动，教他们是爱的艺术。"**

## 情感教育在学校教育中的实施途径

学校开展情感教育实践以来，我们不断优化方式方法，总结出了一套情感教育在学校教育中的实施途径。

途径一，陶冶心灵的情感教育课。

我是全校第一个上情感教育课的老师，当时我曾经让孩子们每天都写日记，但完全出于自愿，身体欠佳、作业较多、无话

—— 校长观点 ——

**❝作为老师，作为家长，要引导孩子更为妥当地表达自己的情感。❞**

可说，完全可以不写。正因为自愿，孩子们反而愿意写，喜欢写。每一篇，我都会通过评语与他们交流，有时评语内容还会超过他们所写的内容，因为我很珍视交流中发现孩子们的心声。

有个孩子给我写了这样一段："老师我今天很难过，同学们都说我对你不礼貌。"

这是我刚接不久的班，我上完课，这个孩子就跑到讲台前来："吴老师，吴老师，你是不是属猪？"当时我心里挺不乐意的，自以为他是觉得我胖，所以我没有理他。第二天上完课他又跑过来，"吴老师你就告诉我吧，你是不是属猪？"一连几天，天天如此，我心里是不太痛快的。那些小姑娘也看不下去了，就说："你怎么这样啊，吴老师多喜欢我们，你还说她属猪？"小男孩成了大家攻击的对象。

小男孩在日记里这样写："吴老师，因为我属猪，我觉得只有像我这样聪明绝顶的人才配属猪。我看你上课上得那么好，我猜你一定跟我一样属猪。所以我才来问你，是不是跟我一样？现在大家都说我对你不好，我很难过。"当看到他写的这段内容后，我从原先的生气，到后来释然，再到为自己当时没有停下脚步，耐心地多问一句原因而感到不妥。这是一个孩子很真实的情感表达，如果我不去问他不让他写出来，可能永远不知道他觉得属猪是一种荣耀。我完全可以多问一句，在了解原因后去引导他更为妥当地表达自己的情感。

也正因为如此，我才更觉得情感教育的重要。

我用这个题材上了一节 15 分钟的情感教育课。这堂课上，我要求孩子们把近阶段想对老师说的话、对老师的误解全都说出来。讲到哪位老师，就请哪位老师来。有孩子说："今天，数学老师批评我了，说我猴子屁股坐不住。因为数学课之前是体育课，我上得大汗淋漓，到了教室里是电风扇，您说心静自然凉，让我们坐着不要动，会凉下来。但我还是热，我乖乖听老师话了，电风扇就在我头顶，我身上渐渐干了，但是很尴尬我的屁股还是湿的。于是我一边听课，一边轻轻抬起我左边的屁股吹一下，吹干了再换一边吹。让我的屁股和全身一起干。这时，数学老师一声大吼：你在干嘛？坐也坐不住，屁股怎么了？他这样说让我很尴尬，同学们的目光

—— 校长观点 ——

**"当孩子能够勇于表达自己的情感，那才是情感教育的起步。"**

全部集中在我身上，我是想好好听课的，只不过想把屁股晾干。"我就把数学老师请来，数学老师说："原来是这个原因，好的，老师知道了，你可以如实告诉老师呀，或者下课来和老师交流一下。"就这样，又一个误解化解了。

渐渐地，孩子们敢对老师提意见了，当然老师要有绝对宽广的胸怀去听这些，最主要的是，我们要用自己的耐心与真诚去鼓励孩子真实地表达情感。

当时程校长收到孩子们的意见："校长，我们觉得厕所太臭了，有没有办法解决这件事？"于是，程校长下课第一件事，就是先去厕所。等孩子们上课，再去厕所一次。想了很多的办法，让我们的厕所不再有味道。当孩子能够勇于表达自己的情感，那才是情感教育的起步，由此带来的改变是神奇的。

情感教育课，从最初通过孩子写日记，教师通过选取教育教学中即兴发生的案例来实施，到后来有了生成性和预设性的课程。生成性课程就是当即发生的，引发思考和讨论的问题，我们及时处理。预设性课程就是假设某一个阶段孩子一定会出现这样的想法，我们如何解决？比如，每次测验练习前孩子会紧张焦虑，怎么办？遇到台风多发季节，应该注意些什么？于是，渐渐地，我们有了一套很完善的情感教育课的框架，就这样一步步地走下来，成了一节特殊的课。

途径二，充满童趣的情感教育系列活动。

很多人都觉得卢湾一中心小学这个学校好像不读书，只会玩，各大媒体会介绍我们有各种各样的活动。但所有的活动背后都有着深意，情感教育在里面起着很重要的作用。中国人过中国节，绝不是简简单单让你了解中国红，品一下上海小吃，我们更希望孩子可以体验感受，更深地爱我们的上海、爱我们的祖国。我们的活动必须充满童趣，不追求高大，不设计不符合孩子年龄特征的活动。

比如"约会劳模"的活动设计，全国劳模吴佩芳老师等，每年不止一次来到卢湾一中心小学。如何使劳模能和孩子有真正的沟通呢？每年我们都会精心挑选接待他们的孩子，而且全校的孩子都有资格竞选。参加竞选的先决条件就是："是否了解劳模的故事？能不能给大家讲一下？"我对孩子们说，这些劳模的地位远远高于我们平时所接待的，他们都是从基层做起的，他们对社会所作出的贡献高于我们所有人，接待他们这是我们的光荣，所以学校要选

—— 校长观点 ——

**❝ 学校的活动必须充满童趣，绝不设计不符合孩子年龄特征的活动。❞**

—— 校长观点 ——

" 情感教育不
是虚幻的。"

口才好、有礼貌的孩子，竞选要收集资料，等等。在这样的引导下，孩子们会想尽一切办法收集劳模的小故事，并把这项工作视作无比荣耀。当全国劳模来到卢湾一中心小学，10 位小接待员会戴着红花、缎带在校门口迎接，预习工作中他们早就通过照片认识了劳模，当他们挽着劳模的手亲密聊天，说起劳模的小故事便特别生动流畅，劳模们怎么会不高兴、不感动，不愿意到卢湾一中心小学来呢？

不仅是 3 月 5 日，我们一直提倡和劳模手牵手心连心，所有卢湾一中心小学的成长与建设，都和劳模分不开。新校舍的第一捧土是劳模铲的，第一张校报《小雪花报》是劳模给我们提的意见，云厨房第一次"闹元宵"活动是邀请劳模一起参与，植树节劳模们送给孩子们一盆盆小盆栽……通过这些精心设计的活动，把孩子们原以为离他们很远的，变成很近的，且能接受的事物，这才是我们想做的。

途径三，融入情感教育的学科教学。

情感教育不是虚幻的，在整个课堂教学中和孩子们有着息息相关的关系。我们做过一个课堂观察，这个课堂观察当中有九张量表，其中一张是老师在这节课中的行走路线。偌大的教室我们作为观察方看着老师在教室里怎样走动，每每记录的线路图被我们笑称有点像"鼻涕虫的行走"，但是当我们沉下心来再研究的时候发现，前三排、靠近老师讲台的位置，是老师最喜欢去的。后面呢？后面的孩子呢？如果你不走到后面去，你能不能用眼睛望向他以给他鼓励？如果他在角落里，你能不能走过去，摸摸他的头，拍拍他的肩，让他站起来表达一下自己的想法？

拿语文的写作教学来说，当时让孩子们自愿写的日记，我给起了一个名字叫"晴雨表"，但是不要拿这个标准来衡量所有的语文老师，每个老师采取的方式不一样，但都在用自己的方式表达自己的情感，哪怕只是给孩子本子上敲个小图章，写一两句话，也是情感的表达。"晴雨表"让我和孩子天天交流，可能我会因此成为每天批阅最忙碌的老师，但是从中我获得了很多情感的素材，能够让我和孩子更好地交流。比如，我们当时说"快乐像晴天，烦恼雨绵绵，小秘密就像太阳躲云间"。快乐时，他会画个小太阳，这篇晴雨表就可以向全班大声朗读。"烦恼雨绵绵"，他会画个雨伞，或者一朵下雨的云，希望我帮他解决。"小秘密就像太阳躲云间"，那就是个别交流，不会在公开场合暴露他所写的

—— 校长观点 ——

**❝ 情感教育，可以帮助我们和孩子更好地交流。❞**

内容。很多时候我们就是用这样的方式，发现问题、解决问题。

语文课中我曾经参与过一次备课，课文叫《邱少云》。社会上很多人说邱少云是假的，他那样被烧一动不动，不符合一个人的生理情况。当我们拿到这个教材时，社会上的这种说法正是非常厉害的时候，作为教育工作者，我们难道和孩子说，我们勇于挑错吧，去找找各方面的资料，看看人被烧着的时候到底怎么样，作为一个语文老师，能这样教吗？当然还会有人说："我这是教孩子勇于面对错误。"不，不是！我们无法改变教材，没有十全十美的教材。但是我们面对已有教材，应该怎么教？更何况，这是一篇很优秀的文章。当时，我抓住了一句话，"邱少云就像千斤巨石一样，趴在那儿一动不动"。我和孩子们说，日常说话我们会不会把人比作石头？孩子们觉得不可思议。我说，我们有时会说这个人很顽固，很不讨喜，所以我们会说这个人就像茅坑里的石头又臭又硬。但什么情况下会把人比作石头，是他固执吗？是他心肠冷酷吗？不是。再看看是什么样的环境下才会这样，首先他是石头，他不动，他就像没有血肉一样；再接着，他是巨石，那是块巨大的石头；第三，他是千斤巨石，挪都挪不动。我们为什么会用这样反常的比喻来比喻一个人？孩子们通过思考后再读文章就可以体会到邱少云像千斤巨石般一动不动，是因为他为了整个班，为了整个战斗的胜利趴在那里，当火烧到了他的棉衣、他的身体，火苗蹿上了他的脸颊，他仍然在那里不动。当火在他身上足足烧了半个钟头的时候，他依旧纹丝不动。让我们体验一下，他当时是怎样的一种感受？半个钟头以后，火渐渐熄灭了，他没有发出一点声音，直到他牺牲。面对这样一个好的教材，我们难道和孩子们说，这不符合一个人的生理情况？那天的课结束后，我的孩子没有辨析教材内容的不合理，相反，他们被深深地打动。

我们学校有一门课程叫军事课程。那天是甲午海战纪念日。教官在课程结束之后放了邓世昌的照片，要求所有上课的孩子，戴好红领巾，上前敬礼并合影。有孩子笑了，很正常，因为他们岁数还小。我想当他们看了《甲午风云》的电影，听了讲述，我相信不笑的孩子会比笑的孩子多。当他们回去和父母讨论这场战役，知道这场战役之后中国发生的巨大变化，招来的屈辱，他们就不会笑。课还会继续。我会问我的孩子们，再叫你们上去合影，你们会笑吗？他

—— 校长观点 ——

**66 要告诉孩子，要学会去感受，学会去爱。99**

—— 校长观点 ——

" 亲子聊天，
不陷尬聊。"

们说不会了。我们老师和我们家长，一定要正向地去引导，哪怕这件事里面存在一定的缺陷，但一定要告诉孩子，要学会去感受，学会去爱。哪怕你看到的是丑的，你也要让它回馈到你的心里，发出爱的光芒。

## 情感教育在家庭教育中的实施途径

除了在学校教育中进行情感教育，家庭教育中更离不开情感教育。下面就来谈谈情感教育在家庭教育中的实施途径。

途径一，亲子聊天，不陷尬聊。

我曾经问过一个小孩，我看爸爸妈妈和你关系很好啊，为什么不和他们多聊聊。他说，没什么可聊的，三句话不离隔壁班的小王，别人家的孩子永远比我强。我和父母交流后，父母有明显的改变。但是过几天孩子又不开心了。聊天了吗？聊什么呢？先是问我这两天开不开心？搞了什么活动？老师今天烫了头、换了新衣服，都挺好的。第四句开始，上个星期练习成绩下来没有？你班级里大概排第几？老师上课有没有批评你？有没有表扬他？表扬了他没有表扬你，你还要更努力。这是正能量，但是他喜欢吗？不喜欢。他不喜欢隔壁王二的孩子，因为这个孩子永远不能超越，难道我身上一无是处，没有比得过他的地方？一定有，那么就不要选择尬聊，如果你实在无法选择很好的话题，那宁可选择不聊。

途径二，亲子活动，不唯目的。

不是今天学校要求去红色基地，家长们就一窝蜂都去了。尤其是临近开学，小队活动要交表格了。爸爸妈妈开始请假了，要去了。因为是学校规定的，没办法。能不能换一种形式呢？让孩子们自愿去。比如，小乐已经四年级了，他的妈妈就是喜欢带孩子到各种博物馆参观，像上海的一大二大三大四大纪念馆，一个个跑下来，让孩子听、让孩子记，绝对不是看完写一个作文就结束，孩子是真的浸润其中去体验感受。

很多家长喜欢在班级群发一些热门的公益，都是好活动。但我更会关注那些持续做事情的人，因为持续地做一件好事，能够完善人格。比如，我们学校的孩子到瑞金医院弹钢琴，缓解等待的患者、家属的焦虑心情，这个孩子毕业了，接着另一个孩子又接过接力棒来继续做下去。这才是我要看到的。我也看到有的孩子到老人院去，给老人送点水果之类，后来我知道，他们每个月都去，甚至动了一番脑筋，拿

—— 校长观点 ——

**" 亲子活动，不唯目的。"**

—— 校长观点 ——

**" 亲子学习，
不打鸡血。"**

自己压岁钱给老人买了很多玩具，包括飞行棋、游戏机等，因为他们觉得老人就像孩子，老人也需要玩。偶尔做一次我会表扬，但是我希望孩子们把一件好事持续地做下去，更期盼爸爸妈妈和孩子一起做。家长和孩子一起参与的活动，对于孩子来说会更有意义。

途径三，亲子学习，不打鸡血。

我一直觉得现在很多孩子超越年龄地在学习东西，所以他们非常苦恼。学习的焦虑从哪里来？为什么学了一个阶段就有瓶颈，读不上去了？你用初中的知识教小学，高中的知识教初中，等他读大学的时候开始看漫画了，这个学习的顺序是颠倒的，他没有享受该有的童年，他玩的都是低级的游戏，看着低幼的文章，因为他在不符合年龄的时候把书都读完了，何必呢？要给他一个快乐充实的童年。你的童年会趴在地上打弹子，会在弄堂里和伙伴们一起玩，为什么他的童年只能读书？

昨天我遇到一位家长和我交流时说："人家都在读，所以我只能读，我不读就落后了，万一他中学考不进怎么办？"我就想问，那些在读书的孩子真的进了他们心目中的好中学？那些不读书的孩子真的没有中学要吗？不见得吧。好像参加各类实践活动，做公益，或者是学了很多艺术特长的孩子，也发展得很好。所以，亲子学习，不要打鸡血。另外，孩子学习的时候，你一起学，看你们两个是否可以一起进步，他读书你读报，你听他读课文，他听你讲读报的经历，你试试，一定会有不同的感受。你怎样接受教育，你的孩子也怎样在接受教育，互换一下。

以上的种种做法，是为了让学生学会同情和谐，培育仁爱、体谅之心，感受快乐，体验民俗风情、民族文化；培养生活之趣，激发兴趣，爱护好奇心，培养专注。

## 情感教育的最终达成度

我们要在学校进行情感教育，要在家庭教育中融入情感教育，那么情感教育的最终达成度是什么？是善待自己，形成珍惜生命的情感谱；是善于倾听，形成乐于表达的情感调，最终建立亲而誉之的情感场。我们积累情感经验，以情感引发情感，升华情感体达到以情育情的目标。

一是学会同情。情感教育课并非能够每一次都见效，我曾经上过一次失败的情感教育课。当时班级里有一个孩子，成绩处于临界状态，怎么努力始终都不能提升。

—— 校长观点 ——

" 情感教育的目标之一是让孩子学会同情。"

她的父母非常忙碌，妈妈属于三班倒。她妈妈曾经问过我："为什么不能天天穿校服？我没有时间帮孩子买衣服，家庭条件也一般，但是孩子天天穿校服到学校，孩子们笑话她，觉得她家没衣服穿。另外，我的孩子是典型的油性头发，洗了一次，第二天又要洗，她的头发永远是油腻腻的，我已经把洗洁精都用上去了，但不行，就是这样。她在班级里受到很不公平的待遇，同学们笑话她。"而我也从她的一篇作文中发现："今天的体育课，老师让我们打乒乓。我整整一节课，捡了 90 次球，因为所有的孩子打球打过来，都是大力抽射，还有针对两个角的变换抽射，我是接不起来的，我一直在捡球，我一直捡了 90 多次。"尽管，她的文章有很多错别字，但是我看了很心疼。于是第二天我上了一节情感教育课，我避开她成绩临界点的问题，我把她父母比较忙碌、她油性头发的问题和全班说了一遍，我说我们大家都要关心小伙伴，爱护小伙伴，大家能做到吗？大家说好的，能做到。我以为这样就够了。我还沾沾自喜，觉得我又成功解决了一个孩子的问题。但是后来有一次我发现，孩子们传本子，她坐第四个。第一个孩子往后传，传到她的时候，小朋友就故意把她的本子甩在地上。一次、两次，我发现大家的态度没有对她改观，同学们还是不和她玩，说她头发脏。我想我已经上了情感教育课，我已经教孩子们爱她了，为什么做不到？后来我好好反思了一下，为什么做不到？因为我没有爱她。我只是叫大家爱她，或者我只是表现出来我正在爱她。这也是后来我成为管理者以后对卢湾一中心小学全体老师的要求：老师要真正地爱孩子，我们的爱不是给上级领导看的，不是给她的爸爸妈妈看的，这个孩子就是我的孩子，不管她长什么样子，不管她聪明还是稍微有点跟不上，不管她调皮得不得了，还是那种非常聪慧、听话的，都是我的孩子。如果我连我的孩子，都不去保护，她怎么会感受到爱？这种不尴不尬的上台拥抱一下，对她真的有用吗？我后来又上了一节情感教育课，这节课上，我想了办法，让她做一个小帮手。同样，还是避开她的成绩临界问题，我先讲了我的问题，我有什么做得很不对的。那天，等她再进教室的时候，我告诉大家，我给她准备了一个小礼物，我给她买了几对好看的小发卡。我说，不要再用洗洁精洗头了，我们换个洗发水，老师给你换一个。那天，我帮她梳了头。那天开始，我不能说有翻天覆地

—— 校长观点 ——

**" 老师要真正地爱孩子，我们的爱不是给上级领导看的，不是给她的爸爸妈妈看的。"**

的变化，但是我的学生在变化。你不爱她，你让别人怎样爱他？对于爸爸妈妈也是这样，你不爱你的孩子，你让你的孩子怎样爱你，爱其他人？

二是感受快乐，体验民俗、民族文化。在卢湾一中心小学有很多节日，最早定义是"吃"，孩子 10 多年前最喜欢问程华校长：今天吃什么？我们端午节吃粽子，元宵节吃汤团，中秋节吃月饼，节日里，午饭的时候还会加菜。因此孩子们过节就问吃什么。重阳节发重阳糕，但是重阳糕孩子吃了有什么用？第二次过重阳节时，就让孩子们把重阳糕带回去给老人吃。难道我们中华文化的传统美德就仅仅停留在吃吗？不是。再接着，第三年，组织我为爷爷奶奶设计服装活动，孩子们有画的、有用碎布做的，还搞了一个时装发布会，让爷爷奶奶穿着孩子设计、学校制作的衣服，搞服装秀。第四年，程校长提出敬老应该从细节处入手，于是设计了一个针对爷爷奶奶、外公外婆的调研：小辈们有没有给老人脸色看？说话是不是笑嘻嘻、轻声细语？收集到有些不尽如人意的回复，我们再对个别同学有温馨提示，一个月以后跟踪反馈。就这样，一个重阳节设计的活动内容慢慢地变化着。要让孩子体验民俗风

—— 校长观点 ——

**❝ 要让孩子体验民俗风情、民族文化。❞**

情、民族文化，我们更希望在这其中，他能够学到一些什么。再比如，卢湾一中心小学的面粉节里出现了一批神奇奶奶、了不起的外婆，陪孩子做亲子面粉食品，甚至拿出祖传擀面杖，我们还进行了比赛。很多爷爷奶奶的面点制作被孩子拍下来，放在我们的资源库里，这难道不是很好的情感体验吗？

　　三是学会情绪的自我感受。鼓励真实表达情感，学会感受辨认他人情绪，体验理解他人情感，学会感情输出，增强情感交流。六年前发生了一件"大"事，三个小女生成为了大家众矢之的。她们用拖把把厕所里的下水道堵住了，造成出水不流畅。保洁阿姨去打扫的时候，拔出拖把，粪水溅了出来，溅在阿姨脸上，阿姨非常伤心地哭了。三个女孩被老师很严肃地批评，要求写检查之类的。我们问这三个女孩子为什么这么做？她们说，今天自然课上讲了关于压力的问题，我们想知道，怎么弄，我们曾经动过厕所里水槽的主意，发现作用不大，后来找到拖把，用拖把堵住下水道，结果堵了拔不出来了。她们也没有料到，阿姨拿拖把的时候粪水会溅出来，这个时候她们已经面临很窘迫的困境了。结果这件事怎么处理的？我上了升旗

—— 校长观点 ——

**❝ 真实表达情感，学会感受辨认他人情绪，体验理解他人情感，学会感情输出。❞**

台没有批评那三个女孩子。我请来保洁阿姨，当着全体学生的面，和阿姨鞠躬道歉，我说由于我们的孩子想知道这样一个常识，但是她们操作不当，我们老师应该很好地去教她们，或者是面对她们有这样的问题时，应鼓励她们问我们，对你造成这样的后果我跟你道歉。三个女孩子觉得非常不好意思，后来自己自发地去和阿姨道歉。另外，也要求她们后续写研究报告，再张贴出来，我觉得这样的处理，比让她们单纯地读检查要好得多。第一，如果当时没有经过情感教育课，她们不敢表达出来，可能这件事老师批评了，检查写完，找来家长，结束。第二，要让她们学会辨别他人的情感，体验阿姨脸上溅上粪水时多难看？阿姨的理解是你们故意的。孩子们会感觉，如果是我，我也觉得很难堪、尴尬。第三，输出情感，不在老师的指点下自己解决这个事情，让它圆满解决。

　　四是情感教育要最终达成善待自己，珍惜生命的情感谱。善待自己，这是现在特别强调的，见义勇为不是以牺牲自己为代价。善于倾听，乐于表达情感，最终建立亲而誉之的情感场。很多家长都问，当孩子问到死亡的时候，应该怎么说？我曾经有过两种处理办法。第一次，有一个二年级的孩子，由

—— 校长观点 ——

**❝ 情感教育要最终达成善待自己，珍惜生命的情感谱。❞**

于突发性疾病去世了，所有的孩子都觉得猝不及防，那个座位就空下来了。我和孩子们聊了很多在病房陪她的情景：春节到病房陪她，买了很多玩具，因为那是无菌病房，没有孩子一起玩，我们给她买的是自助银行机、小房子，可以一个人玩。我们也组织了捐款，但后来钱还来不及使用，她就去世了。她爸爸成立了"小雨点基金"，用于学校受意外伤害的孩子。我本以为这件事就那么过去了，但是我整理孩子遗物的时候，她喜欢折五角星贴在本子上。我很无意地打开其中一个，里面写了一句："吴老师我爱你。"打开每一颗五角星，每一颗都是这样写的。接着她妈妈也给我来了电话，她妈妈说，她在家里的床底下，找到一个小箱子，她女儿在里面放了一张纸，写着："妈妈我爱你，我平时不太乖，我以后会很乖。"她妈妈在家里角角落落看到很多这样的字条，情绪完全崩溃了。我觉得，尽管我心里很难过，但是我还是把这个事情在情感教育课上和班级同学分享，他们同样感触很深。他们回忆起与这个叫宣宣的女孩子相处中的快乐事情，他们反复读着这个小女孩去世前写的文章，不知道是不是冥冥中注定，小女孩写的文章叫做《小雨点和小树叶》，她说小雨点和小树叶成了好朋友，春天、夏天、秋天过去了，小树叶越来越虚弱，冬天来临的时候，小树叶摇摇欲坠，要掉下来了，小雨点哭得很伤心，小树叶说你不要难过，来年我会再回来。就是这样一篇文章，我和孩子们是反复读的。正因为经历了这样的事情，我们才觉得生命非常可贵，要珍惜在你身边的每一个人。一个月以后还有孩子告诉我，吴老师我梦到她了，她说她现在很开心，她以后会再回来的。我对孩子说，那是多美好的一件事情。

第二次上情感教育课是一群四年级的孩子，和他们聊可能就没有那么悲伤。当时学校在搞动画节，那一周播放片子是动画片《哪吒闹海》。孩子们觉得很不解的是哪吒自刎的一段。哪吒自刎前说过一句话，"父亲，母亲，剃骨还肉，我把你们的还给你们。"孩子们问什么叫"剃骨还肉"？就是割下自己的肉，把骨血还给自己的父母。他们觉得，怎么会有这样的事情？我想，这真的是一个很好的题材。于是，我们开始聊到了学生自杀的现象。这不可怕，现在社会上确实存在学生自杀这样的问题，不要逃避这个问题。

如果正巧孩子问起，我们就应该告诉他，你的生命，你的骨血，你的头发都来自你的父母。为什么你妈妈在怀孕的时候那么小心，走路那么当心？为什么她会去要漂亮孩子的照片？因为她希望自己的孩子长得漂亮。为什么她会把你照顾得那么好？捧在手里怕摔了，含在嘴里怕化了。因为在你身上，有着他们的骨血。为什么你长得那么像他们？如果没有经过他们的允许，你擅自处理他们所给你的一切，那就是不孝顺。孩子们说，那是。我说你的眼睛长得像爸爸，你的嘴角扬起像妈妈，如果你要擅自处理，你要自杀，要问问他们可以吗？因为你这样做是对父母最不孝顺。

小孩子很有意思地还问我自杀的形式，每个都给我否定掉。现在最多出现的情况是跳楼，你把父母给你的那副小身躯，摔得稀巴烂好吗？吃药，吃药要呕吐。溺水，人膨胀、肿胀会有巨人观现象。他们问我什么叫巨人观，我说自己查字典。所有讲完了，我说你的父母生养完你，你是那么漂亮的孩子，你放弃你的生命，给他们看到的是另外一种模样，你觉得好吗？那堂课没有那么悲伤，甚至会有人笑，但他们听进去了。今后遇到挫折、走不下去的时候，可能会想到我的话，身体发肤，受之父母。

我并不是希望各位家长回去就和孩子说"我和你聊聊自杀吧"。那不好，一定要找到那个点，很自然地聊才好，否则孩子以为发生了什么事情。

—— 校长观点 ——

**❝父母要在恰当时机告诉孩子，身体发肤，受之父母。❞**

培养孩子的这些能力：传递、活力、共鸣、秩序，归属感、凝聚力、感染力、动力，积累情感经验，以情感引发情感，升华情感体验。以情育情，我们不教孩子情感，但是让他自发地有情感，并且学会爱别人、爱社会、爱生活。

## 情感教育的实施须知

不管是学校教育还是家庭教育中，进行情感教育时，要特别注意以下几点。

第一，把孩子当做（成）人，孩子值得尊重。很多事情问问他的意见。我们学校办以微信形式抢报兴趣班时，我通常会和他们说，问问孩子的意见。孩子学习一天下来，你硬要他写硬笔书法，有趣吗？为什么不让他奔跑？我们可以引导，但不要替代他选择。

第二，把孩子当成未成年人，你所说的话，不是把他当大学教授，我们在探讨学术，很多话太深，他听不懂。你要和他讲他听得懂的，比如怎样探讨身体发肤受之父母，把哪吒的片子看一遍。

第三，把孩子当作会犯错的成年人。有的爸爸和我说："我和他说了几遍，他都不听。我马上就揍他了，我实在受不了

—— 校长观点 ——

**" 我们应该像尊重成人一样尊重孩子，讲孩子听得懂的话。"**

了。"受不了出去逛一圈，回来之后，不能控制情绪的时候，自己出去排遣一下，不要把暴怒的情绪发泄在孩子的身上，你对他的每一个巴掌，反射到他身上就是另外一种性格的体现：有一种叫怯懦，他会害怕；有一种是反抗、努力，以后他会还击，当他长得比你高的时候。不要把任何负能量的情绪宣泄到他的身上。如果你要和妻子吵架，出去逛一圈。如果你对老人不满，肯定是你错，逛圈也没有用，我知道了肯定会批评你。你要对孩子施暴，出去逛一下，或者发微信给我，我帮你排遣。

第四，关注孩子的六个需要：（1）被爱的需要；（2）克服胆怯的需要；（3）摆脱过失感的需要（不要总翻旧账）；（4）取得好成绩的需要（不要总说王二的孩子）；（5）归属集体的需要（不要让他脱离大部队，不要说"他再欺负你，你就不要和他在一起"）；（6）自尊的需要，不要在大庭广众之下批评他。总之，一个目标，就是爱他。

最后让我们以夏丏尊先生的话来共勉：教育没有情感，没有爱，如同池塘没有水一样。没有水，就不能称其为池塘，没有情感，没有爱，也就没有教育。情感教育，以情育人，育人育己。关心我们的孩子，也帮助所有的家长自我提升！

—— 校长观点 ——

**❝ 孩子有自尊的需要，不要在大庭广众之下批评他。❞**

问津校长

**家　长**：如何让孩子在家能够主动完成作业，把自己的时间安排好？

**吴蓉瑾**：必须要说的是，我们成人都不能做到长期坚持做好一件事。家长对孩子的教育方式一定要小步定目标，小步走，不停地变换方式。今天给孩子一个奖励，明天可能就是一顿严厉的批评。用不同的方法促进孩子的小步走，达到你所想达到的目标。

**家　长**：我们鼓励孩子考 100 分时，孩子会说："考不到 100 分，又怎么样？"应该如何鼓励孩子取得进步？

**吴蓉瑾**：为什么要 100 分呢？现在是等第制，不如你降低一下要求，与其表扬隔壁王二，不如表扬自己的孩子，对他说："这次考得不错，很好，我奖励你。"奖励不用吃大餐，带他去逛一次超市，陪伴他，彼此沟通交流就是奖励。

# 如何提升孩子的见识

## 万　玮

上海市平和双语学校校长，复旦大学数学系毕业，教育部国培计划首批专家库成员。2006 年上海教育年度人物。出版有《班主任兵法》系列三本，畅销超过 50 万册，另有《教师专业成长的路径》《遭遇问题学生》《用服务的态度做教师》《向美国学教育》《教师的五重境界》《40 岁，开始学做教育》等多本专著出版。

# 家长养育孩子的目的

—— 校长观点 ——

**66 当我们把其他功利性的目标都剥离，教育的目标就是成长。孩子的成长，最终要成熟。99**

家长养育孩子的目的是什么？当然是为了孩子更好地成长。杜威曾经说，教育的目的就是成长，除此之外没有其他的目的。我们把其他功利性的目标都剥离，教育的目标就是成长。孩子的成长，最终要成熟。成熟的标志，就是能独立面对这个未知的世界，不一定要孩子长大之后一定要给我们养老，但是他可以在面对这个多变的世界时，不需要我们去担心。那么成熟是什么？我觉得首先是有很多的经历。古人讲，读万卷书，行万里路。行万里路是直接的经历，读万卷书是间接的经历。现在教育系统特别提倡"研学旅行"，就是把读和行结合在一起。前段时间，包括莫言在内的很多学者都在倡议，说要缩短学制。我觉得还是有一定道理的，因为我们现在的学制还是有点太长了。我们现在的学习体制，基本上孩子读书是把绝大多数的精力都放在了书本上。如果你读完博士毕业，近 30 岁了。古人讲"三十而立"，你近 30 岁了，经历还非常缺乏，怎么立呢？成熟，是要有磨难的，有句古话"穷人的孩子早当家"，为什么？因为穷人的孩子是历经磨难的。以前还有一些统计，讲有些孩子早年丧失亲人，尤其是失去父亲，这些孩子反而变得很坚强。因为常常讲，父亲是孩子的大伞，失去大伞之后只能自力更生。美国的联邦首席大法官约翰·罗伯茨，在自己的孩子毕业典礼上发言，当时他的发言影响很大，主题叫《我祝你不幸且痛苦》。他的发言大意就是说人生当中，实际上不幸和痛苦总是要经历的。当你经历了不幸和痛苦，经历了磨难，才会变得更坚强。

> **成熟，意味着可以接受小概率事件。**

成熟，意味着可以接受小概率事件。中国人有句话叫"少见多怪"。什么意思呢？就是你见到的东

西太少了，所以突然间看到一件事就觉得很奇怪。以前我们讲乡下的孩子进城，刘姥姥进大观园，就说大惊小怪，少见多怪。小概率事件通常是极端事件，当你经历过极端事件再看生活当中的那些事情，你就会觉得很普通。一个人经过大喜大悲，经历过大富大贵，特别是生死关头的考验，你就更加有可能去做到心如止水，宠辱不惊。我也经常和朋友讲，如果把民族比喻为一个人，中华民族是相对来说比较成熟的。大家想想看，我们历史那么悠久，经历如此丰富，有过那么多的磨难，历史上那么多奇怪的事情都发生过，那么多小概率事件都发生过，所以我们这个民族，一定是有希望的。如果让我来做定义的话，我会把成熟定义为有见识。我认为，所谓见识，拆开理解，见就是看见，识就是对看见的东西有认识。总之，见识就是说我们通过我们的经历产生一些认知。我们很多家长，很担心我们的孩子是"熊孩子"，熊孩子的本质我认为就是见识短浅。

熊孩子有三个特征。一是窝里横，在家是条龙，出门是条虫。二是认死理，坐井观天，肤浅狭隘，倔强得不得了。三是走极端，因为一点点的小事，一个小小的要求没有满足，爸爸妈妈就说了一句话，

—— 校长观点 ——

**如果让我来做定义的话，我会把成熟定义为有见识。**

离家出走，甚至跳楼。大家想想看，如果这个孩子真的有见识，他见识过人生当中美好的事情，见识到这个世界有多么广阔，怎么可能不珍惜、不留恋，怎么可能因为一点点小小的事情就以牺牲自己的生命为代价？

## 什么是见识？

那什么是见识？我给大家提供四种角度。

第一个角度，北京大学光华学院的院长张维迎，他是非常有名的经济学家，前几年做过一个演讲《理性的力量》，影响很大。张维迎讲，支配我们这个世界的不是利益，而是思想。推动这个世界变革的，也不是利益，而是观念、理念。所以，我们看这种社会的进步、社会的变革，常常不是一种利益战胜另一种利益，而是一种思想战胜另外一种思想。张维迎说我们有一个弱点，就是近视，就是看近处的东西比远处的大。这时候需要我们理性，除了工具理性，更重要的是目标理性。中国传统文化当中我们特别强调孩子要立志，立志就是目标理性。

斯坦福大学在几十年前有一个非常著

—— 校长观点 ——

**❝ 中国传统文化中，我们特别强调孩子要立志，立志就是目标理性。❞**

—— 校长观点 ——

**❝ 我们有很多人，叫做战术上勤奋，战略上懒惰。这样导致的结果是什么？事与愿违，南辕北辙，归根结底还是认知要升级。❞**

名的心理学实验，实验的对象是小孩子。实验的结果表明，一个小孩子在很小的时候有自控力，能够控制住吃一个棒棒糖的愿望，延迟满足，这样的孩子长大后往往更有成就。

第二个角度来自傅盛。傅盛的《认知三部曲》在企业当中特别有名。傅盛说，普通人的认知状态有四种：不知道自己不知道、知道自己不知道，知道自己知道，不知道自己知道。四种认知状态，是从低到高的，傅盛就说，人和人的差别，实际上就是这四种认知状态的差别。傅盛也说，所谓成长，就是认知升级。回过头来，我们也要反思，我们身边实际上有很多人很可悲，他处在第一阶段，不知道自己不知道。我们每天都会面临很多的选择，这个选择，依据的是判断。而判断的本质就是认知。傅盛还特别提到管理的本质是战略管理。我们有很多人，叫做战术上勤奋，战略上懒惰。这样导致的结果是什么？事与愿违，南辕北辙，归根结底还是认知要升级。

第三个角度来自梁漱溟。梁漱溟说人一生当中要处理三种关系，人与物、人与人、人与己，三种关系依次展开。做家长、做老师的，看到孩子成长，可能会有这方面的经验。孩子很小的时候，他会有好奇心，问很多关于自然的问题，怎么认识身边的世界。长大一些，尤其是进入青春期之后，人际关系会困扰他们。离开学校，长大了，进入职场，这时候需要对自我有一个认知。事实上，教育工作者一直强调教育的目的是要帮助孩子挑战自己，实现自己，超越自己。所以，人和自己的关系问题，是教育的话题，或者说是人生的一个永恒话题。

第四个角度，来自我非常喜欢的一部电影《一代宗师》。为什么喜欢这部电影？很少有一部电影的台词这么有深度。宫二和叶问之间有很多的对话。有一次宫二就和叶问说，我多告诉我，学武之人有三重境界：见自己，见天地，见众生。这三重境界，说实话太深奥了，不同的人有不同的理解。我的理解，沿着梁漱溟说的三种关系，实际上是在人与己的关系展开的。武侠小说中，你到山上和师父学艺。有一天你觉得自己的武艺学成了，你和师父讲你要下山了，这时候你觉得你已经见到自己了，觉得自己的武艺很高。下山，走了江湖，你才知道所谓天外有天，人外有人。又经历过一番爱恨情愁，你就会知道，众生疾苦，世事无常。有的时候，命运不一

—— 校长观点 ——

**❝ 人 和 自 己 的 关 系 问 题， 是 教 育 的 话 题， 或 者 说 是 人 生 的 一 个 永 恒 话 题。❞**

—— 校长观点 ——

**❝ 我们要更多地走出去，看看我们的世界，开阔我们的心胸。❞**

定掌握在自己的手中，我们经常说"尽人事听天命"，这时候你可能就见到众生了。而见众生，其实是为了更好地见自己，进入下一个循环。看这部电影，我回顾自己的心路历程，到上海 20 多年，恍惚当中也是一个见自己、见天地、见众生的过程。

## 提升孩子见识的三个路径

要想提升孩子的见识，我认为有三个路径。

路径一，行。

我们要更多地走出去，看看我们的世界，开阔我们的心胸。我们这代家长，很多都是 70 后、80 后，我们这代家长，是有些弱点的。因为我们出生、成长的年代，是比较封闭的，改革开放之后一看，我们和世界的先进水平差距太大，导致我们有自卑心理，导致我们不由自主地崇洋媚外。什么叫崇洋媚外？看到一个外国人，特别是看到一个白人就觉得高大上。

前段时间看到一篇文章，太搞笑了，说世界上有没有一种职业，不需要任何技能，只靠脸就能吃饭？大家可能想到了，偶像剧的明星。错了，偶像剧的明星不仅靠脸，也要有技能。有没有有段时间，没有任何技能，只靠脸就可以吃饭？答案是有的，就是白人。你只要长了一张白人的脸，你到中国就有饭吃。据说现在有些中介机构，专门雇用这些白人，让他们出场露一个脸。比如一个楼盘开盘了，请个白人来，就忽悠买房的人，说这个人是设计师，给他一个稿子读一下。生意谈判，雇个白人跟着，别人就感觉这个公司高大上，雇得起外国人。这些，都是我们这一代见识短浅，我们崇洋媚外所表现出来的特征。

平和刚刚创办的时候，我做班主任。有一天我们班级有一个小朋友问我一个问题，万老师，你最喜欢世界上哪个国家？我一听，坏了，我只到过中国，别的国家都没有去过。我怎么办呢？我说，我还是最喜欢我们的祖国。小孩子也不以为然，他说，老师我最喜欢奥地利。后面讲了一堆理由。原来，这个小朋友的家长，已经利用寒暑假带他去过世界上 20 多个国家和地区了，这个孩子就见多识广。我想在座有很多家长，可能你们的孩子也是去过很多地方了，这样我们的下一代，就不会有我们这样的问题。尤其是他们去过的国家越多，可能他们回过头来就会觉得中国越好，然后会油然而生一种民族的自豪感。同样是旅行，有些人出去旅行收获大，有

—— 校长观点 ——

**" 孩子去过的国家越多，回过头来他们就会觉得中国越好，然后会油然而生一种民族的自豪感。"**

些人出去旅行收获小。哈佛大学女校长福斯特，她不喜欢别人称她为女校长，她说她就是哈佛的校长。她每年会带着孩子出去旅行，每次确定好目的地之前，全家会用一周的时间来学习。学习当地的语言、文化、风土人情，甚至学习一些摄影技巧，到了这个国家之后，福斯特会带孩子们品尝当地的美食，和当地人交谈，辨认当地的建筑物和交通的标识，甚至说去感受弥漫在空气当中的不同味道。每天，她会和孩子们一起讨论，今天你们对什么东西印象最深刻？哪些东西和以前我们在别的地方看到的东西一样，哪些是不一样的，为什么不一样？你们觉得哪些是好的，哪些是不好的。在这样的讨论当中，孩子的见识水平就提升了。

在此，我推荐一个微信公众号 HOPH，这是平和高中学生自己创办的。这个公众号经常会有一些深度的访谈，比如 2017 年 8 月底，登出一篇专访，讲的是平和高中今年的一位毕业生，这个小朋友特别喜欢旅行。他的旅行和一般人的旅行不一样，只要有火车，绿皮硬坐的火车他都会乘，不是为了省钱，而是为了感受各个地方的风土人情。文章讲到，这个孩子有一次坐夜车睡不着觉，就下去和站台上的工作人员聊天，工作人员讲火车如何运行，讲他们遇到的辛苦和麻烦。这个孩子说，每次清洁人员打扫厕所，都被巨大的水压喷得满身都是粪便。这样的故事和人的状态，似乎只有亲眼目睹才能领会。旅行让人动起来，给人体验和理解的机会，书本难以描述和复制这种内在于神情动作中的信息量，而那些神情动作就是生活。就像阿赫玛托娃的《安魂曲》序言里写的，"我和我的人民站在一起，不躲在异国的天空下"，又欣喜又不安，满心期待将要邂逅的未来。

即便不旅行，不出这个城市，你只要用心，依然可以感受别人感受不到的生活细节。比如说，平和有一位父亲，有一次做了一件事，让我们大家都很惊讶。他的女儿高中毕业，即将去北美留学。在留学前的那个暑假，他居然带着女儿，把上海的这些大酒吧全部去了一遍。他的女儿我也认识，非常端庄、典雅、稳重、大方。别人会觉得爸爸有问题，实际上我是很佩服的。因为女孩子到了国外，到了这个年纪，将来会和男孩子谈恋爱，可能会去这样的场合。父亲提前考虑到了，上海好的酒吧都带她去过了，以后再去也无所谓了。"曾经沧海难为水，除却巫山不是云。"上海是一个国际化大都市，说实话，上海其

—— 校长观点 ——

**❝ 无论是否旅行，只要用心，就可以感受到别人感受不到的生活细节。❞**

实不能代表中国。同一片蓝天下，有很多同龄人所过的生活，是我们无法想象的，如果我们的孩子就是局限在这个城市，我们很可能就会成为优秀的"绵羊"。所以孩子成长的过程中，如果有机会让他们经历不同阶层的生活，体验不同职业的辛酸、苦辣，对孩子未来的成长很有帮助。

讲到这里，讲讲我自己的经历。我读复旦的时候，正好赶上当时要军训一年。其实，当年我们有很多同学都是蛮抱怨的，等于大学要读五年。现在回过头去看，那一年的部队生活，无论是从体质上还是从意志上，对于我们这些人的帮助都是巨大的，真的让我们是终身受益。

路径二，读。

毕竟我们的精力有限，毕竟不可能亲身体验所有的事情。这个时候，如果我们可以广泛地阅读，可以弥补很多不能亲身经历事情的这种遗憾。阅读最大的作用，就是可以拓展我们认知的疆域。

恩格斯曾经说，每一个个体都必须亲自体验，这不再是必要的了；他的个体经验，某种程度上可以由他历代祖先的经验结果来代替。

以前我读书的时候，算是一个文学青年，比较喜欢读文艺作品，特别喜欢读小

—— 校长观点 ——

**" 阅读最大的作用，就是可以拓展我们认知的疆域。 "**

说。现当代小说读了很多。比如说你读沈从文的《边城》，可以感受 20 世纪二三十年代湘西小镇宁静、美丽的生活。你读陈忠实的《白鹿原》，是陕西关中渭河平原，史诗般的历史大变迁。读姜戎的《狼图腾》，会对 20 世纪六七十年代那段知青的岁月以及大草原上的生活有一些感知，尤其是你会发现，狼这种动物真的非常厉害、聪明，你不免对狼生出一种敬意。工作之后，读得更多的是人物传记，哲学、心理学，特别是历史读得较多。读历史，特别能让人的心胸开阔。因为现实生活当中碰到的很多问题，历史上早就经过了。而且历史上发生的很多事情，也是匪夷所思的。

再介绍一位平和的高三生，他喜欢读书，他有一个很好的习惯，把自己读过的书都记录下来。根据他的阅读书单，在 2015 年进平和高中前，一共读了 30 本书。在 2014 年到 2015 年间，他基本上没有读过一本书。为什么？初三。2015 年到 2017 年，一共读了 146 本。在高中繁忙的学业同时，基本上每周读一本书，其中不乏大块头的英文原版书。如果你见到这个孩子，你会发现他具有一种独特的书卷气质。平均一周读一本书，这是犹太人的读书量。你就可以理解，这个民族为什么能用全世

—— 校长观点 ——

**" 学习这件事，理解比记忆更重要。"**

界 1% 的人口，贡献了超过 20% 的诺贝尔奖。

刚刚说了读书的量，接下来谈谈读书的质。

很多人会说，读过的书很容易忘记，我也一样，记性也不是特别好。根据艾宾浩斯"遗忘的规律"有一个曲线，通常你学习的东西、你读的东西，两个星期忘记一半。两个月，还记得多少？ 10%。所以有人就讲，学习这件事，理解比记忆更重要。当然，一定量的记忆也是必要的，比如我们学英语，单词就要记，经典的古诗词总是要背一些的，但是大部分的时间我们要理解它，把一本书从厚读到薄。

我对于有效阅读有几个建议。

首先，要泛读，更要精读。精读，就是对部分的经典读物，不能只读一遍，要读两三遍，十遍，甚至二三十遍。

第二，我们要动手，也要动口。动手，就是做一些摘抄、做记录，可以是书中的精彩章节记录，也可以是自己读到这段内容，自己有些感悟记下来。当时不记下来，过段时间感悟也忘记了。有的时候我也会写一些感悟。若干年后回来再一看，"这是我的感悟吗？"我自己都把这些感悟忘记了。还要动口，有时候你可以声情并茂地朗读出来，读了之后，你要讲给别人听。最好，你可以和别人有辩论。一旦经历过动口的过程，你读过的这些东西就会在你的记忆力深深扎根。

第三，最好带着问题和困惑读书。我自己读书也有一个经验，就是什么时候读书最高效？就是你有疑问，你想找一个答案，你找书去读。你找了很多书，终于在一本书当中找到答案，这个时候，你可以在短时间内，非常高效地读很多内容。

刚才说的三种方式，最终都指向一件事，我称为连接，就是作者和你之间，要建立一个连接。我身边认识一些高人，我真的很佩服他们，他们无论是读书也好，学习也好，和别人交谈也好，都能够读出别人的弦外之音。他们会琢磨，别人说这个话，背后的潜台词是什么？为什么要说这个话，他的出发点是什么？背后隐藏什么样的含义？别人可能讲了几句话，他读出大量的信息，这样的人特别厉害。我们平时学习当中，也要有意识地养成这样的习惯。

我举一个例子，《晓出净慈寺送林子方》是杨万里脍炙人口的一首诗。杨万里是南宋的大文学家。"毕竟西湖六月中，风光不与四时同，接天莲叶无穷碧，映日荷

—— 校长观点 ——

**"最好带着问题和困惑读书。"**

花别样红。"我们当年学习的时候，老师给我们讲解这首诗是描写夏天的，西湖的美景，表现得非常好。好在什么地方？讲了一堆，大概就是说大红大绿、虚实相映。

我长大之后再去读这个解读，就了解到了作者写这个诗的背景，这个背景太重要了。作者写这首诗，当时是什么状态？他是怎么思考的？你不了解这些东西，你根本不知道作者在讲什么。这首诗是杨万里送林子方的。林子方是杨万里的同事，或者说是他的下属。林子方进士及第之后，谋得的差事非常好，给皇帝写诏书，皇帝身边的人，相当于是皇帝的秘书。杨万里是管这些秘书的。结果林子方一直觉得自己宏图之志，终于等到一个机会，就是被放到外地，是到福州去。林子方很高兴，但是杨万里不大赞成他去。所以他写这首诗，实际上是劝林子方不要去的。毕竟西湖六月中，"西湖"代表什么？杭州，那时候叫临安，是首都。六月中，暗指朝廷。风光不与四时同，"四时"指外地，都城和外地不一样。"接天莲叶无穷碧，映日荷花别样红。"天和日指皇帝、朝廷，这首诗本意是劝林子方不要去。皇帝身边这样的日子你放弃了，去外地，外地的日子不好过。你理解了，觉得他很厉害，古人写东西很含蓄，不会直白地把自己的观点表露出来，会通过写景，叙事，把自己的情感表达出来。

## " 历史书籍当中蕴含很多宝藏。"

历史书籍当中蕴含很多宝藏。我在学校里面，和中层开会的时候就曾经讲，我们现在的生活当中碰到很多困难，我们觉得很难，过不去这个槛。实际上我们读一些书籍，特别是读一些战争的书籍，你会觉得这些不算什么。你是一个营长，有一个营的兵力，上级打电话来，敌人有一个师进攻，你的任务就是带着你的营，要去阻击敌人的师。阻击多长时间？三天三夜。你怎么办？你说敌众我寡，打不过？不行。你肯定毫不犹豫地讲，保证完成任务，人在阵地在。所以，战争真的是非常惨烈的，我们没有机会亲历这些战争，但是有机会可以读这样的书籍，我们的豪气就会生出来。有些作者很有思想，但是文字水平不行，读他们写的东西味同嚼蜡。我读书，对作者的文字水平要求很高，读不下去，可能就不太愿意读。有人就说，读《红楼梦》能读出唇齿生香的感觉。我读二月河的小说，真的读出唇齿生香的感觉，不信大家可以读读。还有一次读网上的文章，我竟然读出了昆曲的味道。后来了解到，这篇文章的作者是一个苏州女孩，她非常热爱昆曲。她在苏州大学中文系读书，文笔非常好。

我还要讲讲鲁迅，鲁迅的文章思想性很强，年纪小的时候确实觉得很难读。前段时间，我重新读鲁迅的小说《药》，这部小说是秋瑾遇害之后的背景，主人公叫夏瑜。夏对秋，瑜对瑾，因为周瑜，周公瑾。这个小说写得太棒了。这部小说开头是这么一句，秋天的后半夜，月亮下去了，太阳还没有出，只剩下一片乌蓝的天。你们可以想象这个场景，鲁迅的文笔实在太美了！

路径三，思。

在行和读之后，一定要有一个思的过程。这里主要是讲审辨式思维，英文叫Critical thinking，一般人翻译成批判性思维。但有人觉得"批判"这个词不是中性词，所以觉得这个翻译不太好。审辨式思维是什么意思？平和学校的一位科学老师的定义，我比较认可。他说，我们永远抱着一种怀疑的态度，去寻找事实依据和可能的漏洞，来面对我们遇到的那些结论。无论那些结论是出自权威，还是出自我们身边的亲人。

平和高中有一门课程叫TOK，这门课有点类似于哲学课程。通常中学课程里面

—— 校长观点 ——

**❝ 在 行 和 读
之 后 ， 一 定 要
有 一 个 思 的 过
程 。 ❞**

没有这样的课程。**TOK** 讲什么？我认为就是对思维的思维。什么叫对思维的思维？比如下完围棋之后会有一个复盘，就是探讨一下，反思一下，当时下这步棋的时候是怎么思考的，为什么下这步不下那步，就是对过程的再思考，这就已经是一种审辨式思维。我比较建议，平时我们思考问题的时候，可以从角度、高度、纬度，三个不同的层面进行思考。

什么叫角度？我们考虑问题，常常倾向于自己的立场、已有的立场，所以当局者迷，旁观者清。如果可以跳出自己，站在旁观者的立场，或者对任何的事情都尝试从三种不同的角度来看，你的认知能力一定与众不同。

高度，是一种格局。比如说，我喜欢下象棋，象棋选手比拼的是计算能力。你能算三步，我能算五步，那个人可以算十步。有人下象棋时会有丢卒保车，会有先弃后取等，这种人计算力很强，有很多的高度，他看得比你远。

纬度就厉害了，前两年流行一个词"降维攻击"，源自著名科幻小说《三体》，这个很厉害，你是三维的人，直接把你变成二维，挂到墙上，你就完蛋了。但反过来说，人思考问题要学会"升维"。一个小

—— 校长观点 ——

**" 平 时 我 们 思考问题的时 候， 可 以 从 角 度、 高 度、 纬 度， 三 个 不 同 的 层 面 进 行 思考。"**

—— 校长观点 ——

" 人思考问题要学会'升维'。一个小的系统之内，你觉得是无解的问题，增加一个纬度，在一个大的纬度当中来看，这个问题可能就无关紧要，甚至可能都不是问题。"

的系统之内，你觉得是无解的问题，增加一个纬度，在一个大的纬度当中来看，这个问题可能就无关紧要，甚至可能都不是问题。或者我们增加一个时间的纬度，宇宙大爆炸之前，"本来无一物，何处惹尘埃"？

平和高中大多数学生住宿，住宿对学生的要求很具体，比如说不允许学生把笔记本电脑带到宿舍去。我们有同学觉得这个制度不合理，就去找宿管部的老师谈判，就问宿管部老师，为什么学校要有这样的制度。老师讲，有很多同学不自觉，表面上说带回来做作业，实际上是看片子、玩游戏。这个孩子就说我们的教育目的是什么，是培养孩子的自控力，你这个制度有问题，和教育的初衷不对，将来这些孩子都要出国读书，出国之后谁管呢？讲得很有道理。和生活部老师经过反复磋商，最后居然达成双方都可以接受的方案。这个孩子可能在很多老师看来是"刺头"，但我非常欣赏，我觉得这个孩子特别具有审辨式思维。

钱颖一是清华大学管理学院的院长，最近几年一直在呼吁培养学生的创新精神。创新精神的本质我觉得也是一种审辨式思维。钱颖一有一个公式：创造力 = 知识 ×

好奇心和想象力。过了两年，他把好奇心和想象力，提炼为一个词叫心智模式，这个公式就变成：好奇心和想象力＝心智模式。后来钱颖一发现价值观也很重要，所以又提出三种创新动机，分别是，短期功利主义的创新动机，长期功利主义的创新动机，和完全非功利主义的价值，每一种创新动机都比前一种创新动机更高级。

辛弃疾曾经写过一首脍炙人口的词《南乡子·登京口北固亭有怀》：

何处望神州？满眼风光北固楼。千古兴亡多少事？悠悠。不尽长江滚滚流。

年少万兜鍪，坐断东南战未休。天下英雄谁敌手？曹刘。生子当如孙仲谋。

"生子当如孙仲谋"，这句话当年出自曹操之口。当年曹操带兵南下，各路诸侯，袁绍袁术他都不放在手里。孙权接替哥哥孙策成为东吴之主的时候才 19 岁，但是曹操认为孙权很厉害，所以就说出这句话。当年曹操 80 万大军，最后是被孙刘联军打败，主要是孙权。但是《三国演义》把这个事扩大了，什么诸葛亮借东风，都是演绎出来的。诸葛亮舌战群儒，其实舌战群儒的时候，孙权那么年轻，但是非常坚定，最后创造了历史上著名的以弱胜强的案例。辛弃疾填这首词的时候，当时的南宋朝廷所占据的地方，就和东吴差不多。辛弃疾感叹的是什么？我们没有孙权这样的人才。各位家长，如果我们养育的孩子，将来长大之后能得到曹操、辛弃疾这样伟人的赞赏，那是我们养育的成功，也是家族的骄傲。

问津校长

家　长：对于年龄很小的孩子，我们该采取怎样的方式去提升孩子的见识？

万　玮：孩子看起来小，其实他的能量是超出我们的想象。日常生活当中，即便是不经意的东西，他都在学习。和孩子相处的时候，你不一定要把孩子当孩子，你可以把他当年龄更大一点的人来对待。我们一定要保护孩子的好奇心，激发孩子的求知欲。孩子在读了书、看了电影、听了故事之后，我们可以很细心地让孩子做老师，我们自己做学生，让孩子讲给我们听。

我身边有一位朋友，有一次介绍养育孩子的经验。孩子年龄很小，在幼儿园读了漫画书，听老师讲了故事，回来讲给妈妈听，妈妈一开始不太注重教育方法，孩子一讲开头，妈妈就讲了结尾，说："这个故事我知道。"我的朋友就劝说妻子，你要假装不知道，要装作很好奇，一定要用你的表情、用你的反馈，让孩子觉得给你讲故事是很开心的事情，让他有兴趣从不同的地方学更多的东西，讲给你听。读书这件事就是要动手、动口，我们把学到的东西讲给别人听，对我们自己的学习来说也是一个加深的过程。孩子逐渐长大之后，我们可以和孩子一起探讨问题，比如对待一件事，不要马上用我们的观点告诉孩子，这件事爸爸妈妈怎么认为的，不要一开始就讲。而是启发孩子，你是怎么看这件事的，你是怎么想的。让他完整地把自己的思想以及思考过程讲出来。不要马上做判断，不要用你的价值观马上去否定。因为你一直这样做，孩子以后可能逐渐就不大愿意再去和你讨论这些问题了。

回过头来，我现在身边也碰到很多的家长，我很佩服他们，他们的孩子已经到了青春期，到了高中，依然愿意回家之后把在学校发生的事情，和家长分享。你想想，这个家长是怎么做到的？他把自己定位为"狗头军师"的角色，就是倾听、做点拨、引导，主角依然是孩子。

**家　长**：在引导孩子多读、多行的基础上，如何平衡课外活动和作业量的时间把握？

**万　玮**：平和本身做的是中西融合的教育，我们首先植根于中国的传统基础教育。中国的传统基础教育，低年龄段对孩子的学习规范养成很重视，尤其是母语的学习、汉字的书写，有严格要求。孩子从小字写得不是很端正，没有养成习惯，到高年龄段就比较难纠正。现在我们有些家长，在很小的时候，把孩子送到纯西式的国际学校，可能带来的弊端之一，就是母语学习会是一个很大的问题。低年龄阶段，基本规范养成方面，肯定需要花一些时间。

我觉得家长的焦虑都是看到眼前的差距，如果看长远，就不必非常纠结，孩子的童年时间没必要排得很紧张。你要回想，我们当年读书的年代，学校教育根本不像现在这样，受到多方的关注。回想起来，那时候庸师还是蛮多的，捣糨糊的老师也不少，我们自由的时间很多，或者说浪费掉的时间很多，我们似乎也没有被耽误。

现在的孩子一个暑假要报多少班？不同的年龄阶段要做不同的事情。回过头来，家长经历了养育孩子的过程，会有一些不同的感悟。很多人家，有了第二个孩子之后都会说，第一个孩子的教育颇有一些失误。第二个孩子就放松多了，知道很多事情无所谓，没有那么重要。放松一些，该干什么干什么。孩子的天性、兴趣，对世界的好奇心，这些东西我们要好好呵护，如果孩子的兴趣、好奇心一直保留，他真正的读书、学习的潜能，一旦激发出来，就算前面耽误一些时间，到以后都是可以补上来的。

# 家教之力，用在哪里？

**张　敏**

静安区第一中心小学校长，上海市特级校长，静安区政协委员，获全国巾帼建功标兵、上海市教育系统三八红旗手、静安区领军人才、静安区拔尖人才、静安区名校长等称号。主持市级课题研究 2 项，编著出版《生成性教学有效性的实践研究》《指向现代小公民的校本课程建设——静安一中心小学的实践探索》，出版专著《新时期学校德育的个性化设计——静安一中心小学合格小公民教育纪实》。主持"'中国小公民教育'课程的开发与实践"项目荣获 2017 年上海市基础教育教学成果一等奖，并报送教育部参加国家级教育教学成果奖评选。

家长们现在到底最关注什么？这是我和大家交流的聚焦点，也是我们需要共同探讨的问题。

我询问了许多家长，家长们告诉我：孩子的身心健康是他最关注的，孩子要健康，比学习成绩更重要。有的家长说：希望孩子的身体素质棒棒的，希望运动、协调能力特别强，孩子身体好什么都好。还有的家长说：我们孩子的自理能力太差了，什么都不会，我们上班时，孩子电话来了告诉我们本子忘带了，绿领巾没有戴，让我们快点送到学校，弄得我们整天提心吊胆。还有的家长关注孩子的学习习惯，孩子上课不专心听讲，我们一点办法也没有。还有的家长提出，孩子的学习专注度不够，做其他的事情挺专注，但一碰到学习就不那么专注了。还有的老师、家长对我说：现在的孩子碰到困难，马上求救于老师、家长，自己克服困难的能力一点都没有，一碰到问题就要问，最好马上就有解决的办法。

我们最近还在微信群中看到一个很火的帖子，孩子们做作业，让陪读的妈妈们非常焦虑，甚至有的家长说"我生二胎，我准备赶快避开这段时间，大宝还没管好，二宝倒要出生了。"孩子们独立做作业的习惯和能力让家长们很焦躁。家长们还说：智商是天生的，我要培养孩子的高情商，情商怎么可以高呢？家长们也在焦虑这样的问题，也关注了孩子的情商提高。还有的家长关注孩子创造力的培育，因为我们身处飞速发展的时代，特别是党的十九大以来，新时代、新起点、新跨越，创新成为社会发展的主旋律。家长也在关注孩子

—— 校长观点 ——

**" 家 教 之 力 要用在孩子的 发展上。"**

的创造力如何提高等等。这些，都是目前家长们最关注的问题。下面具体展开我的观点和案例，希望通过交流，引发家长们的思考和回味。

## 家教之力要用在孩子的发展上

孩子在我们心目中是最重要的，我们期望我们的孩子们可以成长得比我们自身更好，所以家教之力要用在孩子的发展上。

我们每天接触孩子，那现在的孩子到底有什么特点？或许我们并不十分清楚，因为我们只看到了自己的孩子，即使有二胎，也就看到了自己的两个孩子。我就对我校的资深班主任老师，一一去采访，从他们的眼中去发现现在的学生有什么特点？家长们可以听听这些孩子的特点和家里的大宝、二宝是否有相似之处？

我们的老师这样说：

"现在的孩子见多识广，很容易接受新鲜事物，对什么都很感兴趣。

"现在的孩子敢于大胆表达自己的观点，老师们说的孩子们不一定完全认同，也敢说不，他们有自己的想法，敢于向老师、家长、校长提出。"

校园里我经常遇到孩子们，他们有时还会到校长室和我提出，学校的某个角落，希望我看一看，那里有危险隐患。有的小朋友提出，希望课间多搞活动，让同学们

的课间活动更丰富。现在的孩子不拘谨，不怕陌生，敢于表达自己的见解和想法，这是我们开展教育工作的希望。

现在的孩子也存在一定的问题。生活能力、学习能力、处事应变能力等，尤其是耐挫心和责任心普遍逐年变弱，专注度不够，注意力容易分散。

我有个习惯，每天早晨会在校门口迎接师生们到校，每天早上的校门口，其实就是一个小社会。每个孩子的进校表现，能够反映出孩子们昨天晚上或者今天早上在家庭经历的林林总总。有的孩子早上进校，高高兴兴的，脸上洋溢着笑容，脚步轻快，看到校门口的老师主动问好，和小伙伴有说有笑走进教室。还有一部分的孩子，脸上没有表情，有的时候脸色会有些凝重，低头闷闷走进校门，当然我们老师主动和孩子打招呼，孩子们也会反应过来，

—— 校长观点 ——

**"现在的孩子不拘谨，不怕陌生，敢于表达自己的见解和想法，这是我们开展教育工作的希望。"**

和老师打招呼。有的小朋友在校门口和爸爸妈妈依依不舍，既希望走进学校的时候开开心心，也舍不得和爸爸妈妈分开。

也有这样的场景，孩子进来了，爸爸妈妈或爷爷奶奶送一包孩子落下的东西，交给我们的保安、护导老师，请老师赶紧把东西转交给孩子。有的时候老师会说，怎么孩子东西忘记拿了？家长第一反应是：老师，你不要怪我们的孩子，是我不好，是我忘记了。我们心里明白，这不是家长不好，真的是孩子没有做到。我们还会发现孩子的生活能力、自己的事情应该自己完成的责任心逐年在递减，这也要引起家长的思考。

还有的老师这样说：

"这一代的孩子是和网络、电子游戏一起成长的一代，所以他们接受新事物的能力、反应特别快，有的时候他们的知识面比老师都广，他们嘴里冒出来的新名词比老师都要多。

"现在由于家庭里孩子比较少，所以我们家里至少有 6 位大人，围着孩子转。现在的孩子和同龄孩子的交往能力相对较弱，特别是在群体当中，他们之间的合作相对也会差一些。和谐相处的能力相对也会弱。同时，孩子的生活能力和自我管理的能力也会相对较弱。"

校园生活中这样的现象的确存在。2018 年 7 月，我们组织了四五年级的孩子和日本友好学校进行交流。30 多个孩子，在 6 位老师的带领下乐呵呵去日本游学 5 天。在游学总结会上，孩子们从日本的游学交流当中学到了很多的礼仪规范，学到了先进的教育理念，说得头头是道。会后带队老师和我反映了一件事，我觉得很有趣。他们说：张校长，我们去 5 天，真辛苦。辛苦在哪里？无时不刻在找，孩子们有没有东西落下来了？特别是他们的那本护照，千万不要落掉，否则回不了国。甚至还有老师悄悄告诉我，带队老师那里还有一些"失物"，不知道是哪个小朋友买的。当然，这是个例。我们家长要反思问题出在哪里，是不是都是在学校教育上？我们的家庭教育当中，有没有关注孩子自理能力的培养？

我们应该如何做？

首先，呵护孩子的天性。每个年龄段，孩子都有自己的一种天性表达。我们的教育，要顺应孩子的天性，呵护孩子的天性。一年级到五年级的孩子有什么特点？一二年级的孩子比较依赖父母，也比较依赖老师。我们会发现一二年级的孩子还比较听

—— 校长观点 ——

**❝ 呵护孩子的天性，要抓住孩子行为规范养成的最关键时刻。❞**

—— 校长观点 ——

**66 一 二 年 级的孩子思维相对 直 观、 形象，老师的一句鼓励、爸爸妈妈的一句肯定，会让孩子欢蹦乱跳很长时间。99**

话，听老师的话、听爸爸妈妈的话，也是孩子行为规范养成最关键的时刻。

我们都说，一二年级的老师很重要，重要性甚至超越三四五年级的老师，这是因为这个阶段的特殊性。这个阶段的孩子们好奇、好动，喜欢模仿，这是孩子的天性。我们校园种了很多植物，还养了小动物。我们和孩子们说，请你用温柔的眼神来看小鱼、爱护小鱼。但孩子就喜欢用手去水池里面捞捞小鱼。我想，这是孩子的一种天性，他特别好奇，在水池里鱼怎么可以存活？我们不能责怪孩子行为规范不好，这是孩子的天性决定了他们的行为。他们对规则的认识相对会比较欠缺一些，思维也相对比较直观、形象，所以，老师的一句鼓励、爸爸妈妈的一句肯定，会让孩子欢蹦乱跳很长时间。

到了三四年级，孩子从依赖父母，慢慢走向自立能力的增强。三年级是转型期，他们是"小大人"了，觉得对学校的环境熟悉了，不是学校里的弟弟妹妹。这时候他们的情绪会外显，敢于表现出来，有时不那么稳定。同时，他们的自控力还小，喜欢和同龄人一起玩，思维方式也慢慢变得有点抽象，会动小脑筋，思考老师、爸爸妈妈讲的这句话什么意思，思考自己应该如何表达和回应。

五年级是小学阶段的高年级，这时候孩子进入少年期，特别是五年级的第二学期，孩子们感觉自己快要成为中学生了，所以会表现出对小学的那套东西很不在乎，小学里搞的这些活动，都似小儿科。这段时期，由依赖向独立的半幼稚半成熟阶段的交错，有的时候会有自己的独立主见，比较偏，你和他说什么都不会采纳你的意见；有的时候会受外界影响和左右，会有一些突然的变化。五年级，孩子的自尊心很强，自主性也日趋增强，但对自我可能会缺乏一种约束。

每个孩子都是有个性的，一个孩子背后就是一个家庭，孩子的表现是你家庭的缩影。我们经常听到一句话：家庭是孩子的第一所学校，父母是孩子的第一任老师。以前，可能觉得这种话很教条，我们自己做了家长后就可以明显地感受到，的确是这样的。你的孩子会和你很像，不仅外形长得像，这是遗传基因的作用。他的行为举止，他的思维方式和语言表达的体系，一家就像一家的样子。我们要尊重孩子的个性，因为每个孩子都有可开发的潜能。

龙应台的《孩子，你慢慢来》一书，希望大家有空看一下。我们希望每个孩子

—— 校长观点 ——

**"孩子们的世界有很多我们成人看不懂的地方，关键是我们要慢慢地去理解我们的孩子，让这样一种'慢'成为我们的习惯，而不是焦虑。"**

—— 校长观点 ——

**❝父母焦虑的程度一定会让孩子受到影响，而这种影响常常是负能量满满。❞**

都能慢慢来，家长们不要太焦虑，让孩子们在我们的呵护下慢慢成长起来。短短的几句话之间充满了教育的智慧，教育是慢的艺术，面对孩子，我们需要从容地等待，在孩子身旁陪伴他静静地成长。对于孩子的成长来说，这是一项慢速作用的过程，孩子的世界有着成人不能理解的模样，而要想很好地观看这个世界里的风景，"慢"是最为重要的，要慢慢地等待。

在我们孩子的成长过程中，在我们孩子的教育过程中，我们都会有这样的一种心理——茫然、抱怨、焦急、担心。有的时候很茫然，有的时候会有一些抱怨，有的时候觉得自己的孩子很优秀，有的时候又觉得这么不争气，有的时候很焦虑。

其实家长不用多关注那些看似很有道理但又非常能引起人焦虑的微信群、朋友圈，越看越没底，越看越着急。生活其实不是这样的。父母焦虑的程度一定会让孩子受到影响，而这种影响常常是负能量满满。

这些负面心理状态，需要我们不断有预防的措施，首先，我们要多和孩子沟通、多和老师沟通，要不断有一种合作共赢的意识和状态，家长和孩子之间也是合作的关系。其次，我们要耐心，还要关心我们的孩子。我们要慢慢调适心理，我们是成人，调整心理能力比我们的孩子们更强。只有我们调整好了，我们的孩子才可以有更好的心理状态。

孩子们终将要走向社会，他们会离开父母的羽翼，一定会自我成长，我们要培养孩子适应今后社会生活发展的需要。我们对孩子们的培养目标是：培养现代小公民，现代小公民要"六要并举"：要好奇、要梦想、要合群、要感恩、要关爱，还要自信。

我们学校从这六个方面塑造孩子的全面人格、全面品格形成。我们还提出，小公民还要有"六个会"：会健体、会生存、会发现、会欣赏、会表达、会合作。在未来的社会发展中，家长要特别关注孩子的合作能力。在我们的生活中，经常会碰到孩子们个体都很强，但是到了一个团队里，到了一个班级里，就怕吃亏。

所以有老师告诉我，现在的孩子碰不得，别人手碰到他一点点，他马上就像小刺猬一样，刺一根根竖起来。"你为什么碰我？""我没有碰到你"，两个孩子就此争起来了。碰到别人的孩子也不太会主动表达一种歉意，被碰到的孩子觉得被碰一下自己吃亏了，接下来我要想方设法，找个机

—— 校长观点 ——

**❝我们是成人，调整心理能力比我们的孩子们更强。只有我们调整好了，我们的孩子才可以有更好的心理状态。❞**

—— 校长观点 ——

**66 除了孩子的天性和个性外，我们要关注孩子们的社会性。99**

会报复一下。现在的孩子，这种合作、谦让的品质越来越少了，这可能和我们的家庭教育也有关系。成人的提防意识特别强，我们会和孩子说，不要和陌生人讲话。孩子们会很紧张，周围的人都是我们的陌生人，他们都是坏人，我们要把自己好好地保护好。我们要教会孩子有判断、有观察，碰到陌生人的时候，应该如何处理。

我碰到过一件事。我们学校秋游时，我送孩子们上车。排队的时候，一排男生、一排女生，学校门口停车时间短，孩子们马上要上车。老师们就说："两路并一路，男孩到女孩后面"。一年级，孩子们都听得懂，男孩子排到女孩子的后面。有一个男孩子不肯谦让，和女孩子争，女孩子也不想让他，因为老师讲的女孩前面男孩在后面。男孩子就用手臂碰她。

我看到了之后就走过去，问他：老师说的，男孩子能不能让让女孩子？他回答我：干嘛要让？我偏不让。我心里咯噔了一下，告诉他：小朋友，你觉得今天你要站在她的前面也没有关系，但是我希望你下一次，一定要让女孩子站在你前面，因为今天女孩子让你了。班主任很机灵，马上就说：这个小朋友，下次一定做得到的，告诉张校长你行吗？男孩子立刻回答：我行的。

我想，今天让他站在前面一次，尊重他的个性，但是今后这个孩子是要走向社会的，他是要学会与人合作。合作之前，你得心中有别人。你心中有别人，不给别人添麻烦，你的情商会高。如果你一直以我为中心，情商是不高的。我们要引导孩子，不为别人添麻烦，多为别人想一想，心中有别人，眼里也要有别人。我们要培养小公民的素养，培养孩子适应今后社会发展的素养。做家长的，教育孩子过程当中，一定有酸甜苦辣，有的时候甚至是辛酸，其实这些就是在考量家长的智慧。

在这里，我有几点建议：

（1）不违背孩子的特点，帮助孩子弥补弱点。

（2）不超越孩子的能力，不要强求其达到不可能达到的境界。你期望他要怎样，其实有的时候不一定可以达到你期望的目标。

（3）做家长的要放下家长的架子，敢于在孩子面前承认错误。自己对孩子不理解、对孩子造成误会，要争取孩子的原谅。你会认错，孩子将来也会认错。你一直很强势不和孩子认错，他明明知道你错了，因为他现在小，无法和你抗争，一旦他知

—— 校长观点 ——

**" 我们要引导孩子，不为别人添麻烦，多为别人想一想，心中有别人，眼里也要有别人。"**

—— 校长观点 ——

**❝ 请家长，在恰当的时机把自己的身位让在孩子后面半个，让孩子冲在前面，有利于孩子的成长。❞**

道，我的爸爸妈妈就是不认错，我也不认错。我们希望我们的家长也要主动示弱，有时候示弱也是一种智慧。

（4）减少不必要的唠叨，话要说在刀刃上。孩子们告诉我，爸爸妈妈、爷爷奶奶、外公外婆，每天六个大人的话讲不完，同样的意思，他们反复讲，讲反复。话到嘴边，要说在刀刃上，该说的时候说。

建议家长们，利用各种时间和孩子们聊聊他的收获、他的成长，激发孩子的兴趣。我看过一篇文献研究，讲到餐桌文化。孩子们和爸爸妈妈晚上共进晚餐时候，可以聊聊当天所发生的事情。家长可以问当天交到了哪些好朋友，而不是问当天有谁欺负你。后者，孩子思考的都是"有人欺负我吗"，前者，他讲的都是好朋友的故事，讲的是正能量的故事。家长要鼓励他们去交往，培养他们的情商。

家长要读懂孩子，尊重孩子个性发展。我们要不断地了解自己的孩子，不断培养我们的孩子的好习惯。生活上要让孩子自立起来，行为上让孩子自律，有了自律以后才会有自信；学习上让孩子自主，体现出孩子们的主动学习，不是家长们命令孩子在学习。我们要充分肯定孩子在成长过程中每一个进步，今天孩子比昨天有进步，细微的地方你要去观察、发现和肯定。只看结果，你就会发现我的孩子没有人家强，你眼中看到的都是人家孩子很强，我的孩子很弱。你的孩子每一个点滴的进步，你都要放在眼里。

孩子的自信和家长的评价紧密相关，父母就是孩子成长的预言家，父母说孩子行，孩子"不行也行"，父母说孩子不行，孩子"行也不行"，孩子将来表现往往会被父母"不幸言中"。

我们要不断给孩子适时适度的鼓励，要尊重孩子，孩子是个人，他会成长。孩子是成长中的人，我们要去教他、引导他。孩子还要放手，他们终将独立生活。现在不放手，将来就放不了手，一直会跟着你，围着你，还会"啃老"，家长要尊重孩子、引导孩子，放手让我们的孩子自己实践，即使磕磕碰碰也没有关系。

我们在孩子的发展上要读懂你的孩子，就看家长是否愿意去读，读了以后还要懂，读了以后不懂是没有用的。我们要不断走进孩子的内心，有一天孩子会把他所有的小秘密都告诉你，那你就是成功的家长。他什么都不想告诉你，我觉得这个家长，即使你孩子的学习成绩再好，对你来说你不是一个成功的家长。所以，家教之力不仅要用在孩子的发展上，还要用在自己的

—— 校长观点 ——

**❝ 我们要充分肯定孩子在成长过程中每一个进步，只看结果，你就会发现我的孩子没有人家强，你眼中看到的都是人家孩子很强，我的孩子很弱。❞**

提高上。

　　因为要写一篇家庭教育的文章，就和一些毕业生聊开了，找一些鲜活的素材。6月份的时候，很多小朋友回母校看老师，我让他们聊聊他们对父母是怎么评价的。

　　他们这样告诉我们：家庭对教育的重视程度，是父母愿意为孩子的前途真正付出，而不是表现不好的时候就批评。还有比较成人化的言语；行为大于语言，如果觉得孩子闲时贪玩，那么父母难道工作完就可以不学习充电了吗？都说让我们学习，他们自己在玩；父母如果有拖延症，作为成年人无法解决自己的惰性，随口就大道理批评我们，你又有什么说服力呢？还有毕业生这样说，有些父母在自己的人生中都不曾做到的事情，凭什么强迫孩子一定要做到？如果可以，请以自己的优秀而有成就的人生去指导自己孩子的人生。父母并不怎么样，为什么要孩子很优秀？我建议家长不妨借各种机会，也可以听听你的孩子对你有什么希望。孩子们内心的呼声，我们要理解。

## 家教之力要用在家长自身提高上

家教之力用在家长身上，和孩子一起学习。

—— 校长观点 ——

**❝ 家教之力用在自身的提高上，可以引领孩子的成长。❞**

一方面，爸爸妈妈要变身成为同学，千万不要做老师。父母不是家庭教师，父母和孩子是同学，大家一起学习、成长。和孩子们一起多看看书，现在很多童书里都藏着很多经典故事、做人道理，希望家长可以带着孩子多阅读，让孩子在书海中成长，在做人的道理当中慢慢地成长。

每个孩子都会经历从"是什么"到"会怎么样"再到"为什么"、转向"怎么办"最后形成"我认为"的成长过程。这个过程中家长要不断调整自己，适应孩子的发展。

低年级可以选一些比较有代表性的书籍给孩子阅读，到高年级可以配一些有童话故事情节的名著，有人物的，蕴含一定的道理，同时训练孩子的语言表达能力，包括孩子的想象能力。我们这一代都是看童书长大的，童书里面有很多我们远没有发现的秘密和价值，把人性当中最美好的东西，都藏在一个个我们喜欢、憎恶的人物和动物当中，帮孩子架构起孩子们的价值观。

另一方面，家长应该和孩子一起"做人"。做人很重要，有的时候我们会发现，做人比做事更重要。

这次假期我们一群人出去玩，遇到了

—— 校长观点 ——

**" 每 个 孩 子 都 会 经 历 从 '是 什 么' 到 '会 怎 么 样' 再 到 '为 什 么'、 转 向 '怎 么 办' 最 后 形 成 '我 认 为' 的 成 长 过 程。"**

—— 校长观点 ——

**66 家长应该和孩子一起'做人'。做人比做事更重要。 99**

一件事，给我的印象很深。我们去金鸡湖玩，一大群人，大大小小、男男女女都有。一位爸爸看到金鸡湖旁边有人卖荧光玩具，是给孩子玩的。他觉得很好，50 元一个，他买了 3 个，一共是 150 元。他从皮夹子拿出 200 元，给同去的三个孩子都买了。不巧，风一吹，两张 100 元就吹到金鸡湖的水面上了。大家很着急，钱掉了，想办法要捞。

　　钱沉下去还有一些时间，我们同去的人拿着伞，把伞撑开，捞上来一张 100 元，还有一张 100 元没有捞起来，沉下去了。现场大家都不知所措，小贩也是一脸沮丧。这位爸爸就从皮夹子里面又拿出 100 元给小贩。孩子当时就问了一句："爸爸我们钱不是已经付了吗？"爸爸说："不是因为我们家有钱，而是我从叔叔的脸上看出来这 100 元对他很重要。说不定一天站在这里就赚了这 100 元，回家无法向家里交代，或许家庭经济状况并不好，要维持家里的开销，我们要考虑别人的感受。"

　　话一出口，引来的是我们内心的肃然起敬。我们能为别人多想想，细微之处体现的就是做人的品质和高尚。我们经常会要求别人要达到怎样的高尚，其实我们身边就有很多事情让我们能够学会高尚。

和孩子一起做人的时候，我们就是榜样。熊孩子，都是家长自己培养的，不是老师送给你的。我们有什么样的培养，最终你的熊孩子就会体现在哪里。我们要不断让孩子觉得你对他的关爱，让孩子觉得你对他很重视，他了然于心，这才是最最重要的。

我们和孩子要一起做各种各样的事情，不断让自己成为孩子的伙伴。有一天早上，我在小区外面看到一幕，就用手机拍下来了。一个妈妈推着二宝，大宝带着大大的行李箱。我去问他们要不要帮忙，孩子摆摆手，说我能搞定，自己推。

这一幕很温暖，如果我们是妈妈，会让孩子这样做吗？那么大的行李箱会给孩子推吗？我们是不是应该让孩子自己实践，和你一起经历各种各样的事情，吃各种各样的苦，将来才能吃苦成才。从小不吃苦的，将来吃不了苦。

我们不难发现，我们身边有很多这样的家长，他们会把这样的力用在孩子的成长上，特意让孩子参加吃苦夏令营，让孩子吃苦。日常的教育中，不要把"蠢"、"笨"，用在孩子的身上。让孩子参与家庭事务，感觉自己在家里很重要，让孩子去完成一件他觉得自己做不到的事情。比如

—— 校长观点 ——

**" 熊孩子，都是家长自己培养的，不是老师送给你的。"**

现在大家都喜欢旅游，旅游过程当中有很多有趣的事。可以让孩子搜一搜，我们要去的地方天气怎么样，要做什么准备？坐什么交通工具，住什么宾馆？去哪里玩？家长可以引导孩子，让孩子和你一起做功课。而不是把线路都设计好、都想好，然后带着你的宝贝去玩。这样，你的宝贝永远都是宝贝，而且是长不大的宝贝。

每个月给孩子尝试一件新鲜的事情，让他做做，和他探讨如何学习、如何适应。有困难的时候，我们可以一起帮他。有句话这样说，教育就是帮助孩子克服和挑战困难的经历，我很认同。教育，不是给孩子灌输结果，而是带你的孩子挑战困难、克服困难。

我们学校有自治委员会，让孩子们全员参与学校的各项管理。在自治委员会的成立中，我们也不断开掘每个孩子的强项。我们自治委员会的招聘，不是老师指定谁能做学校的小管理员，而是每年一次操场上举行大型招聘会。每个二到五年级的孩子如果有意愿，就到自治委员会来应聘。孩子应聘之后告诉我："我现在才知道，爸爸妈妈找工作有多辛苦。我去写了应聘信，到摊头上去读，疙疙瘩瘩，面红耳赤，最

—— 校长观点 ——

**❝ 每个月给孩子尝试一件新鲜的事情，让他做做，和他探讨如何学习、如何适应。有困难的时候，我们可以一起帮他。❞**

后还不知道他们能不能录取我。"我觉得这就是作用和效果所在。

其实，要让孩子感受到你的辛苦，如果他没有感受到你的辛苦，最后看到都是你光鲜的那一面，他是不会体会到你的不易。我们要不断让我们的孩子体会、去感同身受我们做父母的不易，让孩子和我们一起成长。在成长过程中，我们慢慢走进孩子的心灵世界。

**❝ 我们要不断让我们的孩子体会、去感同身受我们做父母的不易，让孩子和我们一起成长。❞**

## 家教之力要用在家校合作上

在家校合作上，老师心目当中称职的家长会是怎样的？老师们希望，家长能够尊重老师，能够给予自己足够的信任，能够换位思考，和老师的教学理念、方法保持一致，大气、宽容、不斤斤计较，希望家长保持适度交往，不要从不联系，也不要琐事小事都找老师，因为老师也有很多的教学任务。这些是老师的心声。

家教之力用在家校合作上，一是认同学校教育的理念，我们就可以同心齐力。二是过程中合拍，我们每个家长在孩子送到学校后，都希望为班级出力，为学校作贡献，因为大家的目标一样，为了我们的孩子。在家校同行的过程中，我们一起合拍。三是对教师的工作支持，现在社会上不是每个人都是教育工作者，但大家对教育头头是道。我希望家长可以更尊重教育工作者，不断让孩子有更优质的成长空间。

教育部对孩子们提出了核心素养，家长也知道，今后对孩子的培养，学校会从这些方面去努力。上海市教委 2010 年起推出了上海市绿色评价指标，家长如果还在研究孩子考几分，就已经过时了。上海市绿色评价关注的指标考量学校的同时也是考量学生、考量家校合作。

2017 学年开始，上海市绿色评价从 1.0 版本升级到了 2.0 版本，对学校的要求会越来越高。我们关注身心健康指数，学生的品德和社会化行为指数，学生学习动力、学习负担、学习压力，学生对学校的认同等等，这些都是每所学校致力做的工作。这样的背景下，也需要我们不断领会小学学习的要求。

最近几年，上海出台了一系列的教育改革，一二年级没有书面的回家作业，等第制评价，以及基于课程标准的教学、评价，就是家长俗称的"零起点"教学。家长要了解学校的教育改革，给予支持和配

—— 校长观点 ——

**❝认同学校教育理念、合作无间、支持教师工作，是家校合作的重要条件。❞**

合。一二年级没有书面回家的作业，家长们不放心，没有回家作业，学习怎么提高，觉得这是不可能的事情。我可以告诉大家，一二年级的确没有书面回家作业，要求孩子们都在学校完成。

家长们带着怀疑的态度来看等第制评价，向我们的老师打听孩子考几分，排名是多少。这是不允许的。家长们会有疑问，没有分数，我怎么知道自己的孩子学得好不好？等第制的改革更多时候是让家长放下焦虑，看到等第制改革对孩子的保护，对孩子的促进。

等第制从学习兴趣、学习习惯、学习成果三个纬度评价孩子。学习兴趣浓厚的，就是好的；学习习惯养成好的，就是好的；学习成果只要达到标准了就是好的。等第制没有说谁一定要达到优秀，优秀的比例要达到多少，所以，我们的家长们不要自我焦虑，自我加压。

我想传递的是，上海教育改革的精神和要求，在每一所上海学校都在落地，落地的过程中，由于客观条件，由于种种原因，会有一些参差不齐，但请家长们放心，我们每一所学校都在市教委的引领下，朝着教育改革的理想目标努力。

学习始于兴趣，终于毅力，每个孩子

—— 校长观点 ——

**❝ 学习始于兴趣，终于毅力，每个孩子最后靠毅力完成自己的学习生活。❞**

最后靠毅力完成自己的学习生活。我们的家长要不断激发孩子的兴趣，培养他们的习惯。

问津校长

**家　长**：我有一个困惑，如何平衡孩子的身心健康发展，积极面对即将到来的小升初？

**张　敏**：孩子大学毕业之后什么最关键？是他的分数吗？名校的孩子一定会发展更好？现在的社会发展告诉我们，孩子的身心健康最关键。

　　　　家长应该关注孩子的身心健康。每个阶段有不同阶段的学业要求，小学是孩子打基础的阶段，是求学生涯的第一粒纽扣，你扣得那么紧，后面的纽扣怎么扣？孩子小学毕业之后，还将面临中考、高考的压力，我知道孩子初三、高三真的很辛苦，每天清晨可以看到许多孩子睡眼蒙眬，就已经在去往学校的路上。我也是做母亲的，我想，孩子读书那么辛苦，万一在这个过程中，做出任何一些出格的事情，家长真的会后悔一生。我们还是让自己的心态好一点，再好一点。家长的心态好，决定了孩子将来的发展好。

家　长：我接触到的理论，学习是一件快乐的事情。我也一直想把这样的概念传达给我的孩子。我也和老师沟通了，老师认为是先苦后甜。我想请教下您的观点。

张　敏：如果你是本科学历，要去考硕士，你觉得开心还是苦？如果我自己有需求，我一定觉得这是很开心的事情，我要好好复习，争取考上硕士，会带来我自身的提高，就不觉得苦。今天如果是我逼着你考硕士，一定要考上，你会觉得很苦很苦。同样的事情在我们孩子身上也一样。

这件事孩子认为是蛮有趣的事情，做了之后可以达到什么效果，这个效果对他有用的时候，他就很乐意，不觉得苦。如果这件事是你强加给他，让他做他根本不喜欢的事儿，他肯定觉得苦。关键是你要让他对这件事产生兴趣，有了兴趣之后，再苦再累也不觉得是苦、是累。

# 更好的教育，更强的中华

## 杨　荣

上海市实验小学校长，正高级教师。曾获得全国先进工作者、全国"五·一"劳动奖章、国务院特殊津贴等荣誉。中国共产党第十八届、第十九届代表大会代表。黄浦区第二届人大代表。著有《教育追梦》等专著，《小学开放教育的实践与研究》获得教育部第三届全国优秀教育科研成果二等奖。

曾经有这样一首军旅歌曲，我把歌词当中的几句话作为我的开场白："在茫茫人海中我是哪一个，在奔腾的浪花里我是哪一朵，在征服宇宙的大军中那默默奉献的就是我。在辉煌的事业长河中，那永远奔腾的就是我。不需要其他人知道，山知道我，江河知道我，祖国不会忘记。"

在党的十九大隆重召开的时候，我们自豪地看到中国站上了新起点，中国也有了天宫墨子、天宫蛟龙。所有的一切，正是 13 亿中国人民与祖国奔腾的江河同行。十九大的报告，既是理论巨著，也是马克思主义中国化成果的最新体现，作为一个普通的中国公民，在这中间，你也一定能够找到未来的幸福感。着眼今天的孩子，我们设想一下未来我们的孩子，应该用什么样的姿态，走入这样的一个新航程。

## 中国梦让教育更美好

党的十九大报告明确五年以及三十年的两段发展目标，那也就是"两个一百年"，到建党 100 年的时候，我们将建成小康社会。到新中国建立 100 年的时候，我国将会建成社会主义现代化强国，实现中华民族重新龙跃东方的历史梦想。

我们发现，报告重新定位了中国社会的主要矛盾，我想原有的矛盾，我们这一代人在政治哲学等领域，都耳熟能详。今天我们的社会站上新起点，报告对社会的主要矛盾已经做了新定义，那就是"人民日益增长的美好生活需要"与"不平衡、不充分发展之间的矛盾"。从这样的矛盾点

—— 校长观点 ——

** 中国梦让教育更美好。**

位上，在座所有家长的困惑、需求，甚至我们偶尔的抱怨，都可以找到它的理论原点。所以，这个问题今后在很长的一段社会发展时期，将会影响全局性的很多思维、判断与实践。

在这个过程中，我们着力将要解决好几方面的工作：（1）在解决不平衡问题上，我们努力提高发展的质量与效率。（2）更好满足人民在经济、政治、文化、社会生态等方面日益增长的需要。（3）最终实现更好推动人的全面发展和社会全面进步。

同时，我们幸福地发现，从党的十八大到党的十九大，民生问题始终放在我党的核心位置。在这一次的新闻媒体专场中，是不是看到民生专场，五位部长同时出现在一个新闻发布会，这是前所未有的。从教育的角度，我们非常清楚地看到，党的十八大提出"学有所教、住有所居"，党的十九大各加了一个"幼有所育，弱有所扶"，将整个的民生覆盖到人生全部年龄段。

报告中，再次确立了教育的位置，也就是"建设教育强国，是中华民族伟大复兴的基础工程，必须把教育事业放在优先发展的位置"。在这个过程中对教育提出三个具体要求：一是继续深化改革。二是加快教育现代化。三是办好人民满意的教育。

在这个过程中，家长可以从一个社会人的角度，也可以从一个教育直接激励者的角度，在未来或者说未来30年的时间里，是不是能够感觉到我们的教育在与我们的时代同行？我们的教育在每一所学校、单位，每一个老师，在自己的教室里，是不是也有由此而带来的深刻变化？如果这些变化，所有的家长都能够亲历感受，那么更好的教育、更强的中华，将成为美好的现实。

优先发展教育事业的原因在于中国是一个人口资源的大国，要把她建成为人力资源的大国，需要一大批合格的建设者和接班人。未来的社会不断需要有知识、有能力、有担当的建设者，所以才放在了"优先发展"的位置，所以再次明确的是我们的教育目标，也就是落实立德树人根本任务，发展素质教育，推进教育公平，培养合格建设者和接班人的过程中，教育有无可替代的位置。虽然是一个国家的教育方针，每个学校会把它作为首要任务在具体过程当中践行。但是作为家长，是否也应该把"培养什么样的孩子，培养具有什么样素质的孩子，以及他的未来"，在社会大潮当中，你希望他承担什么样的角色？并

—— 校长观点 ——

**❝我们的教育在与我们的时代同行。❞**

不仅仅是你把他送到什么高中、什么大学，最后你找到的定位，应该是想想这个孩子在未来的社会中，你希望他能发挥什么作用、是什么样的地位、什么样的角色。虽然一个大的方针，国家的大目标，将影响家庭的小目标，当小目标对接大目标时，无限的可以将会成真。

## 学校让孩子更幸福

—— 校长观点 ——

**66 中国教育个子大了，骨架壮了，颜值高了，排位靠前了。 99**

首先介绍一下中国教育的情况。教育部长陈宝生非常生动形象地对十八大以来的五年，对中国教育的发展变化，用了这样一句话概括："中国的教育，从大国办大教育，到大国办好教育，实现转型。"这个五年过程中，中国教育个子大了、骨架壮了，颜值高了，排位靠前了。我想我们更希望了解上海，我举几个例子证明一下：

一是"个子大了"。从义务教育到高中阶段教育，到双一流的高校转型发展，我们整个教育影响度、教育的社会地位越来越引发关注。

二是"骨架壮了"。我们可以看到很多教育品牌的项目，很多教育基本结构，越来越完善。

三是"颜值高了"。颜值是什么？从大

学到中学，教育改革引发世界关注，特别是上海，连续三年在 OECD 学生阅读科学素养排序的过程中，位居 OECD 发达国家的首位，而且从绝大多数素质来看，远远领先于发达国家。当然，我们还有很多需要思考和完善的地方，稍后我一起向大家汇报。上海推进义务教育公平发展的过程中，上海市委、市政府、市教委，做了非常大的努力，这里有一些数字，也可以提供给各位。

上海义务教育阶段集聚了底蕴深厚，整体优势明显，引领全国的发展，如：大家所认同的优质教育。但是这5、6年，上海启动了第二个项目，称为新优质学校。新优质学校覆盖面已经提升到20%。教育集团化的推进，目前上海有171个教育集团，覆盖993所学校，占上海义务教育阶段总体比例的60%。

在这个过程中我们看到，社会相对比较推崇或者比较向往的优质教育的核心单位，成为集团的领军人物，教育理念、教育过程、课程，包括教育资源，在这样的集团中，有一个辐射和共享，所以这样的教育集团对实现教育均衡起到极大的推进作用。我们步入每一所学校，会感觉到实验室变漂亮、变时尚、变现代化了，实际上这是上海教委连续三届推动的创新实验室建设，目前从小学到高中，新建创新实验室不是原来概念上的自然、化学、物理的常规实验室，而是有课程、有目的、有项目的，具有研究状态的实验智创空间新增 1141 个。我们明显感觉到，上海教育的颜值越来越高。

四是排位靠前了。上海的基础教育，上海引领全国的发展。上海承担了教育部综合改革的实验区，如果关心高校，也可以看到以北大清华为主流的一流高校，在世界的排序也是每年都有长足的进步，这是中国教育基础的情况。

家长也可以从孩子的经历过程中，和你曾经义务教育感受的状态进行对比，感受到教育确实有这样四大显著的特点。

第一大特点，在大发展中享有公平而有质量的教育。

未来的教育，不仅是大楼、校舍和学校项目，家长更关注每个孩子是否可以在这样的大发展过程中，享有公平而有质量的教育。获得感，也就是从这个角度来的。所以，公平而又优质，将会是未来家长对"人民满意教育"评价的两个基本观测点位。

一是学生高兴，家长放心。这是我

—— 校长观点 ——

**❝ 未来的教育，不仅是大楼、校舍和学校项目，家长更关注每个孩子是否可以在这样的大发展过程中，享有公平而有质量的教育。❞**

们今天所要共同追求
的。在这个过程中，
为什么我们一直倡导
家长要和孩子交流学
校的生活感受、学习
故事？就是这个道理。
你可以深切地感觉，
在学校、在今天教育

大格局下，你的孩子是不是喜欢？你的孩
子是不是满意？这就是学校可以改进，或
者是班主任工作可以改进的地方。

二是学生成长，回馈社会。多年之后
回想成长的整个过程，他会感恩曾经遇到
的好老师，会感恩参加过的有益活动，会
感恩他曾经赢得的机会，为他今后的社会
工作奠下很好的基础。"感恩"对小学生来
说就是"喜欢"。社会是否满意？经过12
年的教育、经过大学教育之后，这些孩子
进入社会后，是否可以很快地适应社会、
促进社会更大的发展？从两个纬度才可以
看今天教育的效果。所以我们说教育是当
下的也是未来的，教育的判断永远是滞后
的。所以，我也希望在这个过程中，家长
也不要太着急，要从未来的角度来判断教
育对他一生到底集聚了什么。

既要解决今天的问题，又要关注明天

—— 校长观点 ——

**"教育的判断
永远是滞后的。
所以，我也希
望在这个过程
中，家长也不
要太着急，要
从未来的角度
来判断教育对
他一生到底集
聚了什么。"**

—— 校长观点 ——

**❝知识可以弥补，但是有的性格、习惯是不可逆转的。❞**

的成长。一是品格与习惯的养成，成为教育的根基，非常重要。知识可以弥补，但是有的性格、习惯是不可逆转的。二是关注过程和个性特质，这是在今天家庭教育、家长和学校交流中矛盾最大的一块。在家长的眼中，可能你更多关注的是个体，虽然我们学校努力关注个体的成长，但是单极的授课制和集体化的教学，让我们只能用一种质的方式，努力能够有教无类。三是越来越感觉期中练习没有了，低年级没有了回家作业，纸笔考试也没有了，分数被各种各样的活动替代了。实际就是在今天教育改革过程中，从专业的角度表述，就是基于标准，绿色发展。

更好的学校，首先是关于人的培养。十九大报告中也明确提出，要从家庭做起、从娃娃抓起，转化情感认同和行为习惯作为我们今天教育效果的重要部分。我们一直讲，家庭是社会的细胞，父母是孩子第一任老师。从科学的角度来看，为什么习惯非常重要？有的科学证明，一个好的习惯的养成，有人说是 21 天。其实，里面有一些科学的误区。一个好的习惯养成的天数是 84 天。绝大多数的人需要 170 天才能够养成一个良好的习惯。

曾经也有很多诺贝尔奖的获得者，他

回顾他的成长经历中并没有说他得了多少100分，他曾经领先过多少人，他一定会有三个点位和你陈述他的卓越成绩。（1）儿时习惯，甚至于他一定会把他的玩具，从小养成"哪里取哪里放"的习惯。（2）高中或者大学阶段，遇到了什么样的导师。（3）也许会告诉你，在他的人生经历中，会有哪一件事带动他终生从事这样的研究。

**"绝大多数的人需要 170 天才能够养成一个良好的习惯。"**

现在我们很多的家长就说，你只要好好读书，其他的事情全部我来做。生活中没有良好习惯的人，在社会生活、活动的过程中，一定没有很强的适应力、很强的认同感以及很顽强的坚守力。在座的家长，你在他小时候关注他学什么，我希望你更可以关注他的习惯养成。从生活习惯抓起，从家庭美德抓起。行为习惯的认同，确实需要学校、家庭，共同在很长一段时间内不断去做。

从小学教育的角度来看，明显感觉孩子们有一些习惯有问题。

一是自理能力，孩子学习用品没有带，他回答我是妈妈或者奶奶没有放。建议各位家长，孩子的书包一定要自己理。因为这是他人生的准备，他明天要做什么？今天要准备什么？这是一种习惯。

二是即使你希望让你的孩子学更多，

你也要和他交流。现在的学生很忙，他学了很多，但是他告诉我，他不知道为什么要去学，是妈妈安排的。我们的孩子人生经历从读兴趣班到读什么大学，都是告诉你"我不知道"，当中就触发了很多极端的案例，就是你帮他选，他不愿意。这个过程中，情感的认同非常重要。

三是家务劳动是立身之本。现在的孩子在这个过程中，连书包都是爷爷奶奶背的，有的爷爷奶奶并不强壮，孩子到小学、初中，书包依然是老人在背。这些细节问题，应该是从年轻的家长开始关注。孩子既是家庭的，也是国家的。你养一个孩子，不仅给你一张大学文凭就可以感到非常成功，背后一个儿子、女儿在家庭中，到底家庭角色是什么？从他幼儿时期开始，你就要让他知道他在家庭中的角色、地位以及他的责任。核心价值观，不是高高在上的事情，不是贴在马路上的。如果你想育一个自己的孩子、想育一个好孩子、好公民，以后成为一个优秀的社会人才，你在从小可以找到很多教育的点位。

我们要不断地忠于祖国、忠于人民、孝老爱亲、向上向善。中国是有这样一句话的，比如说"家国情怀"。蔡元培讲过"爱国之心，实为一国之命脉"。华罗庚也

—— 校长观点 ——

**❝ 即使你希望让你的孩子学更多，你也要和他交流。❞**

曾经讲过，"别人的地方再好，也非久留之地"，所以就有"归去来兮"之说。

为什么说叶落归根？也许你要培养一个世界情怀的孩子，但你要给他一个家庭的眷恋，故乡的回忆，也要给他一个中华的底子。否则只有这样的眼光，他飘出去了，他就是一片树叶，没有根基。这个过程中，学校一定非常关注思想道德建设。首先希望是家庭的好孩子，能够让家长满意。第二，应该对中华民族有一个基本的认同。在这样的前提下，中国走上了新的发展起点，就是中国从富起来到强起来，这个"强"是精神的，是文化的，不仅仅是一种数字，人民有信心国家才有前途。

第二大特点，教育的新关注。

在整个发展目标中，我们加上了"美丽"二字，我觉得这两个字不仅仅是中华民族的美好愿望和汉语的美好修饰词，我们会关注更多内在的问题，今后会带来很多明显的变化。加上"美丽"，最简单地说，就是现在耳熟能详的，我们曾经追求富起来的过程中，我们不要青山绿水，我们也要金山银山。十六大以后，看到了"又快又好"的说法，也就是一手要金山银山，一手要青山绿水。

今天很明显，青山绿水就是金山银山。

—— 校长观点 ——

**" 也许你要培养一个世界情怀的孩子，但你要给他一个家庭的眷恋，故乡的回忆，也要给他一个中华的底子。"**

放到人的过程中，我们也许曾经为了一个大学的学额，牺牲一切，为了分数。之后，家长更多希望"我希望他学得快乐，又学得有结果"。中国走向"强起来"，2020 年就会达到了"初步建成现代化强国"，是不是还是像以前只要一张大学文凭？家长是否也追求成长过程当中的质量？所以我也希望我们的孩子，既是一个优秀人，同时拥有幸福美丽的成长过程。我们的家长，也应该从这个角度作出更多的思考。

所以在这个过程中，希望我们共同扣好人生第一粒"扣子"，从爱父母开始，从尊敬老人开始，从告诉孩子是一个中国人开始。只有这样，孩子长大了，不管从事哪一个职业，不管到世界哪个角落，都可以做一个有底气、有骨气的中国人。在家庭有需要的时候，把家庭、父母放在人生重要的地位，这才是你的孩子，这才是中华的孩子。

夯实人生"第一块砖"，对于"劳动"二字，我们多年不提了。实际上，劳动是一个大概念，并不是说你在马路上很辛苦工作的是劳动，实际上所有的工作都是劳动。现在的孩子对于"劳动"二字的认识，和我们小的时候认识不一样。劳动创造世界，科学家也曾经讲什么叫成功，就是艰

—— 校长观点 ——

**" 扣好人生第一粒'扣子'，从爱父母开始，从尊敬老人开始，从告诉孩子是一个中国人开始。"**

苦的劳动加上正确的方法，加上少说空话，这就是一种劳动。这个过程中，我们将会根据孩子的机遇和禀赋，培养有知识、有技能、能够创新的劳动大军，这是我们基础教育要铺好的第一块砖。我觉得家长给孩子铺的第一块砖，不是告诉他你要进清华北大，要做科学家、经济学家。我觉得就是告诉孩子，劳动是立身之本，这是我们要给孩子的人生"第一块砖"。

开启人生第一扇"窗口"，整个教育发展过程中，我们明显感觉到一个情况，理想才能带着人远行。不管是学校还是家庭，要让孩子清楚他想要做什么，他今后想要成为什么样的人。

小的时候，有的孩子说他想做老师，因为他的老师待他很好，他很感谢。他说，以后他要赚很多的钱。原因是什么？他要让他的父母更幸福，这是孩子的真话。随着孩子的成长，他的窗会越来越大，但小学和家庭是孩子人生的第一扇窗，所以家长要不断地学习，不断地成长。因为只有你成长了，才能在孩子成人之前，不断地为他打开更大的窗户。

为了给孩子埋下人生第一颗智慧的"种子"，现在的家长很急，希望孩子学得更多，我的体会是，实际上是思维方式和

—— 校长观点 ——

**❝ 劳动是立身之本，这是我们要给孩子的人生'第一块砖'。❞**

情感影响着人的一生。

我这里讲几个故事。

我们都知道，周恩来为了中国之崛起而读书，成为中国第一代优秀的政治家、领导者，赢得了全世界的尊重。我们一直在讲的黄大年，他 20 岁毕业的时候留下一句话"振兴中华乃吾辈之责"，那是 1982 年。他言而有信，在英国发展得非常好，但他回绝了那边的优厚工作，关闭了自己的诊所实验室，义无反顾地回到中国。我们也知道钱学森回国的重大意义。新时代优秀学者的回国，施一公就是一个，他在生命科学领域作出的贡献，我想大家都知道。

从专业的发展来说，有人说"我今天来不及了"。从来没有来不及，只要有理想与境界。

我们都知道鲁迅弃医从文，周有光早年学经济学，40 岁时才进入语文文字办公室，成为"拼音之父"。钱伟长幼年有学文的天赋。理科的情况非常糟糕，如果换作现在的父母，会急得不得了。随后，他大学读了历史系。在历史系做了两天学生之后发生了"九一八"事变。他拍案而起："日本人可以欺负我们，就是因为有飞机大炮，我不读文也要造飞机大炮。"之后转攻

—— 校长观点 ——

❝孩子的理想和意志品格远远要比能力重要，只要有强大的内心一把火，任何事情都能做好。❞

理科，他的成就不需赘述。

在座所有的家长，不管你希望你的孩子最后成为什么样的人，孩子的理想、意志品格，远远要比能力重要，只要孩子有强大的内心一把火，任何事情都能够做好。所以，是学习习惯和情感决定了孩子未来的无限可能。

学得太多，真的不是好事情。我在一年级听一节课，学汉语拼音，老师出了一张图片，图片是一个家庭，挂了很多的衣服。结果图片一出，老师问"你看到了什么"，居然很多小朋友说是拼音"y"。什么原因？家长已经教过了，严重干扰了我们正常的教学，干扰了学生的无限想象空间，孩子从衣服图片就能够想到汉语拼音 y，这个孩子的思维定势到了什么程度？问题真的很严重。

有很多先进的教育告诉我们，不要学得太多。我们的学生看到一个圆圈，觉得就是 0。这个圆圈是无限的想象，他长大了会知道，这个 0 构成了科技、社会、家庭，以及人生的发展。但是现在只知道是 0 这个数字。这是非常值得我们忧虑的事情。这个过程中，埋下"智慧的种子"是孩子的思维方式，而不是过早在知识世界当中让孩子先学多少，后学和先学，零起点并

—— 校长观点 ——

**❝ 埋下'智慧的种子'是孩子的思维方式，而不是过早在知识世界当中让孩子先学多少。❞**

不是美丽的畅想，希望大家能够慢慢接受这样一种社会发展和教育发展的方式。

第三大特点，人工智能时代，创新、发展理念和动力将有变化。

参加十九大回来，我一直在想，如何把孩子和十九大联系在一起。我觉得非常有意思的一件事，今天的小学生到小学毕业这段时间，正是第一个百年梦想实现的过程。在这个过程中，会享受到有教育、有社会发展、家庭走向富裕过程中的幸福和快乐。

他们的后 30 年，正好是我们第二个百年梦想实现的时间，我拆成了两个过程。15 年后，他们正好大学毕业，这是人生重要的转折点，或者进一步深造，或者到更远的世界，或者进入工作岗位。在他们 40 岁左右，是现代化强国第二个百年梦想实现之日。40 岁左右正是社会的中坚。所以，孩子与"中国梦"同行，在这样一个奔腾的历史场合过程中，孩子找到自己的方位，或可以让家庭幸福，或可以贡献社会，甚至可以利在千秋，成为一个优秀的人。孩子与"中国梦"的同行，是这代孩子非常现实的一个命题。

在"中国梦"过程中，我们会发现什么变化？（1）创新会成为高频词。（2）发

—— 校长观点 ——

" 与'中国梦'的同行，是这代孩子非常现实的一个命题。"

展理念发生显著变化，也就是创新、协调、绿色、开放共享。人的成长当中要有今天有明天，也要更多与人合作。今天，已经不是单打独斗的世界，所有的项目都是团队推进的方式。今天我们的独生子女，明显发现集体学习能力弱于个别学习，因为家长参与得太多。个人展现的欲望弱于参与集体活动的欲望，这些和他未来社会"开放共享"的方式，从玩具开始，好的东西是否愿意与人分享？小时候养成的习惯，开放共享。从小对好的东西，或者是对父母，或者和伙伴的关系，都可以反映未来。

（3）发展动力。现代经济建设的发展过程，我们追求的不是高速增长，而是高质量的发展。孩子的成长，家庭的幸福，不仅仅是证书的累积，更多的还是要有很多家庭文化、生活的需要，家庭的文化品质。这些，我觉得都可以折射到所有的家庭里面。

　　未来怎么样？这是社会发展主流价值。我们都不能超越时代、超越技术，未来将产生重大影响的可能就是智能时代。智能时代将要带来的是什么？是工作方式、劳动成本以及职业市场将会有大调整。举一个家长最能够感受的，比如现在学作文，很多家长说背一篇作文就可以去套。可能在未来某一个时候，作文可以智能阅卷，

—— 校长观点 ——

**" 智能时代带来的是工作方式、劳动成本和职业市场的大调整。"**

—— 校长观点 ——

**❝ 英语的本质是什么？是国际移动能力的培养，不仅是语言的工具，是一种认知、一种情感，是对民族文化的自信和异域文化的尊重，可以在世界各个角落生存。❞**

可以完全准确地判断这篇文章在哪部分曾经有过，吻合率达到 50% 的。也就是说，要说你自己的话、写你自己的文章。我想，我们这一代的孩子，高中毕业高考的时候也许有可能。曾经有领导问我，你很喜欢读书，你背得出多少？我想我做不到全部背出，但是机器可以做到。

我们都在学英语，英语是什么？有人说智能时代翻译职业将会淡出。现在同声翻译是金领中的金领。但是智能时代之后，英语是不是就不要读了？英语的本质是什么？是国际移动能力的培养，不仅是语言的工具，是一种认知、一种情感，是对民族文化的自信和异域文化的尊重，可以在世界各个角落生存。所有的这些，在未来的发展空间中，不管从功利的角度还是从生活品质的角度，我们必须要面对这样一个可能发生的未来智能时代。

作为一所学校来说，我们也有非常深刻的体会。上海市实验小学是一所百年学校。1911 年建校的时候，我们老校长有两个愿望。一是"基础教育，强国固基"，二是"小学校，儿童幸福之起始"。

在当时的上海，你会一点英语，就职的机会、就职待遇就会变好。学校开英语课不是为了考试，他开的是修身课，希望这个孩子在家里能懂道理，到社会上可以承担责任。一所好的学校，并不是说这个学校的分数有多好、奖牌有多少，我想任何一个学校都可以拿出优秀学生的奖状，但也不容回避，有些孩子在我这个学校里面，没有得到更好的发展。

所以，我们的教育目前处在一个胶着的时期。家长也努力让孩子和家庭适应教育，学校也努力让学校的教育尽量适应更多的孩子。这永远有一个价值预期，不能完全满足每一个孩子。但是我们会满足不同人群的学习，这个群体将会变得越来越小。教育越发达，班级的编制会越来越少，流动的班级或者是选择性的课程会越来越多，这并不是我们说要变花头，而是基于价值目标以及让更多孩子找到合适教育当中的专业发展。有的速度也可能一下子达不到家长的要求，需要家庭和社会资源大量的融入这样的教育改革过程。

敬"老"才懂"责任"。不管是家庭还是学校，所有的课程都要让学生感觉到，尊敬是中华民族的传统美德，尊师重教，尊重家里的老人才会是一种责任。你有没有关注家里孩子进门是否会主动和父母打招呼。早上眼睛没有睁开，父母求着他吃早餐，他还是一脸不高兴，这样的情况很

—— 校长观点 ——

**" 教育越发达，班级的编制会越来越少，流动的班级或者是选择性的课程会越来越多。"**

多。实际上，基本的家庭道德、家庭秩序，是维持血浓于水、亲情关系的必然仪式。

爱"家"才会"爱国"。孩子的眼光会不断长大。小时候，家是他最大的。慢慢地，以乡为家，长大之后才知道，国才是他的家。这个过程，你一定要让他知道。家里有事，他将义无反顾，这就决定了你养他是不是能够感受到你未来的幸福感？国家也会感觉到，是不是我的孩子能够在我需要的时候，能够义无反顾地参加到国家需要的事业当中。你想培养一个优秀的社会精英，他必须要有一个基本的情怀。如果你只想让他有一个幸福安稳的生活，他必须要对小家有一个基本的认同，对于社会，也要有一个基本的认同，否则找不到社会的定位，家庭是不会幸福的。

有"能"才可"担当"。不管教育如何改革，不管未来的发展具有多高的科技，小学阶段，他是启蒙养正的一个过程，情感、习惯、态度以及基本的文化知识的养成过程。

我们现在很多家长，很关注孩子，只关注结果。一个数字出来就有一个结果。实际上思维的过程很重要。请你回想一下，你现在高等数学的思维，是不是建立在基础之上？所以，也要尊重孩子的认知规律。

—— 校长观点 ——

**" 敬'老'才懂'责任'，爱'家'才会'爱国'，有'能'才可'担当'。"**

希望小学教育、基础教育，能够给孩子非常坚实的文化知识基础，基础补不牢，地动山摇。

对于思维技巧，我们要妥善、理性地面对这些学习需求。

一是学习效率问题。有的孩子课堂学习回来，基本上正确率达到了80%，经过简单的作业、复习就可以达到100%。有的孩子回来只有50%，你给他补或者去外面补。我认为，家长关注的不应该是结果，而是要关注为什么他只有正确率达到50%，甚至不到50%？小时候必须关注孩子的学习效率，要留出足够的时间，这是为他未来的学习和人生留出空间。小学学那么一点东西，就要学到十一二点的话，我想孩子未来的空间一定是很少的。

二是学习方法问题。孩子是否愿意自己学习，是否愿意使自己的整个学习达到完美的境地？有的家长说，"你怎么又缺了一分，又怎么样？"如果孩子不在乎丢这一分，我觉得也可以接受。因为这是孩子性格所致。豁达的孩子，我们有的时候要告诉他需要严谨。过于严谨的孩子，我们也要引导，不能说"这里缺了一分你不高兴或者今天落选你不高兴，你很有上进心"，实际上对于孩子健康人生来讲，各种经历

—— 校长观点 ——

**"小时候必须关注孩子的学习效率，要留出足够的时间，这是为他未来的学习和人生留出空间。"**

—— 校长观点 ——

**"对于孩子健康人生来讲，各种经历都是成长。"**

都是成长。春夏秋冬，喜怒哀乐、酸甜苦辣，本身就是人生完整系统的组成部分。

第四大特点，价值取向、判断标准等都开始有了转变。

教育的底色是什么、基础是什么，家和国的关系是什么。家庭是社会基本的细胞，家庭不幸福，社会也不会和谐。但是国家不强大，国家不发展，没有家庭的幸福。我想我们每个人都应该有非常真切的历史体会和今天的感受。在这样的前提下，我们的教育开始关注几大变化。

一是转变价值取向，淡化成人意识，弱化功利选择，尊重儿童的成长规律。这个阶段孩子有一个梦想就可以了，你不能说，今天他不好好学习，明天进不了清华，进不了清华他就怎么样。我们都是从孩子长大的，我们当时还是非常尊敬、听命于父母的。现在的孩子为什么说有叛逆期？甚至小学阶段已经到了叛逆期。现在的小学生资讯获得量很大，他有自己的想法，父母让他干的他就偏不干，这就是叛逆时期。因为你在他很小的时候，你就用你成人的意识影响他，他不能理解。你要尊重他、引导他。比如"今天不好好学习，明天你就站在马路上"。这是你给他的另外一个人生影响，他根本没有感觉站在马路上有多辛苦，这完全是成人的判断。

二是转变成长方式，崇尚"绿色"发展。转变关注重点，盯牢习惯养成，培育品格情感。转变判断标准，基于特质，不搞"攀比"。每个孩子学习状态不一样，有的孩子接受性学习能力很强，容易通过上课学习，一学就会。有的孩子要在"做中学"，家长对他应该最了解。你讲100遍他都听不懂，实际上这不是他的学习方式。在"攀比"的情况下，学校教育最难突破的就是注重每个孩子的发展，但是我们努力在改。家长找类比的对象，对孩子的成长来说只有弊没有利。

—— 校长观点 ——

**❝ 小学阶段是启蒙养正的一个过程。❞**

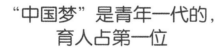

## "中国梦"是青年一代的，育人占第一位

中国梦，是我们这一代的，也是青年一代的，是历史的，也是现实的，更是未来的。所以从教育人的角度，我们会在上海这样一个经济政治文化高位发展的前提下，给所有的家庭、所有的孩子一种更好的教育。既关注到他今天的幸福，更为他明天的成长、成就一些终生发展的可能。我们也通过自己的努力，给家庭一个美好的未来，但是这个家庭当中，家长是我们

—— 校长观点 ——

**66 今天的孩子，你要承认他的预设和结果，目标不是你给的，即使你要给，要用循循善诱的方式，让他说出他所想。99**

不可或缺的、强有力的支持。最终，家庭、学校更好地努力，我们会给社会一份更大的贡献，也就是更好的教育、更强的中华。

站在孩子的角度，有这样几句话始终是我们教育人所思考的，我也希望我们家庭也给予这样的环境和空间。今天的孩子，你要承认他的预设和结果，他的人生就会有目标。所以，目标不是你给的，即使你要给，要用循循善诱的方式，让他说出他所想。如果这个孩子一直在你攀比、类比的过程中，如果有的孩子个性还不是那么强大或者说他本身是一个非常细腻的人，他将从小生活在恐惧中，他将一生与忧虑同行。他的生活当中如果有安全感，他的未来会相信自己，相信周围的人。

学校要在硬件环境、人文环境当中努力营造一个安全的环境。为什么我们不公开排行成绩？原因就在此。所有的目的只是为了让孩子安心。即使他有一些阶段缺陷，他可以通过后续来补足，或者我们可以商量一下，是否可以增加一些学习方式，让他掌握得更好。

大家关注生理上的安全比较多，心理上的安全现在关注比较少。我想，如果这个孩子生活在一个接纳的环境里，他就有一颗爱的种子，他会爱家人、爱周围的世界，进而爱整个的世界。

在理想、境界、道德、情感的前提下，让孩子为他所愿意达成的目标努力学习，做一个有道德、有境界、有担当、有本领的人，成就一个幸福的家庭，给教育一个应有的社会认同，也给中国一个无限的可能。

—— 校长观点 ——

**❝ 孩子生活在一个接纳的环境里，他就有一颗爱的种子，他会爱家人、爱周围的世界，进而爱整个的世界。❞**

问津校长

**家　长**：我们家男孩子，三年级升四年级变了很多。有的时候，学业成绩出来不是很好，他会不理我们，自己和自己生气，这时候家长应该怎么办？

**杨　荣**：发生矛盾的时候，不要踩急刹车，这时候可能大家需要安静。今天矛盾的发生，不是一夜爆发的，一定有时间积蓄期。你要通过阅读、活动、吃饭等关注孩子的细微变化，谨记在心。家庭文化当中，餐桌文化实际上很重要。我希望我们的家长，无论如何要让家庭有这样一个休闲、安全的时间，这真的是一种育人的空间。你慢慢会觉得，这个孩子会有你希望成长的性格元素、品格特征，或者你希望的状态。不要考试缺了 1 分，就说"你看隔壁邻居的小孩就是 100 分"，这时候损伤的是孩子的自信，也损伤了你们的亲情关系。久而久之，亲情关系也会越来越差。

**家　长**：儿子之前在班级里面是中队长，现在有机会竞选大队长了，他有些压力，感觉责任比较大。作为家长，应该如何引导？

**杨　荣**：其实很多孩子都有这样的压力。机会永远是有限的，人是成长在机会中的。不管是孩子，他希望能够戴上红领巾，一条杠、两条杠、三条杠，一条杠杠，一份责任，承担责任的时候，能力会越来越大，大家都会帮助你，中队也会帮助你，大队辅导员会帮助你，家长也会帮助你。有了更多的责任，你获得的帮助也会越来越多，成长得越来越快。

在这个过程中，不要强化落选了就没有面子，就失败了。你可以告诉你优秀的儿子，参与比结果更重要。不要太在乎结果，而是要在意一个过程。如果有了结果，也不要以结果为结果。

# 与孩子结伴成长

**卞松泉**

杨浦区打虎山路第一小学校长，打虎山路第一小学教育集团的理事长，上海市特级教师、特级校长，正高级教师。先后获得上海市教育工程、上海市劳动模范、全国先进教育工作者等多项荣誉称号。

—— 校长观点 ——

**" 老师、家长应与孩子结伴成长。"**

老师和学生结伴成长，教学相长。我们学校要求老师写教学笔记，作为教学业务的一项内容，目的在于督促老师反思课堂教学的两个问题：一是教学是否达到要求；二是如果没有达到，问题出在哪里。我认为，善于反思的老师、用心的老师，会从学生当中获得教学的想法、方法。有的孩子不懂，他会反思，是哪个环节出了什么问题，反思应该怎么引导；有的小孩在课堂上表现"神反应"，很聪明，他也会考虑应该怎么教。

我们作为老师，对孩子不要有过激的行为，要讲究方式方法，这样的孩子才能接受你的观点。在少代会上，孩子会提很多的建议，我都会给予解答。我的原则是：能做的，告诉孩子能做；不能做的，告诉他为什么我们做不到。孩子有很多的想法，我们不能糊弄孩子，否则他认为"校长在会上骗我们"，他会一辈子记着你哄他、骗他。

孩子们提出能不能不要拖堂，我们就严格规定老师不可以拖堂。以前我们读书的时候，10点10分下课，因为2分钟的预备铃，10点18分就打铃，10点20分上课，实际上才休息8分钟。现在为了保证学生的权益，10点10分下课，10点20分打铃，10点22分上课，确保这2分钟的时间给到孩子。我和老师们说，国家2分钟都要帮孩子算着，你凭什么拖掉这2分钟？偶尔没有讲完就算了，但不能成为习惯，不拖堂要作为一项教育规范来做。

家长与孩子结伴成长，快乐教育。家长要好好和孩子讲，不要强硬要求，说类似"就不可以""就必须这样"的话。人都

—— 校长观点 ——

❝ 平时孩子表现好，家长'宝宝、乖乖'哄着，一旦孩子不听话或者不服，家长就言语强硬甚至打骂，这样的教育不可取。❞

—— 校长观点 ——

**" 学校教育不复杂，是人为弄复杂了。"**

有情绪，偶尔克制不住属于正常，不能习以为常，这是不尊重孩子的表现。教育孩子考验成人的耐心、意志和智慧，就像在船上，顺风的时候大家可以在船上睡觉，碰到暗礁险滩就要看你本事了。

有一个孩子喜欢玩手机游戏，在家不好好写作业，就玩游戏。其实孩子在学校平时表现蛮好的。家长不让他玩，过一会儿孩子又拿起来玩。家长火了，就把手机砸到地上砸碎了，孩子很生气，吃完饭就跳楼了，留给父母无尽的痛苦。我们希望家长，既是孩子的长辈，管他生活，伴他成长，也要在精神、学习方面和孩子多交流。

现在很多家长都很纠结，说现在学校教育他搞不清楚。我想告诉大家，学校教育不复杂，是人为弄复杂了。学校教育目标就是坚持"一点点"：学生作业少一点，分数高一点；老师上课生动有趣点，学生学得轻松愉快一点；学校教育内容丰富多彩一点，学生想象空间自由自在一点；老师和蔼亲切一点，学生阳光开朗一点。

学前阶段，家长很容易被忽悠。有人问我，孩子读书以后，拼音要提前学，不然拼音和英文会混的。我就告诉媒体，我这么多年老师、校长做下来，没有发现一个孩子把拼音和英文搞混的，有些智障的孩子，不搞错是不正常的。正常的孩子都不会搞错，可以慢慢学的。如果有学前教育的人忽悠你让孩子学拼音，真的不要去，让孩子有些时间做别的事情。

现在孩子自由支配的时间太少。早上去上课，下午放学，小学一周32节课左右。有的学校还有晚托班。我们觉得，如果孩子完成了"规定动作"，要给"自选动作"的时间。如果孩子成绩还可以，不要周末就给孩子去补课，给孩子一些发呆的时间、想象的空间。

我们现在都知道"钱学森之问"，为什么这么多年没有创新人才、没有科学发明？可能问题就在于我们留给孩子自己的空间太少了。很多年前，我去俄罗斯教学考察。下午两点多，从学校出来，看到很多孩子在树林子里牵着狗玩。我们很惊讶：这个时间点，孩子在外面玩，不是逃学就是厌学的。因为同时段，国内是不可能看到孩子的，都在学校里面呢。我的意思是，必须要给孩子户外活动的时间。培养孩子的想象力太重要了，哪怕是玩也要玩出自己的个性，但是现在的孩子有些都不会玩。除了游戏机、电脑外，他们不会玩了。

—— 校长观点 ——

**❝ 有观点认为，孩子的拼音要提前学，不然拼音和英文会混的。这么多年来，我没有发现一个孩子把拼音和英文搞混淆。❞**

参加课外活动，有的家长觉得孩子成绩不好，耽误时间，不让他参加。有的时候老师也会觉得会落下功课，容易分心。其实，你不让他参加课外活动，未必对他的成绩有利，同时把孩子的兴趣爱好抹杀了。前段时间，学校要出去社会考察，要去两天。但是有个孩子哮喘很严重，但他特别想参加社会考察，于是打起精神，假装自己什么事都没有，天天来上学。父母悄悄告诉老师，他不行，其实喘得很厉害，孩子是故意让老师觉得他没有什么事情。这说明，孩子参加活动的愿望非常强烈。

每年秋天我们会有启动新一轮的社团报名，学校的校本课程占了相当的比例。我算了一下，小学五年制，一周 30 多课时，一个学期就算 20 周，600 多课时，一年 1300 多课时。社团、课外活动加在起来，一年有 1400 多课时，也就是意味着在我们学校的孩子，五年下来，多读了一年书。而且这一年，没有作业，没有分数。

孩子参加管乐队，有的家长不让孩子排练，要去补课。我和家长说，你的孩子吹管乐，如果没有乐队，一辈子就是一个人玩，少补一次课没有关系，在大的舞台上演出，到外面演出，但这个是补不回来的。所以，我认为，家长一定要支持学校

—— 校长观点 ——

**" 家长一定要支持学校社团活动。"**

的社团活动。

我们学校戴眼镜的孩子少，这和校园环境也有关系。我们不造大楼，都是庭院式的建筑。我们在学校里养过鸽子，养过孔雀。为什么要养小

动物？就是希望给孩子一种好的生态环境。同时，小动物都是由孩子养的，也通过这样的方式来培养孩子的爱心。我认为，如果孩子有养宠物的愿望，应该满足他，培养爱心都是从点点滴滴当中来的。那么多视频里虐猫、虐狗的，他们也可以那么狠心，就是因为缺爱，他们的心很冷、很硬。

我们学校以前有个女学生，喜欢参加社团，家长支持；到初中，孩子还是喜欢参加社团，家长有些不支持了，担心影响中考。可是，孩子和同学一起参加中学生创新大赛，发明了一个环保的东西，拿了团队一等奖。她考进重点高中了。她在高中继续参加社团活动，父母又操心，怕她考不进大学了。但她参与全市比赛，拿了二等奖。那年考大学，她的成绩达到一本分数线。与此同时，美国麻省理工学院发给她录取通知书，怕她不来，还给她全额

—— 校长观点 ——

**" 如果孩子有养宠物的愿望，应该满足他。"**

—— 校长观点 ——

**" 家长不要过分关注分数，要培养孩子的兴趣特长。"**

奖学金。全家都非常高兴。后来她回来和学弟学妹说，兴趣爱好非常重要，世界名牌大学并不是看分数高，更希望有创新、有个性、有发展的孩子。我觉得，我们要分数，但分数不是唯一，兴趣特长能力都要培养。

家长不要过多关注分数。其实，有的时候分数上去一些、下去一些也都很正常，不要过度纠结。往大的方面来说，家长要关注孩子成长怎么样，不要纠结成绩。退一步说，我们都知道，班级里面每次考试总是这样分布：好中差，有学霸、有优良成绩的，有中等和中等偏下，还有个别不及格的。孩子不管在哪个阶段，家长都不要纠结。数学家陈省身，90多岁高龄时有一次接受媒体采访，他说：一般孩子跟着老师教的走，一般考80多分都没有问题。如果一定要90多分，甚至100分，这还是要花很多的力气，不值得。这方面退一步，其他的方面好，说不定对他是一种信心，可以触类旁通。

我们不主张排名。办学校，总是要分数的，但成绩不是唯一的。家长要充分评估自己的孩子在哪个程度。学习成绩不理想，可以帮他补一补，但是不需要一步步往上逼。86 分一定要 87 分，87 分一定要 90 分，天天围绕分数转，孩子会厌学的。对一个学生个体来说，差一分有多大的意义？差一分就差一分，不要死拼，差了一分就是多错了一道题目，如果艺术好、体育好，科技好，孩子就会有自信。对教育来说，一分、半分，更是没有什么大的意义。

**我**们有一个理念叫"学生最大"。因为孩子早上来，下午才回去，和老师一起一整天都在学校，所以我们非常在意学校环境的建设，我们学校也一直是上海的花园学校。现在周末，老师带孩子在学校搞活动。每个星期都有家长开放日。孩子带家长到学校来，孩子们自豪，带着自己的家长参观，说这是我们学艺术的地方，这是学美术课的地方，这是我们社团学习的地方，这是管乐队、民乐队排练的地方。

我们学校的校名是学生写的。也许没有书法家写得好，但是我很自豪。家长很自豪，打虎山路第一小学的牌子是我儿子写的、我女儿写的；学生很自豪，会觉得那是我同学写的，是我们写的。有一个媒体前两年就把这些孩子都找回来，做了一个采访。记者问这些孩子为什么当时让你

—— 校长观点 ——

**" 在 家 里，孩子最大；在学校，学生最大。"**

写，对你有什么影响。孩子们都觉得历历在目，满满的幸福回忆。

每年春天，我们会搞一个"草地音乐会"，孩子也会记得，哪年他做过表演，对一生都是美好的记忆。孩子长大以后都会记得自己在学校的生活，不只是考试、做试卷。我们有校歌大会，每年一次，让孩子表现校歌。电声、管乐，各种各样的伴奏都有，吹笛子、唱歌、钢琴等，各种各样的形式，孩子们非常喜欢。这些对孩子的影响都是潜移默化的，会影响一生。

学校教育无小事，可能特别细微的，不起眼的，但可能就点燃了一颗种子。

学生最大，是我们学校的办学共识；在家里，也是孩子最大。家长是我们的编外老师，我也知道有些家长志愿者做了很多事情，有的帮学校包馄饨，给孩子吃早饭；有的到学校门口做保安，维护学校秩序，等等。从我作为校长来看，我觉得，我们要多用家长的智慧和专业，不要简单地用家长的力气。大家群策群力，才能办好学校，共同陪伴孩子成长。

—— 校长观点 ——

**❝ 不要让孩子过早接触负面的东西。带孩子出门，遇到吵架、打架的，不要围观，带孩子离得远一些。❞**

学校不是孩子唯一成长的天地，孩子的成长环境是由家庭、学校、社会构成的。社会是万千世界，有很多正能量，也有很多负能量。作为家长，尽量让孩子避免一些负面的东西，包括媒体上娱乐的东西，我们要尽可能地避免。家长问，难道让孩子在真空当中生活吗？让他了解、让他适应不是很好吗？我的观点是，是的，随着孩子认知、理性的成长，慢慢都会理解、会接受社会的多面性，但是请家长不要让孩子过早接触负面的东西。

我们是开放的社会，不隐瞒。但是有些事情，是少儿不宜的，还是不适合让小孩都知道。哪怕我们带孩子出去，有吵架、打架的，我们不要去围观，带孩子离得远一些。有的骂人话很粗俗，对孩子其实都是伤害。家里父母吵架，也要避免。包括财产、利益的纠纷，尽量让孩子避免知情。他知道舅舅、阿姨对他很好，也许父母和他的舅舅有什么财产问题，甚至会到法庭打官司，这都是维权的，大家各有各的理，但千万不要伤害孩子的亲情。

包括学校教育中遇到的一些问题，家长对老师不满意，可以和老师沟通，不要当着孩子批评学校、骂老师。因为这样做的话，容易让孩子觉得我的妈妈或者是爸爸和老师的关系不好，他会有压力，会很压抑。所以，要回避这样的情况发生，要让孩子觉得家长和老师非常好，和学校的

—— 校长观点 ——

**" 千万不要伤害孩子的亲情。"**

—— 校长观点 ——

**" 要呵护好孩子的善良心灵。"**

关系很和谐，孩子感到很开心。看到爸爸在学校做"爸爸课堂"，妈妈在学校做志愿者，孩子会很自豪。

回避，不是让孩子真空，而是慢慢适应。

老师上课和孩子说了一个情节：一个男人下雨天看到妇女抱着孩子拎着包，就把孩子抱过来，把雨披给妇女披上。老师问孩子，为什么这个男人这么做？孩子说：那个男人是人贩子、那个男人早就看上了她，还有人说他借雨衣帮女人抱孩子要收费，为了取得女人的信任后抢东西，那个男人会不会是推销雨衣的？等等。

这是真实的事情。老师也没有想到这样的情况，而孩子这样讲，太可怕了。我把这个作为案例给大家提醒，孩子的善良非常重要，不要让他从小受到污染，对谁都提防，有一天算计父母，你不会伤心吗？要呵护好孩子的心灵，等到他的正能量足够强大，有足够的理性，有足够的善良，足够可以抵抗乌七八糟的东西了，他的心里就像明镜一样。但还没有达到这样的情况下，孩子本来很善良，帮助别人的，但是看到别人都不帮助，让他觉得我帮助别人我傻掉了，这就不对了。如果他帮助别人，自己得到快乐、共同发展的时候，你再有负面的东西，他就可以抵制，不容易受负面的影响。

　　有一位家长是同济大学的老师，他发现，自己的学生家境贫寒，生活费很少，吃不起饭，天天吃馒头，或者吃别人的剩饭剩菜。这位家长就让自己的孩子拿着压岁钱资助自己的学生。班主任老师知道后觉得很好，动员班里的孩子献爱心。班主任说，大哥哥、大姐姐他们考进大学不容易，没有钱好好吃饭。孩子就把自己的压岁钱都捐给了大学生，我们叫做"小手牵大手"。被资助的大学生经济条件差，但是有知识，所以学校里面搞科技活动，大学生们就来了。直到今天，我们仍然和同济大学联合开展"小手牵大手，大手牵小手"的活动，这对大孩子、小孩子都是很有益的。

　　我们学校选队干部，和选人民代表一样困难。我们所有的程序公开公正，教工子女都要一视同仁。在我看来，家长们更要注意不要用功利心过早地影响孩子。

现在有一种说法叫做"留守儿童"，通常是指父母进城打工，孩子没有人管，托给老人。其实现在城里也有"留守儿童"。父母忙于工作，或者父母在国外，

—— 校长观点 ——

**❝ 家长发展自己事业的同时，也要给孩子多一些陪伴，甚至要做一些牺牲，成就了孩子，你可能获得更大的成功。❞**

把孩子托给老人，孩子父母出差，孩子没有人管，这也是留守儿童。也许这类"留守儿童"物质条件不缺，经济条件比较好，但是亲情条件是缺的。

《超级家长会》做了一档节目，是我们集团的孩子去的。主持人问孩子最喜欢谁，这个孩子说我最喜欢我的保姆。主持人就奇怪了，为什么是保姆？一问才知道，爸爸在外面，妈妈做生意，父母不管，从小保姆带大的，所以和保姆最亲。

我见过很多家长，事业有成，说到孩子不好，家长说"都成心病了，觉都睡不着"。但是我觉得，家长自己事业发展的同时，也要留一些时间给孩子，多一些陪伴，有的时候甚至要做一些牺牲，成就了孩子，你可能获得更大的成功。

—— 校长观点 ——

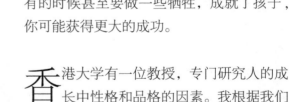

**❝一个人需要具备若干好品格，不一定需要非常出彩，哪怕一个方面做得好，也足够骄傲。❞**

香港大学有一位教授，专门研究人的成长中性格和品格的因素。我根据我们的工作也做了梳理。

一个人需要具备若干好品格，不一定需要非常出彩，哪怕一个方面做得好，也足够骄傲。比如乐观的心态，比如对自然的热爱，比如对和平的热爱。好的品格需要行为。

家长可能会问，我们从来也不会说

我们不喜欢自然，可是喜欢自然，需要有具体的行为。我国的环境被污染，你说你喜欢，环境怎么会被污染，青山绿水变成穷山恶水？都是我们片面发展，不重视环境、乱丢垃圾造成的。如果我们喜欢自然，我们就要保护它，不随便倒垃圾，不随便乱丢垃圾。这些需要老师引导。学校有环保课程，家长也可以做一些节能、环保的东西。

战争生灵涂炭，遭难的都是老百姓。我们的国家军事强大，但我国领导人坚持用和平的方式解决，只要有一线的和平希望，就要努力，不要有战争，不要有武力威胁。我们对孩子的和平教育也是这样。

这些都比分数更重要。

孩子健康成长，是家长一生的快乐，也是孩子的一生快乐。我们培养的不仅仅是分数的能手，全方位的素质都要培养。我们要培养孩子正直善良、阳光开朗、勤学好问，友爱互助，这样的话，我们培养孩子才值得，学校教育才值得。

**我**们一直倡导老师，同时也倡导家长多说尊重和鼓励的话：

1. 你一直很有想法，而且很有新意，

—— 校长观点 ——

**❝ 喜欢自然，要有具体的行为。❞**

—— 校长观点 ——

**" 我们一直倡导老师，同时也倡导家长多说尊重和鼓励的话。"**

我很愿意听。这对孩子就是尊重。

2. 你只要用心想用心做，这些事根本难不倒你。这也是鼓励孩子的。

3. 能够发现自己不足，并且努力去改变，你就了不起。这是帮助孩子，有不足、有缺点，可以努力改变。

4. 你很有潜能，抓住机会一定会出彩，不要错过。鼓励孩子勇敢表现自己。有些孩子胆怯、怯懦，你要鼓励孩子，因为孩子今后都要走向社会，参与社会的活动。

5. 你对教材和老师的说法有不同见解，请让我们分享。这是对老师来说的，有的时候孩子对老师有些想法，我们就要鼓励。如果家里发现孩子和你的讨论，今天老师这样说不对，我是那样想的，你就鼓励孩子明天和老师沟通，老师很喜欢这样的孩子。家长也可以和孩子沟通。养成习惯，经常是这样的语言，孩子的成长环境就会好。

6. 你提的问题很有意思，我们一起来研究。哪怕是不对的，大家一起研究。并不是"你瞎说""你不对"，可以大家一起研究。孩子的认知、理解是那样的程度，你认为不对，你帮他梳理一下，让他明白是不对的。不能梳理，就鼓励他和老师交流、同学交流。

最后，我想介绍一下我所在的上海市打虎山路第一小学。学校已经有 60 多年的历史了。校门走进去是一个大厅，每天早上会有一个孩子早点到学校，进校弹琴。不需要老师管，他们会弹好听的曲子，我们每天进校就沉浸在琴声里。孩子很自豪，也觉得很光荣，这对孩子来说是一种成长。

孩子在成长，其实我们也在成长，最好的陪伴，就是我们的老师、我们的家长和我们的孩子一起成长。

问津校长

**家　长**：幼小衔接是否必要？如果零基础进小学，能否跟得上？

**卞松泉**：说到低幼衔接，幼儿园有幼儿园的课程，正常的课程和小学
衔接没有什么问题。幼儿园和学校有很多不一样的地方，但
是很快孩子就会适应。一年级有学习准备期，一个多月不上
课没有作业，让孩子习惯学校的生活，孩子会很快乐。家长
千万不要告诉孩子"读书了，你跟不上，作业不会做"，这
样，孩子还没有读书就产生了恐惧心理，一到读书，觉得这
个没有写好那个没有写好，觉得自己是差生，那对孩子误导
得厉害。其实，没有什么了不起。

报名的时候，我们看有些小孩像神童一样，他可以读报纸给
你听，但是没有领先多少，到了二年级，没有学过的孩子也
都会了。为什么？因为智商差不多，无非是早学一年、晚学
一年。老师会根据课程教材走，一个字、一个字教过来的，
正常的孩子都适应。相反提前让孩子学 1000、2000 字，该
长身体该睡觉的时候都让他识字、做算术，划不来。一个年

龄段做一个年龄段的事情，不要超前，家长不要纠结。"牛校培养牛娃"是学校的本事，但有没有想过，是"牛娃造了牛校"？有的学生本身就是好的。

**家　长**：我是您的学生。我有一个问题一直想问您，是什么使您坚持做了这么多年的小学校长？

**卞松泉**：这个问题很多人问过我，我首先是觉得做老师很快乐，二是觉得做校长很快乐。孩子很纯粹、很可爱，你让他做什么，他就真的是一块玉给你雕琢了。我原来教一个班，后来管一个学校，现在管一个集团，把办学主张、课程想法辐射到那么多学校，大家都觉得很有意思，学生觉得很快乐，这就是我的成就感。

为什么能做这么长时间？就是因为每一天都很快乐，并不是痛苦的日子度日如年，所以几十年很快就过去了。

# 为孩子的一生幸福奠基

## 封莉蓉

宋庆龄学校校长、宋庆龄幼儿园名誉园长、上海宋庆龄基金会副秘书长，特级校长、特级教师，上海市教育功臣。投身宋庆龄教育事业 36 年，坚持宋庆龄教育思想的研究、实践与传播，力求创办融合东西方教育优势的中国基础教育。负责国家教育部九五规划重点课题、"21 世纪中小幼教育现代化的研究与实验"子课题、"把最宝贵的东西给予儿童——宋庆龄幼儿园质的案例研究"等课题。主编出版《中外幼儿教育的比较与实践》《把最宝贵的东西给予儿童——宋庆龄幼儿园质的案例研究》。

—— 校长观点 ——

**" 孩子需要
足够的睡眠时
间。"**

# 我们的孩子幸福吗？

**我**们经常会发现，有的时候孩子会很吵
很闹，会发脾气，但如果孩子睡眠充
足就会变得温柔、自然，会更讲道理。也
有人说每个孩子的睡眠时间不一样，但依
然还有一定的规律，对大多数孩子来说，
除了生活的需要，还有生长的需要。学龄
前 3—6 岁的孩子，睡眠时间是 10—13 小
时，10 小时是基础时间。学龄儿童 7—13
岁，小学阶段依然需要 9—11 小时，9 小时
是基础。青少年 14—17 岁，初中、高中，
8—10 小时，8 小时是基础。大家算算，自
己的孩子保证了这样的睡眠时间吗？

现在有调查说，全国近 1 亿中小学生
睡眠达不到 9 小时。睡眠，是孩子成长发
育过程中大脑发育、骨骼发育、身心发育

最重要、最基本的物质基础。在这点上，我们常常会说我们"本末倒置"，把基础的事情忘了，把孩子睡眠的时间挤出来去做"似乎重要的东西"。

　　孩子发呆、游戏、自由娱乐的时间，对孩子的人生成长非常重要。著名教育家吕新伟和我们交流的过程中会说："孩子和我们的交流过程中，胡言乱语、胡说八道是想象力的基础，是创造力的开始。"但是我们的孩子连发呆的时间都没有，连自由玩乐的时间都没有，而且家长也忙得没有时间听他胡言乱语，胡说八道。我们的教育，孩子不能乱说、不能乱动，要安静听讲，对学生的要求和孩子在成长过程当中所应该具有的生存环境差距很大。

　　有关奥数班，真的很无奈。改革开放以后，好的东西有很多，但也有很大的问

—— 校长观点 ——

**"孩子发呆、游戏、自由娱乐的时间，对孩子的人生成长非常重要。"**

—— 校长观点 ——

**" 不要从功利出发学奥数。"**

题，有的时候资本进入了教育，资本捆绑了教育。对教育的那种宣传，实际上不是从孩子出发的，是从功利出发的，从资本再生长的需要出发。

比方说"不要让您的孩子输在起跑线上"，这是中国著名的专家、中国政府官员所讲的，他是搞心理神经研究的。这句话的意思是想说，每一个家庭都要为孩子创设一个温暖的、有序的、健康的家庭环境，帮助他神经、心理健康发展，结果"不要让您的孩子输在起跑线上"最后变成广告语，别人觉得他学我不学我就会落后，多学不会有错，学得越多越好，整个操作出现了问题。

教育也出现了问题，也进入了功利。我一直不喜欢学校的排名、学生的排名，学校的排名，压力、负担、负面影响最后都传递给了学生，教育也变得功利起来了。前两天我听到说一个学校被外面炒作，这个学校的培训班就是为了让你进某某学校。据我所知，学校还很乐意被这样的"绑架""炒作"。说虽然我招的人不多，但是报名的人越多，说明我的学校越好。

这些，被功利培训中心或者是被功利的学校教育，家长如果不能很好地识别哪些对我的孩子有用，哪些对孩子没有用，教育可能就出问题了。像奥数，原本是对特别有天赋孩子创设的，探究数学奥秘的一个过程。很多权威专家告诉我们，这样有数学天赋的人在学生当中不会超过5%。在上海，符合奥数教育的、有资质的合格教师的人不会超过100个人。但是我们可以看到，实质上在进行奥数教育的人成千上万，大家都涌入奥数，似乎认为进入奥数就可以把我从普通的人群当中脱颖而出。

数学，原本是非常严谨、系统、美丽的，现已变得支离破碎，让孩子们不断地学习如何拆题，用一个公式，把研究数学奥秘的过程，变成公式性、记忆性，死记硬背的方式来做奥数。结果是什么？数学还没有开始他已经不爱数学了。而且奥数好不等于数学好，数学好也不等于奥数好。数学，是普遍孩子都应该热爱而且非常重要的东西，却被奥数捆绑了，而这个捆绑是因为资本捆绑了市场，我们受害其中。

上次我去了一个很不错的学校，家长告诉我，这个学校里面除了他们家小孩没有参加外面的培训班，因为他要出国，其他的人都是放学之后孩子啃着面包到外面读书。这些读书，我也觉得很不合理。我

—— 校长观点 ——

" 孩子的专
注力是有年
龄发育规律
的。"

们会说孩子的专注力很重要，但是专注力是有年龄发育规律的。比方说在幼儿园的时候，小班的时候 20 分钟的专注力，中班的时候、大班的时候 30 分钟的专注力，到了小学一节课也只有 35 分钟，为什么？这是科学的，根据孩子的大脑和神经元决定他的专注力有多少，就这样的专注力，我们还会要求，一节课当中依然要动静交替，课程整个框架会有三段或者五段，让孩子的大脑可以接受。

培训班的起点是半小时，读奥数班，进去要读两个小时。你说孩子怎么能不多动？怎么可能专注？如果这个孩子在这两个小时那么专注，一动不动，我认为这个孩子是有病的，家长应该注意这个问题，而不是说孩子动是有问题的，因为在这个年龄，不是他的专注有问题，而是我们对他的期待和要求有问题。睡眠，对我们的孩子真的太重要了。

还可以看到，现在的男生最不容易快乐。第一名是女孩子，班长是女孩子，课代表是女孩子，听话的是女孩子，上课认真积极回答问题、课后认真做作业的、试卷干净整洁、计算准确无误、作文被拿出来阅读的都是女孩子。做不了班干部、东倒西歪、回答不出问题的、单词默写错误、作文分数低的是男孩子。

现在整个世界都在研究，男性和女性大脑发育的差别，据说差别不少于 100 处。这个差别，并不是说男生比女生差，而是现在的教育评价体系正好对女生有利。因为女孩子仔细，男孩子一开始的表现一定是比较粗心。而且女孩子的语言发展早于男孩子，安静、专注、听话，对男孩子来说在发育的过程当中这不是他的强项。男孩子的大脑连接是非常美丽的，对序列、对逻辑、对想象力和创造性都很好。

但大家知道，教育没有时间听你胡说八道，要求你按照我的节奏和步伐、要求，一步步朝前走。教育都在反思这个问题。我们常常会说，孩子是我们的，我们一定要很清晰，有人说我孩子好动的时候，我要了解他的好动，我有没有对他坚持专注的要求过度了？他的粗心，我是否可以包容宽厚一些？粗心是一个过程。我有没有给孩子创造想象的机会？有没有让他探究科学和数学？等等这些，其实都会给我们提出一些话题，我们的孩子真的不快乐，是因为我们还有很多的空间可以改变。

—— 校长观点 ——

**❝我们的孩子真的不快乐，是因为我们还有很多的空间可以改变。❞**

# 幸福童年对孩子一生的意义

**有**的时候会听家长说，我的孩子怎么怎么好，读书怎么怎么优秀，成绩怎么怎么好。现在的评价体系当中有一个很大的缺陷，提出"争取第一"。这对孩子的压力是完全不合理的。

班里永远只有一个，前五名也只有五个。对一个群体当中，对孩子的挑战应该是对自己，而不是"前五"，满分更不合理。孩子的智能是多元的，有强项也有弱项，要求每一项、每一个学科都 100 分，实际上是扼杀了孩子身心健康发展的过程。有一个四岁的孩子会和家长说"我真的好想死"。有的时候，我们会和心理专家有互动，一些问题出来，我们真的会感觉这个孩子不是天生有问题，而是教育有问题、家长有问题。一个有问题的家长，必然会出现一个有问题的孩子。有问题的孩子背后，一定是有问题的教育和有问题的家长。有个孩子读书很好，六年级的时候，我碰到家长，别人都很羡慕这孩子。只有我们的时候，这孩子妈妈和我说："封老师你不知道，孩子闯祸了。我天天担心着，怕他不能活着回来，孩子忧郁症了。"我真的觉得，求全责备，提前教育，过度要求，这对孩子的身心健康真的是有害而无利。

童年对孩子的一生太重要了。我讲两个我被感动的故事：

第一个是关于一个天才孩子诞生的故事。

宋庆龄学校有一个孩子，曾经早期在幼儿园的时候被诊断为有自闭症。这个孩子来的时候，真的很奇怪，经常会很难过地说："你们为什么都不明白我的话呢？"比如他要生日了，会提前地和老师、同学讲，什么时候我要过生日了。这一天，你们谁都不要来学校，学校这一天要放假的。

你的生日，学校为什么要放假呢？但他认为这是决定了的事情，我生日了，所有的人应该不读书、应该放假。他很痛苦，这么明白的道理为什么你们听不明白、听不懂呢？还有一次，他三年级下的时候走路，走到一半的时候，他说封老师我不能走路了，我的鞋子有问题了。我就让他脱下来看看，里面摸了摸，没有问题，鞋子也不旧，六成新，底没有问题，里面也没有异物。但他说我真的不能动了。后来，老师把他背到了教室里。他有一个特别爱他、懂他的老师，老师问他怎么了。他说我的鞋子有问题，我的脚不能动了。后来

—— 校长观点 ——

**❝ 求全责备，提前教育，过度要求，这对孩子的身心健康真的是有害而无利。❞**

老师说我知道了，老师就把自己的鞋子脱下来，给他，说我的鞋子很软、很好，你就穿我的鞋吧。孩子当时一愣，怎么老师就把自己的鞋子脱下来了呢？孩子就穿着老师的鞋，老师赤脚上课。一节课，他一直在看着老师的脚。下课之后，他可能心里满足于老师懂他了，老师理解他了、老师相信他了。他就主动和老师说，我的脚好了，我可以穿我的鞋了。

我们每年会有体检，别的孩子不会记住，我们也不一定记住。因为我们学校有年历，上面会写某日某月做什么，但没有到的时候我们不太会进入议事日程。他一个多月前就知道，某一天是体检的日子。他去找老师，体检的时间到了，我不可以验血的，我的手不能被针扎，我怕痛，一定不可以。老师说没有关系，那天你先去看看，很多同学都会检查，你看看是不是很痛。老师放他一天假，从早上看到下午，差不多体检完了他还是无法下决心。虽然别人笑眯眯的没有哭，但是他认为他受不了，他还是不能相信这个针可以让他接受。他最爱的老师过来了，说你可以体检了吗？他说我还是不行，还是很怕很担心。老师说："你是不是很相信我？"他说："是的。"老师其实不用体检的，但是老师说医

生你给我扎一针。老
师在他的面前扎了一
针，他看看老师从容
的、温暖的目光，他
说我大概是可以的，
于是完成了这个体检。

　　就是这样的一个
孩子，老师特别让他
感动。他告诉我说："封老师你知道吗？我
们的老师告诉我说我是一个天才"。他真的
是一个天才，因为他在一年级刚进来的时
候，别的事情真的会让我们很苦恼，但是
任何一个数学数字出来，不教而会，会快
速大脑里面加减乘除。你说这 20 个数字连
加，一下子就可以算出来，一定准确无误，
一年级，加减乘除都是在他脑子当中快速
沉淀、运算。

　　现在他在这个学校七年级了，学习状
态是什么？六年级的时候，参加全美的数
学考试，考试要求很高，美国数学竞赛中
进入全美 5% 的好成绩，在著名滑铁卢国际
数学大赛当中，他是六年级考八年级滑铁
卢数学竞赛，获得满分。现在的学习课堂
里面有一个办公桌、电脑，有一部分的时
间他和孩子们一起读书，还有一部分的时
间他就在这个学校参加全球天才儿童的课

程，自己在学。

宋庆龄学校的老师特别好，最喜欢说的是"尊重每个孩子的天性，保护每个孩子的天赋，是教师的责任"。

还有一个班级，出了三个天才，而且这三个天才把一群孩子都带动起来。出一个天才或许有偶然性，但是出三个天才，教育一定有它的必然性。作为一个老师会愿意等待、愿意呵护、愿意包容孩子的不完美。你们不要羡慕天才的孩子，他的妈妈的眼泪一定比普通孩子妈妈流得多。天才的孩子也很苦恼，老天开了一扇门也会关一扇窗，完美的人无法成为天才。就像他妈妈告诉我，家里的阿姨要走了，这是很正常的事情。孩子就不吃饭、不睡觉，他不理解为什么我的阿姨要离开我的家？最后阿姨妥协了，又回来了。一个天才的孩子也要让我们的父母、我们的老师们付出更多的包容。我自己也认为，不仅是天才，任何一个人都如此，只有包容他的不完美才会完美，我们要等待、呵护、相信，我们要欣赏。孩子在成长的过程中，你的眼神、语言和内心的活动，其实都在影响着你的孩子。

第二个是关于一个天使般的女孩的故事。

—— 校长观点 ——

**" 你们不要羡慕天才的孩子，他的妈妈的眼泪一定比普通孩子妈妈流得多。"**

有一个天使般的女孩是我们宋庆龄学校的，2 岁的时候得了血癌，而且也是白血病当中最严重的血癌。可以说她的幼儿期就在重症监护室进、出、进、出。她看到病房里和她一起生病的人倒下、离开，但她依然坚强地生活着。

这个孩子到宋庆龄学校的时候，因为一直生病，所以她也没有很好的早期教育。我们收留这个孩子，是因为我们被感动了。这个孩子的眼睛清澈而明亮，可以看到她对生命的热爱、渴望。在她的眼睛中总是带着笑意，一点不会感觉到她经过了苦难。她有天下最好的父母，她的妈妈特别特别好，陪伴着她一路走来。这个孩子，真的非常非常不容易。我们被这个孩子感动了。我们好想去照顾这个孩子，让这个孩子有幸福的童年，所以我们录取了她。

所有老师，都像珍宝一样接过这个孩子。这个班里有很多的分工小组陪伴她，她有的时候不能晒太阳，有的时候不能在外面运动，有的时候去走路去吃饭都没有力气，有的时候不能和公共的地方有太多的交流、接触。

有孩子会陪着她在树荫下看书，在操场上慢慢行走，把她的饭端来在一个专门的教室里一起吃饭。就这样，她的病情依然会有起伏。她在三年级的时候，又出现了一个严重的病状，大脑出现了问题。于是，又进入了重症监护室。我看到这个孩子一次次从重症监护室出去、进来，她依然还是天使般的笑容，依然还是清澈明亮的眼神，我们真的被深深地感动。

这个孩子又生病，又进入重症监护室。我们没有人可以去陪她，这个班的孩子们做千纸鹤，上面写着祝福，挂在教室和走廊里。这个孩子出来的时候，回到学校的时候，她的脸因为吃激素而肿得像气球，但没有一个孩子会在意她脸上的变化，所有的孩子紧紧拥抱她，教室里面满满都是千纸鹤的祝福。后来我们觉得，说我们接纳了这个孩子，不如说孩子拥抱了我们。孩子让所有人都感受到了生命的可贵，让我们感受到了什么是坚强、什么是生命。

真的好感动，就是这样一个孩子，我当时还看到一张照片，她在读一本书，讲读书心得。这个孩子一直和死神搏斗，她认为可以看书是天下最美好的事情。她阅读了大量的书，因为在医院真的没有别的东西，只有大量阅读。这个孩子初中毕业的时候，她是我们学校的学霸，一直在我们全年级是前十名。虽然我们不排名，但是我们知道她各学科学得非常好，她把学习当成生命当中最快乐的事情，我们说不是我们给予了孩子东西，而是她给予了我们很多很多，留给学校最宝贵的财富。

这个班的孩子变得特别懂事，这个班的老师也特别特别好。她回来的时候，老师都拥抱她，她逐渐进入了正常的学习。她的父母也特别好，无论她生病有多重，只要她稍稍好，就会让她走出病房，走向社会。她的父母会带她去大理苍山、四川龙门山、苏州西山缥缈峰，还去了黄山、八达岭、三清山，去看大自然，妈妈没有觉得因为她生病什么事情都不能做，妈妈觉得她在世的一天就要享受生活，孩子非常坚强。

上周我看到她在竞选大队部的大队主席，现在是六年级了。我们觉得她的笑容，追梦人生，她对生命的无限热爱，真的让我觉得这是爱给予她的。父母给予她大大的爱，学校给予了她大大的爱，这个学生毕业的时候，我们每年学校会有一个唯一的奖，叫校长奖。今年这个奖给了这个女孩子，去年是给了一个小个子篮球队的队长。

我们不说分数，只要你努力、尽力，我们认为学业不是我们所要关注的。你努力了，真的会好。或者现在学习的速度慢一些，以后的速度会越来越快。宋庆龄学校的学生不问学业，但是我们初中毕业，**90%** 是市重点的高中分数线，**100%** 一定可以进入高中。我们说"欲速则不达"，不是说你要的东西一定会给你。我们要的东西，一定要想想这是孩子需要的吗？这个孩子，后来是小学部的老师、学生含着泪，把这个孩子交给初中部的老师。初中部的老师含着泪接收下来对小学部的老师说：放心吧，我们一定会用心、宝贝地呵护她，一定会如视珍宝。

我们会说：即使生活在黑暗里，只要有爱，依然可以仰望天空。为什么说爱很重要？孩子未来的人生道路上，真的很难确认您的孩子是一帆风顺？还是磕磕绊绊有挫折？没有办法。我经常会和老师、家长讲，无论你是有权还是有钱，无论你是普通人还是特别的人，你都无法穷尽孩子一生当中可能遇到的困难。

我们唯一可以就是让他做一个普通人，在普通的环境当中茁壮成长。我们常常会说这样的环境下，这个孩子才可能茁壮成长。我们甚至会遇到这样的信息，说有一个学生，读书一路直升、保送，读得非常好。名牌大学毕业一年都没有找到工作，为什么？他心里没有爱，他目中无人。后来妈妈忍不住，就去问曾经用过他一个

—— 校长观点 ——

**" 任何人，都无法穷尽孩子一生当中可能遇到的困难。"**

月的公司，说为什么你们不要他了？公司说，同事们无法忍受他。进入这个卫生间，出来的时候，别人就无法忍受。他不会冲干净自己用过的厕所，走出来的时候，会把纸随地乱扔，洗手池旁边都是湿淋淋的，地上是脏的，别人和他对话交流，他不会看别人眼睛去交流、对话、倾听，不会尊重。有的父母认为这是小事，你只要读好书，别的都不是问题。不是的，一个身心健康的孩子，一个有教养的孩子，一个宽容大度的孩子才可以立足社会。我们说，爱在孩子的一生中真的很重要。

还遇到过一个案例，名牌大学毕业的学生，后来到新加坡工作。读书真的非常优秀、工作也非常优秀。后来自己办公司，公司出问题，破产了。40岁左右的人，破产算什么？70岁公司破产还会再爬起来。他40岁，觉得人生暗无天日，觉得自己没有未来了，他觉得无法让自己的孩子、妻子受苦，所以他要带着孩子、妻子一起去自杀。

妻子很聪明，看到放着东西要让他们一起吃，妻子带着孩子拼命逃走了。之后，新加坡报案，他被抓进去。我们觉得，抓进去是救了他。这个人忧郁症了。内心的坚强来自爱，撑起你的内心坚强。人生，你怎么知道不会遇到挫折？如果没有遇到

—— 校长观点 ——

**"一个身心健康的孩子，一个有教养的孩子，一个宽容大度的孩子才可以立足社会。"**

—— 校长观点 ——

**❝ 教育，最根本的使命是应该让孩子有滋生幸福的能力，并惠及他人，让他人也幸福。❞**

挫折，不会发现这个人有这个问题。这个挫折，别人可能认为可以跨过去，但他可能认为走不过去。这个人后来在监狱里面，一面接受治疗，一边服刑。

曾经有一句话，我记不得原话，但是我印象很深。说：没有未来的孩子，一定有过一个黑暗、没有爱的童年。所以，童年会决定人生。我们常常说，为什么早期的爱的童年会显得那么重要？上海非常有名的学校的一批高材生回来了，别人看起来他们光鲜亮丽什么都好，有房有车、有钱有儿女。但他们聚在一起得出一个结论：又怎么样呢？人生了无生趣。我听了感觉很震撼。爱，会让人的心变得大大的，视野宽宽的，无论遇到什么的时候，心里会充满幸福。教育，最根本的使命是应该让孩子有滋生幸福的能力，并惠及他人，让他人也幸福。

## 孩子幸福的能力在父母和老师的手中

对孩子的幸福而言，这把钥匙其实应该还是在我们家长、父母和老师的手上。

一年有365天，孩子上学的时间大致

为 180 天。一天 24 小时，孩子在校 8 小时。除了学习的教育时间，其实六分之五的时间和家庭相关，父母和孩子有着天然的血脉联系。父母会说"我们为了孩子而生"，不知道你们有没有体会，其实我们的孩子也是为父母而生。我们很多孩子其实很孝顺，他们说"我们要非常非常努力，为了我的妈妈"。父母对他的肯定、夸奖和爱，非常举足轻重。有一个教育人说了一句话，我很感动，无论在外面多少人夸他优秀，只要回到家里，妈妈说你有什么什么好？或者什么什么没有用。孩子就耷拉着头。但不管外面怎么鄙视他，回到家里父母说"没事，会过去的，我们相信你，只要再努力，前面依然光明。"孩子，依然会抬着头，心依然亮起来。父母真的非常非常重要。

我们在学校里，标准篮球架是 3.1 米，但如果把 3.1 米的篮球架放到幼儿园，孩子肯定不会去投篮，因为他知道无论如何投都投不进去。在小学里，篮球活动的时候我们依然也会把篮球架放低一些，做几个台阶，让不同层次的孩子寻找他可以通过努力投得到的篮球架。如果把一个最高的篮球架，放在所有年龄段孩子的面前，很多孩子就望而却步，对篮球从此没有兴趣。

—— 校长观点 ——

**❝ 作为父母和老师，要有所为、有所不为。❞**

—— 校长观点 ——

**❝ 要把孩子的学习时间用在刀刃上。❞**

我们觉得，从篮球架的效应来说，学得越早越好？学得越多越好？学得越难越好？很多调查表明，在校时间越长，孩子成绩越差。要把孩子的学习时间用在刀刃上。

上海做过 PISA，说上海学生用在学习上的时间，平均每人 60 小时。一周我们算 7 天，去掉 60 小时，每天只有 24 小时，再加上每个人睡觉 9 到 10 小时，每个人吃三顿饭，接下来的生活处理等等方面，只有 5 小时。实质上，对孩子而言没有自由的时间。所以我们说，时间要用在刀刃上。

什么是适宜的目标？要给孩子能够达到的目标。人生是马拉松，而不是短跑。接下来要放假了，大家议论就多了。有一次听到家长讨论，说有一个学校说一年级很重要，家长一定要从头开始抓住、抓好，一年级的成绩不能掉下来，要一步步走高。其实一年级，只要有兴趣、只要习惯好，对孩子没有那么多的要求，不要超前学什么。

还有关于孩子三年级，学校老师又说，三年级每一次的考试成绩你们都要知道，要留入档案，和进中学的事情相关。于是，家长又进入白热化的冲刺，每一次测验、考试都很重要，因为接下来是否可以留在学校进入初中，或者是进入别的学校初中相关，说别的学校升初中，要看你三年来的学习成绩。

我说，你要知道，四年级老师又会和你说，"四年级很重要，这是关键的时候"。五年级的时候会告诉你"都最后冲刺你还在糊涂？"如果这样，孩子读书哪有乐趣，一年级和他说进入冲刺，一直和他唠叨。虽然学习有一定的规律，几岁是阅读关键期等等，但孩子还有个体发展的速度和学习的方式。有的时候，孩子两岁逻辑思维有很好的发展。孩子 5 岁有了一个很好的冲刺，有一个飞跃的发展，有什么要紧？因为前面等待了，后面的冲刺特别漂亮、冲刺特别高，这就是家长和教师的智慧。所以我们主要还是看孩子有没有努力、有没有专注？我常常会对一年级孩子的家长说，一年级的关键是要速度。如果说又要速度，又要写得漂亮，我觉得其实会让孩子"两难"。

这个速度是什么？放一个小闹钟，告诉他为什么要有速度。因为要让孩子一鼓作气，专注地把一件事情做完，这个习惯对他来说是重要的。我们有过经验，第一天很有兴趣，有笔了，我要写字了。第一天很快地写上去，觉得写得很好。到老师那里，老师把他写得不好的划出来。第二

—— 校长观点 ——

**" 提供给孩子一个适宜的目标。"**

—— 校长观点 ——

**❝一个人的生命是从容的过程，怎么可以让孩子从小就匆匆地赶路？这不符合生命的成长规律。❞**

天他就开始有点担忧，我字写得不好，就要考虑横平竖直，怎么写得好？越看越不好，因为他们很在意老师。写了擦，擦了再写，看着更不好，再擦，最后哭了，本子上一个洞，他没有办法了，读书都不想读了。

所以，从开始有兴趣到怕，到后来逐渐没有兴趣。对一年级的学生的字，千万不要划写得不好的，而是划出来写得好的，效果完全不一样。这样，让他对字有一个概念，这个字为什么好看？这个字把框架撑足了，这个字横平竖直的，孩子会有自己的感悟能力。一个人的生命是从容的过程，怎么可以让孩子从小就匆匆地赶路？这不符合生命的成长规律。

所以，我们才会说这样的一步步冲，冲到五年级，就是还在冲，有劲也没力，有力可能也没有情绪了。这些，都会影响孩子的未来。机器人，智能科技发展越来越快，简单的工作会被人工智能所替代。上周他们说国际有一个会议，苹果老总说了一句话："我并不担心机器人会像人一样的思维，而是担心人像机器人一样的思维。"人要保持自己的独特性，情绪情感创造性和想象力。死记硬背的东西会越来越没用，但是你终生对学习的兴趣和热爱，将会伴随着你一生的幸福和成功。

教育界都在反思，我们在吸取各种信息的时候，一定要分辨，不要焦虑。孩子有两大鲜明特征，孤独症和焦虑症，而这个焦虑是过度的压力。为什么我们会说篮球架效应？我们一定要提供给孩子一个适合的目标。如果你要求孩子进清华北大，2017 年全国高考的学生 30 万，能进清华北大的千分之一，上海 9 万多高考学生，能进复旦、交大的是 5%。你说家长都要求孩子进清华北大合理吗？是进了清华北大就最好，其他的路就没有了？不是的。

其实除了学业要优秀，还有非常重要的，幸福的爸爸、幸福的妈妈、幸福的儿女、幸福的社会人、幸福的自己，这些角色都非常重要。经常会说"赢得了考试，输了人生"，出彩的人生都是清华北大、哈佛牛津出来的？我们不要对这么小的孩子说你要好好读，以后要进清华北大。因为孩子就会想，这个目标和我没有关联性，他没有动力。如果你告诉他，今天的功课做好了闹钟还没有响，孩子会很开心。老师告诉你，孩子今天的功课 30 分钟可以做完。我做父母的，我就调到 50 分钟，让孩子很骄傲，钟还没有响我就做好了。孩子会有时间概念，他会专注、独立、抓紧时

—— 校长观点 ——

**66 死记硬背的东西会越来越没用，但是你终生对学习的兴趣和热爱，将会伴随着你一生的幸福和成功。99**

—— 校长观点 ——

**" 培养孩子建立时间概念，他会专注、独立、抓紧时间。**

间。如果他愿意，效率会非常高，要给孩子一个可以看得到的目标。

木桶理论，短板效应。木桶是由劳伦斯·彼得提出的，当时从管理的角度说得比较多，说一桶水的容量，是由木桶最短的短板决定。我们经常说，一只木桶可以盛多少水，不取决于最长的木板，而是取决于最短的那块木板。中国的教育当中，最起码木桶理论、短板效应现在还是存在的。在我们的心里也是存在的，就是补短。我们在考试的过程中，比如你要考清华北大，总分是多少？现在分数越来越高，几乎都是满分，这就要求你所有的学科都非常非常完美。题海战就是这样出来的，要做到不能粗心也不能不懂，要脱口而出、随笔而来，这样绝对不会错。但是这浪费了生命中太多宝贵的时间。

多元智能告诉我们，人有八大智能，有的时候还会说十大智能。对每个人来说，这些都是有长有短，可能语文很好数学就不好，逻辑好的形象思维可能就弱一些，语言发展不好的，可能别的方面弱一些。但我们的考试要求每个学科都非常非常好。因此我们就要补短，语文不好补语文，数学不好补数学。其实孩子的"不好"和他的天赋、兴趣有关。越补，他就越没有兴趣。补到后面，他对长处都没有兴趣了。本来对数学感兴趣，但后来家长说你不要管数学了，结果拼命补他最不喜欢的语文，到最后他对学习都没有兴趣了。

现在在进行教改，高考在改革，会说六选三，这个改革还会加速，不会让你全科都好。几大学科你可以选择，化学、物理你可以选择一门，不用都好。高考已经在改变，在考虑人的价值在哪里。现在大家越来越思考，短板理论在教育当中是否适宜？现在还有一个新木桶理论——斜板理论。一桶水的水量，由长板决定。如果倾斜，长板越长，倾斜度越大，容水量越大，也就是教育当中扬长平短。这个在国外是一直坚持、强调的。别人会说东方教育、西方教育，我会说教育各有长短，东方教育也有非常好的一部分。在这一点上，西方教育的确有它的优势，它不断让孩子问自己：我的兴趣点在哪里，我喜欢什么？尤其到了高中学习的时候，要不断发现我最大的优势在哪里。我们要求孩子所有都是满分，不符合孩子的发展规律。

我们有一个最大的体会，为什么说扬长避短太重要？无论如何补短，都可以看到，我们安身立命的是我们的短处还是长处？一定是长处。人只要有一个长处，足

—— 校长观点 ——

**❝ 有 一 个 长 处 就 能 撑 起 生 命 的 高 度 和 亮 度。❞**

够撑起你生命的高度和亮度。我不是想说学习不重要，而是想说要保护孩子的天赋。孩子某一点上非常有天赋的时候千万不要说"学这个有什么用？"于是忽略了它，只想高考需要什么。尤其是幼儿期、小学期，这时候的孩子，我们千万要把高中、大学、初中扔掉，不要这么早的就建立。社会的快速发展，教育的结构、教育的资源都会出现重组，教育会有很大的变革。我们在这个年龄的时候，给他这个年龄所需要的，给他大大的爱，给他一个包容、宽容的环境，让孩子从容、有兴趣、努力、勤奋的学习。

说说爱迪生的故事，我想说母爱真的非常非常重要。爱迪生是一个伟大的天才、伟大的发明家。他有一个非常苦难的早期人生经历，小学上了三个月就被退学，因为他的奇特，因为他有问不完的奇怪问题，老师忍无可忍。就比如 1 + 1 为什么就要等于 2？为什么不可以等于 4？为什么不可以等于 1？风是怎么来的？母鸡为什么要孵蛋，为什么人工加热不能孵出小鸡？

老师忍无可忍，把母亲叫来，母亲非常好。如果一个孩子被学校要求退学，说学校不能接受他了，我们一定会觉得天塌下来了，母亲回到家里会长吁短叹，孩子

—— 校长观点 ——

**" 包容孩子
的不完美。"**

也会觉得暗无天日，所有的人都会觉得这个孩子再没有未来。但是爱迪生的母亲说："既然你们不教了，交给我吧。"牵着孩子的手，从容地把孩子带回家，和孩子说，妈妈和你一起办一个学校，这个学校就两个人，只有我和你。阅读和数学她教，其他的方面由着孩子的兴趣学，喜欢什么做什么，就这样度过了全部的学习生涯。

爱迪生12岁的时候，一次火车的意外事故，爱迪生的耳朵听不见了。爱迪生觉得天塌下来了，一个精彩的世界，他什么都听不到了。妈妈握着他的手说没有关系，你耳朵听不见还有健康的身体、还有漂亮的眼睛，你只要努力一定会有非常好的未来。母亲的淡定、从容、相信、坚毅和勇敢都给了爱迪生力量。因此当儿童被责骂后，妈妈要坚定地站在孩子一边。

我在幼儿园的时候，我经常会和家长们说，做好思想准备，小学的时候老师一定会骂你孩子的，但你不要放在心里。因为你可以站在门口看，他骂的不是你们一个孩子，很多都会骂。幼小衔接是一个坡，有的孩子还是表现在幼儿期。并不是今天进幼儿园毕业了，进小学了，幼儿园的课程都没有了，全部都是小学的准备？不是的。

—— 校长观点 ——

**当儿童被责骂后，妈妈要坚定地站在孩子一边。**

爱迪生在日记当中留下这样的话：无论发生什么事，都有母亲为我支撑着，无论在什么样的情况下，都有母亲体谅我的人性。所以无论在多么痛苦的时候，我都能坚持下来。爱迪生为了发明灯丝，实验了1.4万次，1.4万次的失败才有了最后的成功。很难想象1.4万次的失败，一天失败1次，需要多少天？一天失败10次需要多少年？

母亲用勇敢坚强让不怕失败的品行刻进爱迪生的内心深处。母亲用宽容、温情和无条件的爱来包容孩子的一切，孩子的心灵会得到支撑，根治在内心深处的母爱，会支撑他勇敢走过一生。

我们要包容孩子的不完美，不完美的孩子才是健康正常的孩子，我们相信自己是优秀的。孩子不是听别人说而学会，而是体会到才学会。优秀的父母，要相信自己，一定有优秀的孩子。

我很幸运，在"宋庆龄"大家庭一路成长过来，一直被修炼、感动、感染。我真的知道，一个好的学校，所有的人都是奉献其中，收获其中，和孩子共同参加。

三年级的老师在上数学课，孩子在第一排，她和孩子在讲，她会认为站着居高临下。我们这里常态都是老师蹲下身子和

—— 校长观点 ——

**" 孩子不是听别人说而学会，而是体会到才学会。"**

孩子谈话。孩子做错了，老师一定会背着别人，悄悄把孩子叫到办公室，请他坐下和他聊错在哪里。就事论事，你依然是我们心中最期待、最爱的学生，但是这件事是错的。

五年级的语文老师，满眼都是职业的自豪，是幸福感。有一次我从教室的走廊走过，看到这个老师抹眼泪。这个班是他从一年级带到五年级，孩子们要毕业了，那是上的最后一节语文课，他和孩子们讲：我和你们共同在这个课堂学习的时间、机会，今天是最后一天了，谢谢同学们。

他说了很感动的话，自己也泪流满面。一个好的老师就是这么有情怀，他和孩子们也是平等的，互相是尊重的，而且是相爱的。满眼是爱的老师上课时，脸上都是有光彩、有满脸笑的。在这样的老师带领下孩子们如何学习？聚在一起，聚精会神地学习。所有的孩子都聚焦探究一个共同问题，会引发孩子深层次地思考问题，会有自己的独立见解。

一个在满满的爱中成长的孩子，拥有着让自己、让身边的人走向幸福的能力。一个被爱浸润的孩子，在心中都会有温暖的一角，让他们在顺境中不忘感恩，在逆境中珍惜自己。爱，给予了孩子最好的生

—— 校长观点 ——

**" 一个在满满的爱中成长的孩子，拥有着让自己、让身边的人走向幸福的能力。"**

命防线。父母的精神深深地扎根儿女的血液里，爱能给予孩子最好的守护，爱为孩子的一生幸福奠基。

问津校长

**家　长**：我们如何才能让孩子有比较高的可能性进入比较好的学校？

**封莉蓉**：我们考什么，孩子们就会学什么，所以，我们应该为孩子负责。我们特别提出，面试要把知识点放在最低，就是国家教委规定的内容；同时，更多会要求孩子的兴趣。新的事情出现、新的问题出现时，对错没有关系，要求孩子会专注倾听、愿意表达。兴趣和习惯成了我们最后是否能进的要求点。我们学校希望父母不要太纠结，允许孩子跟着我们的速度一步步走。

孩子求学、择学，就近也很重要，不要忽略公立学校。现在好的学校多起来了，一定不要听宣传，要自己去感受、去看，问问这个学校的孩子，问问这个学校的家长，自己到学校去观察。我会觉得幼儿园和小学，真的是早期的启蒙阶段，没有比爱学生更重要的了。我们每年会有无记名的投票：你喜欢老师吗？喜欢学校吗？喜欢学习吗？你觉得学习有困难吗？这些真的很重要。他喜欢老师、喜欢学校，他学业就是好的，这些都是关联的。因为他被老师呵护、信任、夸奖，被老师欣赏，他觉得越学越有味道，越学越想学。

**家　长**：作为家长，在孩子学习的问题上，我可以做什么事情？

**封莉蓉**：从我的经验来看，孩子提前读的优势会一年年消耗掉的，并不是提前一步，就可以一直领先，学习的事情不是这样。

做父母很辛苦，其实是"夹着尾巴做父母"。家长回来之后，一定要放下手机。你在孩子面前的时候，手机一定要关闭。一定要和孩子坐在一起，听他聊、听他讲，无论他讲得对错都没有关系，聊了之后，孩子才能宣泄和疏通，父母是学习者，孩子就会成为一个积极的学习者。孩子看到你在看书，他管自己做功课就够了，不用手把手去教。我们学校还规定，孩子错了不要改正，要让老师知道他错在哪里，我们帮孩子解决这个知识点。陪伴，是陪伴他共同学习，你也在学习，而不是他在学习，你在玩手机、看电视。

# 孩子们在未来的社会中如何能够生存、立足，发展得更好

**张悦颖**

上海市世界外国语小学校长、支部书记，兼徐汇康健外国语实验小学校长、支部书记、上海市特级校长。

—— 校长观点 ——

**❝ 我们要准确定义孩子的成功，把孩子定义在眼前的成功的方法和态度，会让我们产生一种比较微观的育儿方式。❞**

要让孩子在未来能够更好地生存、立足、发展，我们总结了以下经验。

## 建立正确的世界观和人生观引导下的家庭生活态度

有一个教授外公写了非常热门的文章，主要讲了他们家一个小宝宝，为了考一所心仪的学校，全家总动员，做了很多功课，结果没有进到这所心仪的学校去，于是引发了家庭矛盾，最后外公痛批现在的教育制度后，决定全家移民。

在这个案例当中，可以看到这个家庭存在着最大的教育问题——在这个孩子只有六岁的时候就给他下了人生失败这样的判决书。我们要建立正确的世界观和人生观引导下的生活态度。

我们要准确定义孩子的成功，把孩子定义在眼前的成功的方法和态度，会让我们产生一种比较微观的育儿方式。

所谓微观的育儿方式，也就是说父母会把孩子在读书期间，他所有的事情以及所有的目标定在一张计划表中，完成计划表中的每一件任务就是头等大事。孩子所有的学习任务都被排得满满的，而且都配合考核指标，做完一样勾一样，这是父母焦虑状态的表现形式，他对孩子讲的话会不断地重复，例如"你认真听""你今天上课题目听懂了没有"。然后变得唠叨，喜欢暗示、比较。长此以往日复一日，孩子会

—— 校长观点 ——

**" 我们不仅要看到现在的孩子，你希望他有怎样的目标，我们更希望你把成功定义得更长远。"**

变得焦躁，爱拖拉，开始出现拖延症。所以，我们会发现孩子在一二年级的时候挺好，越往上读越磨蹭，越喜欢拖延。

父母对他的期望值太高，喜欢拿他和别人比较，所以孩子有时就不愿意回来和你交流，所表现出来的就是撒谎，讲的都不是真话。这就是我们把孩子的成功定义在当下的时候呈现的状况。

我们不仅要看到现在的孩子，你希望他有怎样的目标，我们更希望你把成功定义得更长远。

如果我们把成功定义在我希望我的孩子到他未来成年以后，他是个什么状态生活，那关注点和现在只关注眼前幼儿或少年时代的成功失败它的关注点是不一样的。因为我们的关注点不一样，我们对现在孩子所谓成功或者失败的理解也就更宽泛了，我们的教育也会显得轻松很多。

我们如果把孩子的成功定义到未来，并不是说现在可以袖手旁观，任其发展，孩子永远是需要充满爱，但并不过度的陪伴。

建立正确生活态度，要注意以下几点：互相尊重的成员关系、学习式的家庭氛围、有效的情绪管理、支架式的学习帮助。父母要多陪伴孩子，多进行有效的沟通，父母和孩子在一起的时间最重要的是在每天晚餐以及晚饭后的那段时间，吃饭的时候是最好的有意识传递你想传递给他信息的时候。家庭在吃饭的时候可以根据一个问题展开讨论，在孩子有需求的时候，我们可以提供支架式的帮助，所谓支架式的帮助是教孩子解决问题的方法或者思路，而不是告诉他答案。

情绪管理非常重要，没有大喜大悲式的情绪。不会因为这个孩子今天获得一个好的成绩而喜出望外，也不会因为他的一次失败，父母首先表示出失望和沮丧，甚至于崩溃的感觉。情绪平稳非常关键，但是很难控制，所以家长也需要对自我的情绪管理纠正。

陪伴是有很多方法的，但绝不是说找一个家教来陪伴，或者不送他到培训机构，或者托给老人就行了，父母的陪伴是任何人都替代不了的。

有位台湾爸爸的陪伴方法就是写爱心便条。他从这个孩子读小学的第一天起，就每天给孩子写便条，上面有对孩子学习的鼓励，有对孩子存在的问题进行开导和化解，也有爸爸自己的烦恼，让女儿来帮他出主意。有一次，这个孩子发生了一点不愉快，爸爸就在便条里写道："爸爸

—— 校长观点 ——

**" 在 孩 子 有 需 求 的 时 候 ， 我 们 可 以 提 供 支 架 式 的 帮 助 ， 即 教 孩 子 解 决 问 题 的 方 法 或 思 路 ， 而 不 是 告 诉 他 答 案 。 "**

今天听到了你有被误会而发生不愉快的经验，当然，爸爸也很不舍得。但爸爸相信这是成长过程中所必须有的，只要懂得释怀，然后等有对的时机去解释，不愉快就好了。就算真的无法解释时，也不用太在意好吗？记得只要相信自己用爱去包容了就可以了。"

这个爸爸有时候写在水果上，有时候写在蛋糕纸上，他换各种花样每天写一个，不但给女儿写，还给老婆写。写了 1200 多张便条，没有一天间断，这也是一种陪伴方法，让温暖直抵孩子心里。在这样一种爱和陪伴的家庭当中，小孩也成长得非常有爱心，非常正能量。现在，这个孩子每天在爸爸的回条上也写上几句话，和爸爸做一个回应，孩子也喜欢以这种方式和别人沟通来化解矛盾。

我们说孩子是需要有爱的，但是并不需要过度的陪伴。孩子最需要父母的理解和爱，家应该是他们觉得最温暖的地方，当孩子失败的时候，家长的第一反应应该是安慰和理解，而不是在孩子面前表现出来的伤心失望甚至于崩溃。

其实我们做家长有的时候并不是要孩子赢，而是怕自己输，在和邻居同事的比较中败下阵来，丢了面子，失去优越感。

—— 校长观点 ——

**❝孩子是需要有爱的，但并不需要过度的陪伴。❞**

这种同伴间的攀比会让父母失去本性，孩子会觉得父母不够爱他。所以说只有家长不怕输，孩子才可能赢。

我们不要把成绩作为评判孩子好坏的指标。我们每天看到孩子回家的第一句话也不要经常是"你作业做完了没有"。我们可以问问孩子"今天累不累"或者"今天学校有什么好玩的事情吗"。通过这样的方式了解他的学习生活。或者可以问，"有什么需要爸爸或者妈妈来帮助你吗"，可能有些事情他是需要家长去帮助的，这些都是可以和孩子去沟通交流的。

从学校来讲，学校的最终目的是为孩子好，还是为学校好？终极目标不一样，表现形式也不一样。如果我们表现形式是为学校好，就是学校发展是第一要素的话，那一定是关注升学率，即关注考试成绩。如果我们的终极目标是孩子的终身发展，那我们一定要求老师下课不要拖堂，因为孩子要朝远处眺望，如果你为孩子好，一定不要让他刷题，我情愿学校整体的平均分低一两分，也要让孩子有探求的时间。

学校有一个"奇思妙想校长奖"，用以鼓励孩子在假期当中做小课题，去实践，到了开学的时候通过演讲的方式分享他们的发现、探究的过程以及结果。有个男孩

—— 校长观点 ——

**66 其实我们做家长有的时候并不是要孩子赢，而是怕自己输，在和邻居同事的比较中败下阵来，丢了面子，失去优越感。所以说只有家长不怕输，孩子才可能赢。99**

—— 校长观点 ——

**" 以后孩子无论做什么工作，正确的价值观、人生观非常重要。"**

非常喜欢动物，他就一直研究动物。他觉得流浪猫很可怜，用整个假期做了个"自动喂猫器"。只要猫的爪子踏在板子上，里面的食物就会放下来。据说他们家门口都是野猫，都在吃喂猫器当中的食物。这个小孩最终获得了"奇思妙想校长奖"。

以后孩子无论做什么工作，正确的价值观、人生观非常重要。我们学校有一个活动叫"老师请你吃饭吧"。无论你是在地上捡起一张纸，或者在和同学的交往当中非常大度、愿意吃亏，或每天放学的时候记得把班级的灯关掉，老师都会观察到，并且写在一张邀请卡里，邀请你和老师一起到老师的教工餐厅去享受自助餐。孩子特别喜欢这种奖励。通过这样的奖励，鼓励孩子养成善良的品行。

学校关注孩子长远的发展，不关注眼前，不把升学率作为最重要或者唯一的指标，作为家长来说更要关注他们长远的发展。当看到孩子觉得要发火的时候，请家长平静一下。有很多方法可以让你控制情绪的。第一远离现场，你五分钟之后再来和孩子交流。第二你深呼吸，深呼吸的时候想想孩子平时对你好的地方、可爱的地方，在心里可以默默地念：我亲生的，我亲生的，我亲生的。

## 知识获得的方法更重要、
## 长远的发展更重要

**我**们认为相较于目标计划，学习习惯更重要，相较于知识获得的结果，知识获得的方法更重要，相较于眼前的成绩，长远的发展更重要。

孩子最终的学习来自自己的内驱力，但是善于思考提问和渴望知识的习惯却来自父母幼时的启发。所以特别是在幼儿园和小学阶段，要尽可能多地让孩子去体验生活、了解社会，去观察和发现，引导他爱思考、爱探究、爱问个为什么。

要在简单事务中培养孩子的敏感程度，要有热衷于从非常简单的生活的表象探讨背后深奥知识的欲望。比如我们看到秋天掉树叶了，要让孩子去了解四季是怎么变化的，了解花青素在植物色彩学中的重要性。比如我们让孩子在家里和父母一起煮饭、做菜，让他了解到各种食材的营养成分是不同的，怎样搭配是最好的，烹饪的时候各种化学反应是如何产生的。如果孩子喜欢养宠物，要引导他对物种、习性、遗传变异进行研究和探讨。

最重要的绝对不是知识的堆积，重要

—— 校长观点 ——

**"孩子最终的学习是来自自己的内驱力，但是善于思考提问和渴望知识的习惯却来自父母幼时的启发。"**

的是当新知识出现的时候，你有什么方法去掌握新的知识，有怎样解决问题的思维路径。这是最重要的，也是国内和国外教育方法上存在的最大的差异，其实这也是解决我们所说的授之以鱼和授之以渔的差异，以及砍柴和磨刀的关系。

在高阶思维过程中，孩子会不断刷新自己的学习欲望和学习能力。

小学高年级以后要适当地引入研究生式的学习方式，让孩子针对感兴趣的问题、要完成的一个任务或者要解决的一个困难去设立一个课题，引导他用引擎搜索的方法看看这个课题有没有研究的价值，通过用家庭讨论的方式告诉他研究的步骤，比如怎么去假设，怎么去收集数据，怎么社会实践，回过头来如何分析数据，怎么去得出结论。

也是在这个过程中，孩子会不断刷新自己的学习欲望和学习能力。而且这对一个人的高阶思维品质的形成是非常有帮助的，这种高阶思维品质是越往上读对孩子会越有帮助。

世外小学四年级的科学课，你无法想象这是科学课，在这是不出示概念的，学生自己去完成一个项目，找到学校的一块地方，把自己伪装的和你找的那块地方的

—— 校长观点 ——

**66 要在简单事务中培养孩子的敏感程度，要有热衷于从非常简单的生活的表象探讨背后深奥知识的欲望。99**

纹路、图案或者颜色很接近的状态，然后游戏，看谁最晚被发现。

小孩在这个过程当中了解了动物的保护色是什么，起到什么作用，怎样帮助动物更好地繁衍、生存。科学课上就这样玩的，他们在这个过程中动态构建起对伪装和动态保护色的概念。比老师讲什么叫保护色，什么叫动物界的伪装，印象深刻得多。

**" 在高阶思维过程中，孩子会不断刷新自己的学习欲望和学习能力。"**

再比如，我们学校的楼层平面图全部是小孩自己做的，比如说一个班级就做一个楼层，每个班级分小组去测量，其实学的概念就是面积，小朋友去测量，然后计算面积，最后的任务就是完成一个校园楼层图，所以小孩在完成这个任务的过程当中就会去探究知识，去完成任务。我们很多学科上都开始启用项目式的质疑、探索的教学策略。

老师都知道这个方法对小孩未来发展一定很有帮助，对小孩的思维高品质的培养很有帮助，家长也知道是很有帮助，但我们还是习惯采用传授式的方法，或者多做两道题，多做两张卷子更好。

为什么？因为这样的方法很耗时间，它需要很长时间去试错。但我们真的不要太着急于眼前的成绩和分数，在幼儿园和小学阶段一定要让他们多尝试着用这样探究方法，在这个过程中了解现象背后的知识，这对他未来形成很好的学习路径是有极大的帮助。

## 教孩子建立自我保护前提下的社会信任关系

孩子对这个世界是充满了善意和信任，我希望保持他们这份善意，但同时又不得不提醒他们在现实生活中还有些问题是危险的，他需要避免。如何既保持孩子对社会的信任，又让他们离危险越远越好呢？

首先，要处理好和同学之间的关系。有过一个统计，说一个孩子白天的时间70%是和同学在一起学习和游戏。作为家长得告诉孩子要珍视同学之间的友谊，要和他们愉快、友好地相处，这是小学阶段一个非常难得的经历。但是我们在现实生活中听到过一种现象叫"校园欺凌"。什么叫"校园欺凌"？就是会出现一些高年级的学生，一些不良的少年，围住低年级的学生，问他们要钱，甚至欺负他们，如果这些小朋友不给的话，他们还会在学校环境中把这些孩子排除在一定的圈子之外。

—— 校长观点 ——

" 教孩子建立自我保护前提下的社会信任关系。"

我们要给自己的孩子预设，假设碰到这些情况该怎么办？我会给孩子这样一个建议，如果有高年级的孩子非常紧迫的情况下问你要钱，还不让你走，你可以采取以下几个步骤：

第一是好言相待，不要和他动手，并且要告诉他说，你自己手边没有带钱，希望他把你放走，不要引起冲突。

第二如果这些高年级的不良少年不依不饶的话，你可以编一个理由，比如你的钱现在在教室里面，在书包里面，需要去拿一下，如果能够借此机会脱身的话，赶紧离开现场。同时回到教室以后，第一时间向老师进行报告，并且把这些不良少年的形状、相貌描述给自己的老师，让老师及时对这些少年进行批评和处理。

第三如果这些不良少年不让你走，你无法脱离现场，我们认为现场你不妨略微示弱，如果手边有钱的话拿出一些钱来，交给这些高年级的学生，让自己赶紧离开现场，当然回到教室之后也是向老师进行汇报。

最后特别提醒自己的孩子如果这些事情发生在学校，回来之后一定要告诉自己的爸爸妈妈，因为校园欺凌事件对孩子的心理影响非常大，作为爸爸妈妈有权利知

—— 校长观点 ——

**❝ 我 们 要 给 自 己 的 孩 子 预 设 情 境，教 孩 子 处 理 问 题 的 方 法。❞**

—— 校长观点 ——

**❝ 要教自己的孩子处理好和熟人之间的关系。❞**

道，同时爸爸妈妈知道之后也会配合学校、配合老师来进行处理，维护好自己孩子稚嫩的心灵，同时也希望学校和老师对这些高年级的学生进行严肃的处理。

其次，要教自己的孩子处理好和熟人之间的关系。孩子到小学阶段之后，我们会告诉自己的孩子身体上的哪些部位是特别隐私的，不能叫别人去触碰，哪怕我们的孩子在医院做检查，作为家长，我们作为监护人也需要站在身边看着医生对孩子是如何检查的。

我们听到的案例是有时候一些熟人假借对自己小朋友的喜欢，触碰到孩子的敏感部位，孩子心里很受伤，但又不敢说，因为他不知道到底是怎么一回事。碰到这样的情况我会告诉自己的孩子，特别是女孩子，我会告诉她，女孩子身上哪些部位是特别宝贵的，不能有任何人来进行触碰，连爸爸妈妈也不能触碰，如果有人试图去碰的话，你一定要拒绝，用自己的手去挡或者用自己的身体去躲避。

当然这件事不光是对女孩子教育，同样作为家长也要提醒我们的男孩子，你们身上的部位别人也不能随便碰。如果有一些熟人一定要去触碰的话，我的建议是孩子你必须当场就叫出来说我不能让你碰，而且要把这个事件，回来之后要告诉爸爸妈妈，爸爸妈妈知道之后会去和熟人非常严肃地交涉，孩子绝对不能把这样的一些事件因为熟人的关系而放在心里。

再次，遇上陌生人，孩子要保持一定的距离和阻隔。陌生人虽然我们的孩子不认识、不熟悉，但客观说陌生人是孩子在日常生活中碰到最多数量的一个人群。当然我作为家长肯定不会跟自己的孩子说陌生人都是坏人。我会告诉他，陌生人当中绝大部分人都是好人，但是他和陌生人之间的关系绝对不能像对老师、同学或者爸爸妈妈之间的关系，他必须和陌生人之间有一定的距离。孩子会在哪些情况下碰到陌生人呢？可能会有三种情况。

第一种情况，在上下学的路上，碰到陌生人要你帮他引路。我会告诉孩子说如果有陌生人来向你问路，而那个地方是你所熟悉的话，你应当告诉陌生人这个地方大概在哪里，你应当为他指一下方向。但是如果陌生人接下来跟你说小朋友你能把我带到那个地方去吗，我会告诉自己的孩子你绝对不能去，哪怕那个地方陌生人说把我带到你的学校，把我带到你的家附近，这个地方是你熟悉的，你也不能带他，绝对不能挪一步，你应该告诉这个陌生人说，

—— 校长观点 ——

**66 遇上陌生人，孩子要保持一定的距离和阻隔。99**

我的爸爸妈妈要来接我了，我必须在这里等他们。

那么如果陌生人一定要你带他去的话，你必须当时也应当要跟周围的同学或者老师说，有陌生人一定要把我带走，所以你绝对不能跟他走，这是第一需要你重视的地方。

第二种情况，孩子一个人在家里的时候，有陌生人来敲门。我对自己孩子的建议是，如果家长离开了家庭，他第一件要做的事，是从里面把门反锁好，同时他可以在家里面把电视或者收音机打开，造成家里面有人的情况，不要让人知道这个小朋友一个人在家里，如果碰到陌生人来敲门，绝对不要去开门。

但如果说敲门的人说我是物业，我是抄煤气表的，需要你开门让我进来，我给孩子的建议，你也不能开门。你应该在里面非常有礼貌地跟他说，"我们家里面现在不方便来抄煤气表，我们家里面不方便有人进来。如果你有什么事情可以告诉我"，孩子可以记下来对方的电话，对方的要求，回来之后可以告诉爸爸妈妈，但是那种情况绝对不允许开门。

第三种情况，陌生人给孩子吃东西。在小区里或者是路上的时候，有一些陌生的长辈会说，孩子好好玩呀，过来给你吃点东西。我跟孩子说绝对不能吃，哪怕给你递东西的是个慈眉善目的老爷爷或老奶奶，他们如果给你吃东西的话，你出于礼貌可以把东西拿在手里，但是绝对不能把东西放进嘴里。

为什么？因为有一些坏人会装扮成非常善意的长辈，给你吃的食物里面也许下了一些麻醉品或安眠药，生活中不乏出现有些孩子吃了这些食品之后立刻昏迷过去，失去知觉，而被这些陌生人抱走了。这样的事例我会告诉自己的孩子，引起他们的警惕，绝对不要嘴馋，红线就是绝对不能吃陌生人给到的东西。

但是随着他年龄的慢慢增长，我还会告诉我的孩子，他活动的范围也许有些情况下会脱离家长的视线，如果这个时候有人给你递过东西，小朋友该如何判断它是不是毒品呢，需要提醒的是，现在某些毒品的包装绝对不像电影里看到的像面粉、白粉那样的东西，有些会包装成非常像糖果，有些是直接放在饮料当中的。所以我会跟我的孩子说，如果到一个陌生的场合，千万不要吃陌生人递过来的东西，哪怕有些东西是熟人递给你的。更需要防范一种情况，即在一定的场合，你自己的同学或

—— 校长观点 ——

**❝ 故事本来就是把深刻的社会道理蕴藏其中，你需要给孩子做一个深刻的解释，告诉他这不仅仅是一个童话。❞**

朋友都在尝试那些所谓好奇的东西，他们吃了之后，有些所谓兴奋的反应，我要告诉自己的孩子，在这个情况下，你绝对不要有从众的心理，别的小朋友吃了，你完全可以不吃，即使别人嘲笑你，也不要受到任何的诱惑，你要坚决地对那些可疑的、特别漂亮的、会引起别人兴奋的食品完全地拒绝。

甚至有时候我还会提醒自己的孩子，如果你到了一个相对陌生的场合，也绝对不要喝别人递过来已经开过口的饮料，因为这个饮料本身有没有被放置过什么东西你是不知道的，或者有瓶饮料你喝过之后，已经开过了口，自己上了个厕所，再回来，如果你周边的环境是完全陌生的话，建议这个饮料就不要再去尝试喝了。

## 家长要向孩子做深刻解释，告诉他这不是童话

我们该怎么把这些故事告诉我们自己的孩子？

首先，不要跟他死板地说教，要非常生活化，从日常的新闻当中，你可以拿出来念给自己的孩子听。从故事当中，给孩子做一些演绎，比如说小红帽的故事就是

告诉孩子，如果碰到大灰狼跟在后面你应该怎么办，如果一个人在家，你应当怎么办？这些故事本来就是把深刻的社会道理蕴藏其中，你需要给孩子做一个深刻的解释，告诉他这不仅仅是一个童话。以这样生活中的事例跟孩子做交流是我的第一种方法。

第二，跟孩子说话有时候重点要特别突出，要非常简洁明了。故事讲完之后一定要把道理本身是一件什么样的事情告诉孩子，要用问题的方式问孩子：你听明白了吗？需要重复一下吗？让孩子加强印象，有非常深刻的记忆。

第三，需要学校和家长共同配合的，要给孩子多做练习。有时候不妨我们找几个朋友来试探一下自己的孩子，或者不妨在一个陌生的环境中家长适当地躲在一个悄悄的角落，看看我们自己的孩子有如何反应，有时候多试几次，多练几次之后我们的孩子就会有了心理准备，就会有了实践经验，他们的表现才会让我们放心。

孩子的心目当中的世界是充满阳光的，天永远是蓝的，云永远是白的。我们需要呵护孩子对这个世界美好的想象和美好的记忆，但是我们也要告诉孩子，这个世界也会有风雨，也会有阴霾。在这个时候我

—— 校长观点 ——

**❝我们需要呵护孩子对这个世界美好的想象和美好的记忆，但是我们也要告诉孩子，这个世界也会有风雨，也会有阴霾。❞**

—— 校长观点 ——

**" 让孩子从小就有辨别是非的能力和判断的能力以及自我保护的常识，这样才能让他们在未来能够走得更好。"**

们要为自己的孩子遮风挡雨，特别是要未雨绸缪，在风雨未来的时候为我们的孩子做好充分的准备。

　　自我保护的意识和防御风险的能力其实我们从小就要培养，但我们现在还是以升学为重要目标，家长把孩子都是放在了绝对安全的环境里，他们很少去了解到社会的复杂性以及他们培养这样适应的能力。所以现在把这样的自我保护意识和能力培养都前置到幼儿和小学时期，让孩子从小就有辨别是非的能力和判断的能力以及自我保护的常识，这样才能让他们在未来能够走得更好。

　　其实每个小孩都是不一样的，没有一个小孩成功的方式可以完全复制在另外一个小孩身上，我们家长要做的和学校要做的事就是共同努力，让孩子成为最好的自己。

问津校长

**家　长：** 如何把他培养成一个比较外向、活泼、开朗的孩子呢？

**张悦颖：** 外向、内向其实没有好坏之分的。不是说内向的小孩就一定要朝着外向的方向发展，只要他能表达自己的想法就可以。每个人都是有想法的，只是有的人讲出来，有的人在自己的内心活动，小孩的主张也是非常有自己见解的。

我并不认为一个内向的小孩就一定要把他培养成为一个外向的小孩，这是一个错误的命题。我们更允许孩子有自己思考的时间，在这个过程当中，我们也是希望小孩兼具有独立思考的过程，以及思考以后他能把结果告诉别人，能够完成整个的心理过程。

内向型的小孩可能积累的东西更多，到最后他能够厚积薄发。当然如果孩子内向的话，家长要和老师多沟通，让老师多给小孩机会，比如说有一个演讲的时候，让孩子自己上去讲一下，鼓励孩子到大庭广众之下勇敢、自信地表达自己就可以了。

**家　长**：美国全科式的探究式学习，中国的语数外的分科，校长怎么
看这两种课程方式？

**张悦颖**：这是非常专业的一个问题，其实世界上的课程就分两大类，
一个主题式，就是跨学科的项目式学习，类似国际文凭组织
PYP、MYP 这样的方式；一种分学科的学习，就像国内所有
的采用的课程模式，就是分学科的课程模式。这两种课程模
式各有优劣，我们国内的东西最大的好处就是知识体系非常
严谨，螺旋上升，完整，有连贯性。但是它缺少学生去主动
探究的过程。这两者之间没有哪个更好，如果哪个更好，大
家早就转化模式，一定是各有优劣。我认为现在全世界都在
做的一个事情就是希望这两者能够结合，在知识获得和能力
发展之间找到平衡点。你选哪个模式，要看未来孩子朝哪个
方向走，不确定的时候一定要找两条路都走得通的学校。比
如说你小学就想带着孩子出国了，那你选择国际学校，读他
们那种课程，可能和国际接轨得更好。

# 认识规律，了解孩子，掌握方法

**洪雨露**

　　原徐汇区向阳小学校长、书记，现任上海市民办爱菊教育集团副董事长，上海市特级校长、特级教师，全国少先队名师工作室主持人、长三角名校长培训基地主持人、上海市教委名校长培养基地主持人、市教委骨干教师德育实训基地主持人、市教师学研究会德育学科专业委员会主任、市教育人才交流协会常务副会长、市少先队工作学会副会长、市小学管理专业委员会副会长，长期担任市教师高级职称评审委员会少先队学科主评。从事教育工作 47 年，担

任校长 30 多年，曾先后获得全国优秀辅导员、全国师德标兵、全国少先队工作作出突出贡献工作者、上海市劳动模范、市未成年人思想道德建设先进、市优秀校长、市优秀园丁、市少先队名师等一系列荣誉。

**❝ 认识规律包括认识教育孩子的规律、孩子的身心发展规律和孩子的成长成才规律。❞**

认识规律包括认识教育孩子的规律、孩子的身心发展规律和孩子的成长成才规律。我从具体几十年的教育工作实践中说说这些规律。

1978 年我们国家没有更多的经费投入教育，只能办好几所重点学校，全上海市重点小学那个时候有 5 所，徐汇区向阳小学是其中一所。

1978 年我刚进向阳小学，有一个孩子他的智力特别超常，小学跳一级，全校敲锣打鼓把他送进了我们前面的那所中学，即现在的位育中学，那时候叫上海市第五十一中学。到了中学再跳一级，十年的时间就把小学一年级到高中的课程，全部学完。多年以后我在向阳小学做校长，向阳又出了个孩子，读了一年级以后，家长来找教导主任，说老师我们两年级不读了，直接读三年级，教导主任也吃不准，找我商议。我说这个事我不太主张，但是家长一定要求，那咱们就考试吧。孩子考下来非常好，我们允许他不读两年级跳三年级。这类跳级的孩子，他的智力肯定是超常，非常优秀，但是这些孩子是极少极少的。我不太主张孩子的跳级，孩子聪明是好事，但是我们希望孩子循序渐进。

　　1980年，卢湾区有个学问很大的家长，他想叫孩子不去读书，在家里由家长教，从一年级一直教到高中，这个家长就这么做的。一年下来，孩子学习理化知识没问题，但不去学校念书，能不能培养好、成长好呢？

　　家长做的这个实验让上海师范大学两位教授知道了。当时上海师范大学一位恽昭世教授，一位吴立岗教授，把这个实验接下来，在向阳小学开设一个班，全上海

—— 校长观点 ——

**❝ 跳级的孩子智力肯定超常，但这类孩子极少极少。我不太主张孩子的跳级，孩子聪明是好事，但是我们希望孩子循序渐进。❞**

—— 校长观点 ——

**66 教育有规律，教育是'慢的艺术'。99**

招生，一年级到高中毕业十年读完。语文、数学、外语、物理、化学老师，上海师范大学来上。音乐、体育、美术、班主任向阳小学配置、管理。有了这个实验班，才有了后来的上海实验学校田林校区，有了上海实验学校浦东校区，所以上海实验学校它要讲历史、传统，不忘初心，不能忘记从向阳小学的起步。

教育有规律，教育是"慢的艺术"。这些实验班的孩子读书，虽然学制缩短了两年，但是他们牺牲了另外的许多许多。

有的孩子成绩未必最优秀，但是动手能力特别强，很会思考问题。20世纪80年代初，我校有个叫姜峰的孩子，动手力强，自己制作了一个小飞机，还有陆予奕同学，他看人家吃火锅，他就想要发明一个漏勺，一个既可以盛汤又可滤汤盛菜的多功能漏勺。后来陆予奕的发明在上海电视台播放了。还有个孩子叫孔庆伟，在爸爸的指导下，研究浦东地区生态环境的保护，写了小论文。我们上海市少工委颁给他"小小科学家""上海好少年"称号。多少年过去了，我在学校升旗仪式上讲到孔庆伟，他爸爸知道后特地来找我，说："洪校长，孩子已经在剑桥大学读博士了。"

两年前一位家长送学校一面锦旗。他

的女儿叫陈凤耘，一年级进来读书，边读书边研究，研究天上的云怎么发电，怎么装置，读书五年，研究了五年。现在刚刚进入中学，这个孩子的研究获得了中华人民共和国国家专利。最近她获得了"小院士"称号，而且她给习主席写信，汇报她的研究。

还有一些孩子在我们教育过程中，很有个性特长。上海市第三届"好少年"顾玉玲同学，她是舞蹈小演员，舞跳得特别好。我们向阳还出了一位大明星胡歌，他小时候比较内向，但是我们在教育过程中给他不断创造平台，让他敢于表演。所以胡歌的事给我们启示，并在向阳小学形成了一个传统：中午的时间，整个操场都是表演舞台，表演什么节目都可以。孩子们有的上来唱歌，有的上来跳舞，有的上来拉琴，有的上来打拳，有的男孩子很想上来，但是又没有什么才艺，他就跑上来学学狗叫、猫叫，我们大家也给他掌声。给孩子一个平台，孩子会成长得更好。

还有一类孩子很聪明，他们的能力也很强，但是能力是靠培养的。例如贝倩妮同学，现在是东方电视台主持人。她读五年级时我们要把她送到上海市评审第一届"十佳好少年"，贝倩妮最大的特点是独生

—— 校长观点 ——

**"给孩子一个平台，孩子会成长得更好。"**

子女不娇气，爱劳动、做家务，关心集体，但这不够，"十佳好少年"是要竞选要演讲的，我就带着她一次次训练，最终获得了成功。

## 孩子成长与家庭、学校、社会和组织密切相关

这么多年看到各种各样的孩子，智力超常、跳级、动手能力强，有个性、有特长，组织能力、活动能力、表达能力强。这里面的规律是什么？什么原因使这些孩子进步成长呢？有以下四方面的因素：

一是家庭教育。家长的重视很重要。一个孩子的起步和家长的重视、家长的热爱、家长的要求息息相关。像陈凤耘她能有国家专利，家长是倾注了许多心血。家庭教育好，家长重视好，具体讲来这里面有三点要做到：爱孩子，有要求，讲故事。家长和孩子讲故事、和孩子沟通时，要经常性的倾听、沟通。现在许多孩子不和家长讲话，家长对孩子也都是命令式，要么检查功课，要么批评，真正的沟通、倾听不太多。要表扬批评兼而有之，奖励惩罚兼而有之。所以家庭教育中，家长的因素，我把它放在第一位。我多次和家长们说，

—— 校长观点 ——

**"离开了学校，离开了集体，离开了小伙伴，孩子是不可能进步成长得好的。"**

孩子是国家的，但孩子更是你的。

二是学校教育。卢湾区那个家长这么有本事，都不能把自己的孩子完完全全培养好。离开了学校，离开了集体，离开了小伙伴，孩子是不可能进步成长得好的。所以他一年以后就放弃实验了，他一定要让自己的孩子进入到学校，进入到集体中，可见学校教育何等重要。

—— 校长观点 ——

**" 一个好学校重要的是教师好。"**

我们说教育的公平正义、教育的优质均衡。这不是简单的平均，是优质均衡。把家门口的学校都要办好，但是把家门口的学校办好谈何容易，这里面核心的问题是师资，要有一批又一批好老师。有个著名的作曲家、指挥家的孙儿进入向阳小学半年，孩子妈妈受到别人忽悠，转学到浦东一个国际学校，结果一学期不到要转回来。有个孩子有点习惯不好，每天怕上学，因为他每天来到学校老师就是批评，就是指责，下课不让他去玩。五年级了，他转学进来我校，我们的老师把他培养得很好，做小队长、升旗手，现在进入中学，读得也很好。

我们教育孩子、培养孩子不是仅仅把眼光注重在"跳级的""当干部的""个性很强的""得奖的"，那么多孩子普普通通，我们都要把他们培养教育好。一个好学校重

—— 校长观点 ——

**"一个孩子的健康成长，离不开少先队组织的教育。"**

要的是教师的教育思想，教师对孩子的教育引领，教师对孩子的尊重、理解、宽容、善待和教师的专业水平能力都非常重要。

我们学校 1932 年创立，老校长 1932 年就说对孩子们教育要"尊重儿童个性，满足生活需求，激发爱国思想，助长创造精神，提高作业兴趣，指导休闲活动，培养治事才能，锻炼健康体魄"。这很了不起，今天都管用。1932 年我们的老校长对老师的要求："纯正的思想，德业的修养，专业的志愿，教育的技能，丰富的同情，慈祥的态度，耐劳的习惯，健康的心理。"怎么引领孩子的心理健康？学校教育太重要了。

三是社会教育。今天这个社会很多元，但是怎么弘扬正能量，让孩子有正能量意识？生活中的教育，社会实践中的教育很重要，所以我很鼓励孩子参加社会实践、公益活动。一位家长带自己的孩子到河北贫困地区资助、帮扶，后来这个孩子发展到他所在的这一个班级的孩子都行动起来，大家捐书、帮助、关心小伙伴，共同进步成长。

四是组织教育。家庭、学校、社会，80% 的校长会说，"哦，三结合教育"。我经常宣传第四个因素，一个孩子的健康成长，离不开少先队组织的教育。在谁的组织里？在孩子自己的组织里接受教育，他的组织就是中国少年先锋队。我们中国少先队培养了很多优秀的孩子。向阳小学20世纪80年代出一个自动化小队，叫友爱的集体、欢乐的家，编剧导演后来以此为题材，拍成电影，1984年出品，叫《闪光的彩球》。把孩子们组织起来受教育，在组织中受教育，这是一个集体教育的思想。教育家马卡连柯说过，在集体中、在组织里健康成长。

教育有规律，孩子身心发展有规律，孩子成长、成才有规律。不能违背它，不要拔苗助长，不要急功近利，要扎扎实实，一步一个脚印。

## 了解孩子的年龄特点

孩子的许多想法，未必都和爸爸妈妈说，也未必都和老师说。了解孩子首先要学会倾听、沟通，然后是引领。了解孩子，对每个家长、每个老师都有这个任务。

一要了解孩子好奇、新鲜、好问、好动的年龄特点。好动是每个孩子的天性，我允许孩子每堂课的下课、中午奔奔跑跑、喊喊叫叫、打打闹闹，孩子的课间午间就

—— 校长观点 ——

**" 了解孩子首先要学会倾听、沟通，然后是引领。"**

—— 校长观点 ——

**" 让孩子奔跑、喊叫、打闹，这是孩子的天性，孩子的权利，孩子课间活动好了，下一堂课注意力更集中。"**

是欢乐的海洋。向阳小学两个校区 1700 多名孩子，40 个班把孩子放到操场上，人均不到半个平方，但是我们允许孩子一打铃下课，奔跑喊叫，孩子很高兴。很多学校不是这样，要求走路轻轻的，你不憋死孩子呀？各位家长，课间午间我几十年都让孩子奔跑、喊叫、打闹，这是孩子的天性，孩子的权利，孩子课间活动好了，下一堂课注意力更集中。

二要了解孩子模仿性强、上进性强、集体性强的年龄特点。在向阳小学我几十年做的就是鼓励孩子进步。比如，给孩子一颗红星，一面红旗，一句鼓励性的话。我们的升旗手开始时一个星期四个孩子，两个校区八个孩子，太少了。我和大队部说可以增加到十六个孩子，都是升旗手。中国篮球队队长姚明，小时候因为他调皮一次没当过升旗手，人家长大了到国家当奥运升旗手。为什么不多给孩子点机会，鼓励他进步呢？小孩子现在都要当队长，一个学校原来只有十几个，太少了。所以我让少先队研究，一个年级给他十八个名额，队长可以轮流当，很多孩子不是没有能力，而是没给他机会。这是重要的、先进的教育思想。

三要了解孩子是非识别力差的年龄特

点。有时孩子不是故意说谎，是他没分清，自控力差，上 35 分钟课，好的老师中间会有意识让孩子动一动，做做操，然后再注意力集中，这个叫动静结合。因为孩子自控力差，持久力差。所以要上好课，孩子的年龄特点要好好了解。

## 培育快乐的学校文化

有一个伟人讲过"人的心理是地球上最美丽的花朵"。孩子的心理特点、需求、想法，未必都是希望吃得好、穿得好，孩子很重要的需求是和小伙伴们一起玩。我们就按照孩子的特点，按照孩子的需求来开展我们的教育，两个关键字——快乐。

快乐唱歌：孩子到学校，让他唱唱歌，我们课程表排下午 1:10—1:20 全校唱歌，孩子唱起歌来很高兴。我很不喜欢一个升旗仪式，校长喋喋不休地讲，守纪律、讲卫生、有礼貌，行为规范。为什么不在升旗仪式上唱一首歌呢？所以向阳小学的孩子会唱很多歌。第一个要求就是唱喜欢唱的歌，摇头摆尾唱歌，很高兴，这是心情的释放。国歌、队歌、红领巾之歌，孩子们喜欢的歌，还有我们的校歌。

快乐游戏：儿童游戏使得孩子走向社

—— 校长观点 ——

**❝ 孩子很重要的需求是和小伙伴们一起玩。我们就按照孩子的特点，按照孩子的需求来开展我们的教育，两个关键字——快乐。❞**

会，孩子在儿童游戏中认识了别人，认识了自己。

快乐运动：培养孩子一定要有快乐运动，我讲过一句很极端的话，体育成绩第一重要，身体不好有什么用？向阳小学 1700 多名孩子，没有小胖墩。10 个专职体育老师，每个孩子田径、游泳、排球、篮球、足球，游戏，都参加，且都会有比赛，但重要的不是比赛成绩，是身体好，心理健康。

每个班级有足球队，每个年级有足球队，每天下午有训练，每周有比赛，每年学校出资举办上海市小学生小足球邀请赛。几十年了，从来没间断。优秀的上海市队员，优秀的区队员，优秀的队长，好几位都是我们足球队的孩子。有一个我们培养的足球孩子进入初中，他没方向了，不能在初中踢球了。到了高中，南洋中学看到他踢足球，水平很高，就把他要去了，后来他顺利考进复旦大学。足球是什么？足球是运动，足球是精神，足球是文化。足球的文化可以用四个字概括：战争、人生。孩子在足球场上，一学会了顽强拼搏；二

—— 校长观点 ——

"比赛重要的不是比赛成绩，是身体好，心理健康。"

学会了合作团结；三学会了创新动脑筋；四学会了大局观念。

中国孩子的教育存在女性化倾向，女老师有她的强项，但对中国的男孩子，我始终觉得我们的培养，我们的评价有点问题。早在十五六年前我专招男教师，所以向阳小学现在一百多名教师，三分之一是男教师。男教师有班主任，有辅导员，课程有体育，有美术，有数学，这对孩子的影响是很大的。我专招男教师时，第一条标准，会不会足球，至少比洪校长踢得好。比我踢得好，谈何容易，我是比较专业的。我足球踢得好，小时候照样是大队长，踢球的孩子很会动脑筋，所以我培养的孩子要阳刚、勇敢。我们今天要重视培养男孩子。不是男孩子不好，是我们没有培养好，我们没有重视，我们的评价不利于男孩子。我很不喜欢今天的"小鲜肉"。男孩子要有血性阳刚之气。

快乐学习：孩子要学习，要读书，要考试。考什么很重要。所以我主张改变传统评价方式。第一重视过程评价。第二重视平时评价。第三重视孩子自我评价。第四重视家长参与评价。第五重视鼓励为主的评价，今天不行，努力一把明天能行，要给孩子自信心。每个孩子都可以教育

—— 校长观点 ——

**" 我们今天要重视培养男孩子。不是男孩子不好，是我们没有培养好，我们没有重视。"**

—— 校长观点 ——

66 不管教育发展到哪一天，永远都是家长和孩子、老师和孩子之间情感与情感的交流，心灵与心灵的沟通，人格与人格的对话。99

引领。

向阳小学每学期都要举行歌咏会，唱得好不好没关系，你愿意都可以跑上来唱，唱得五音不全走调也没问题。孩子要自信，老师要专业，我校的体育老师是专职专业的，我校的音乐老师是专职专业的，我校的美术老师是专职专业的，科技老师是专职专业的，我不赞成语文老师、数学老师为了一个课时去兼美术课、音乐课，这是兼不好的！

不管教育发展到哪一天，永远都是家长和孩子、老师和孩子之间情感与情感的交流，心灵与心灵的沟通，人格与人格的对话。和孩子多沟通，多交流，影响了他，教育培养了他，孩子永远不会忘记。

## 掌握培养教育孩子的方法

一是加强基础。小学时候乃至初中都要把基础打扎实，什么基础？老师要把孩子的科学文化知识基础、行为习惯基础打扎实。家长和老师，大家有各自职责，家长主要去做培养孩子良好学习习惯的事，不要代替老师去传授知识。家长的主要职责是培养孩子好习惯。

第一，合理安排作息时间的习惯。

第二，认真听课的习惯。要告诉孩子，上课认真听，老师许多知识都是在课堂里讲的。

第三，按时、独立完成作业的习惯。按时、独立完成作业，做不好不能睡觉。

第四，不懂就要问的习惯。要鼓励孩子不懂就要问，要把老师问倒。

第五，绝不向困难低头的习惯。要告诉孩子，困难是石头，决心是榔头，榔头敲石头，困难就低头。不怕困难的人，会成功的。

这五条基本的学习好习惯，我们要培养训练孩子养成。

二是发展智力，包括观察力、想象力、思维力、记忆力、注意力。一般来说我们大部分孩子的智力差异并不是很大，关键在培养。

观察力。20 世纪 80 年代我们向阳小学有一位"观察大王"，写观察日记写得很好，看到天上彩虹写下来；人家菜场里买菜卖菜，怎么吵架，写下来；地上有许多蚂蚁，蚂蚁大战青虫，写下来。写到后来没东西写，就看看自己的眼睛。这个孩子要看看自己的眼睛，于是他对着大橱，把灯关掉，写了一篇观察日记《瞳孔》。家长要告诉孩子观察力很重要，要学会观察。

—— 校长观点 ——

**❝家长要告诉孩子观察力很重要，要学会观察。有条有理，从左到右，从上到下，从里到外，一层一层观察。❞**

—— 校长观点 ——

**❝ 孩子的能力很重要，我绝对不追求一个孩子简单地考个100分，这个太廉价了。❞**

有条有理，从左到右，从上到下，从里到外，一层一层观察。

想象力。要培养孩子的想象力，想象是创造的翅膀。你给孩子讲三分钟故事，让他回过来讲给你听六分钟。你教孩子画一幅画，出一个题目，培养他的想象力。听一段音乐，问他，音乐说了什么。

思维力。培养孩子要有思维力。一种是正向思维，一种是逆向思维，有的时候解决问题是倒过来考虑的。

记忆力。有的东西必须记下来，如外语单词、数学公式等，孩子这个年龄阶段记下来一辈子不会忘记。过了这个时间段他会记不住了。

注意力。孩子的注意力有时间的，好的老师上课，会很合理的安排孩子的注意力。

三是培养能力。孩子的能力很重要，我绝对不追求一个孩子简单地考个100分，这个太廉价了。

学习能力。老师不可能把所有的知识教给孩子，许多事情是靠孩子自己去阅读，自己去学习，如果孩子将来一辈子有这个学习能力，他会很了不起。

表达能力。能大胆地说，说错了不要紧，想到了再说，鼓励孩子表达，书面表达、口头表达，口头表达能力更要紧，表达能力就是要学会讲话。

活动能力。小孩子要有活动能力。

交往能力。和老师怎么交往，小伙伴怎么交往，邻里怎么交往，不认识的亲戚朋友第一次见面怎么交往，这些都要耐心培养。

组织能力。让孩子主持一个大会，担当主持人，都需要很强的组织能力。未来工作都需要，所以培养能力这一些很重要。

四是提高素质。全面贯彻教育方针，发展素质教育，提高孩子的素质，这个素质是什么呢？

身体心理素质。要培养孩子阳光的健康的心理。

文化知识素质，这点一定要掌握。

劳动技能素质。劳动光荣，劳动创造未来，对孩子来说，让他从小学一点家务劳动的本领，很要紧的。

思想品德素质。我们少先队工作委员会多次提到，教育引领立德树人。培养孩子的好习惯、文明礼仪，提高素质时，我们在方法中还要解决一个问题，那就是不要仅靠说教、要求，不要仅靠"不准不准不准"，重要的是启发孩子的自我教育能力。

—— 校长观点 ——

**❝ 提高孩子素质，不要仅靠说教、要求，不要仅靠'不准不准不准'，重要的是启发孩子的自我教育能力。❞**

苏霍姆林斯基讲过一句话"自我教育的教育才是真正的教育"。我们小时候和人家打架，第一件事把红领巾解下来，为什么？因为知道戴着红领巾不好打架。这是自我教育。我们小时候有一首歌"在我心爱的日记本里，有雷锋叔叔的像，我看着雷锋叔叔的像，他告诉我，告诉我……"这是让小英雄教育孩子。孩子是知道自我教育的，我们中国少年先锋队组织就是引导孩子的自我教育、互相教育。

除了上述三个方法，还有一个方法不能忘。今天教育发展了，是靠老的传统，传统不能丢，但也不能完全靠老的，还应该多用今天教育的一些因素、因子，如艺术的力量、情感的力量、时尚元素等。孩子喜欢的，家长、老师也要喜欢。我会跟着孩子去看《爸爸去哪儿》，去听孩子喜欢的音乐，研究孩子喜欢做的游戏。不要仅仅以为大学毕业、博士毕业就能当好小学老师了，老师和博士不是等同的，老师要多在教育技能技巧上提炼。比如说讲故事、朗读、剪纸、小实验、拍照、画图等，比如说爸爸妈妈老师都喜欢唱歌、喜欢运动，这对孩子很有影响。让孩子去学游泳，掌握游泳安全的本领，比考100分重要。所以我一直希望我们的毕业典礼在游泳馆举

—— 校长观点 ——

**❝老师和博士不是等同的，老师要多在教育技能技巧上提炼。❞**

行。校长第一个跳下水，所有的班主任毕业证书拿在手里游过来，然后孩子游过来，发证书！让孩子聪明起来，健康成长，有好多好方法，我们许多家长创造了经验和方法，都很有道理。我们要反思总结它，互相借鉴，使得我们的孩子健康成长。

总之，家长要努力做到：

第一，喜欢孩子们的喜欢，关注孩子们的关注，研究孩子们的研究。

第二，成为孩子们的大朋友，指导者，引路人。

第三，谁能培养孩子聪明起来，健康成长，谁就赢得了未来！

—— 校长观点 ——

**❝ 让孩子去学游泳，掌握游泳安全的本领，比考 100 分重要。❞**

问津校长

**家　长：** 学校是最重要的课堂，但目前很多课外培训机构几乎变成了
很多孩子的第二学校，洪校长怎么看？

**洪雨露：** 对社会培训机构我们政府要采取规范整顿，不符合要求的不
能办。社会培训机构毕竟不是孩子成长学习的主业，在学校
没好好学，都把希望寄托在培训机构里，这是本末倒置。但
有的孩子有兴趣，他去学一点课外的知识本领，也不反对。
就像有一个伟人说的，真理多向前走一步就是谬误。这个
"度"要把握，孩子有兴趣，星期六去听听课，学点东西，
只要他觉得负担不重就好。

**家　长：** 怎么理解快乐教育？

**洪雨露：** 第一个层面是校园氛围，我们的教育弄得负担那么重，孩子
还有兴趣吗，有积极性吗？所以给孩子一个快乐的童年，健
康成长，身体心理好，比什么都重要。

第二个层面不能仅仅把快乐教育理解为简单的快乐。难道快乐就不要读书了，快乐也不考试了。不是的。学习有质量，有兴趣，有兴趣的东西孩子就并不觉得负担重。然后克服了困难，自己学到了东西。

第三个层面的快乐，是将来我们成为有用的人，建功立业，回过头来看看我所受到的教育，对社会、对国家、对老百姓，包括对爸爸妈妈，都那么好，第三个层面的快乐就达到了。

培养孩子有兴趣的学习，老师要有兴趣的教学，没有兴趣怎么办？要创造条件来想方设法积极培养。有了兴趣，再大的困难，再重的负担也没什么了，快乐教育我们要完整的理解，不能仅仅认为是不考试。我让孩子们总结好的学习方法，总结出来互相交流："预习好大有收益""克服了粗心大意的毛病""仔细观察写好作文"，还有个孩子总结草稿纸也不能草，这些对孩子来说是点点滴滴的好方法。孩子去总结学习好方法，又有好习惯，快乐无穷，所以教育并不是那么简单的。

因此我们有一个全面的认识，孩子在我们家长、老师、学校，在我们少先队工作委员会，在各级少先队组织、共青团组织的带领引领下，会健康成长得更好。

# 从规则到习惯，孩子受用终身

**鲁慧茹**

上海市第一师范学校附属小学校长，享受国务院特殊津贴、特级校长。获得全国五一劳动奖章、全国优秀工作者等荣誉称号。主持的"愉快教育发展项目""为学生的愉快学习变革教学"获得全国首届教学成果一等奖、上海市首届教学成果特等奖。

—— 校长观点 ——

**❝** 我们一定
要树立这样的
理念，先做人
再成事，先
品行再学业，
先基础再拔
尖。**❞**

中国教育家叶圣陶说：什么是教育？就
是养成良好的习惯。好习惯伴随一
生，好习惯受用一生，好习惯也会决定每
个人的性格和命运。

俄罗斯教育家乌申斯基说：好习惯是
人在神经系统当中存放的资本，这个资本
会不断地增长。一个人毕生就可以享用它
的利息。而坏习惯是道德上无法偿还的债
务，这种债务以不断增长的利息折磨人，
使他最好的创举失败，并引导他到道德破
产的地步。

我们一定要树立这样的理念，先做人
再成事，先品行再学业，先基础再拔尖。
现在我们讲零起点，之前不学没有关系，
但孩子要有兴趣。希望孩子拔尖是好事，
也是家长培养孩子的最终目的，但是要记
住，要慢慢来。否则，可能会影响到做人，

也会最终影响到成事。

　　我曾说过一个观点，家庭教育是一门课程，这门课程不像语文、数学，没有考试，也没有重修，每天都在进行，可能在饭桌上，在接孩子的路上和出游的旅途上。它没有考试，但一定会在关键时刻或者是某时某刻和我们算账。

## 如何培养孩子的规则意识?

　　一是让孩子体会到处事的公平性。孩子参加学校的各类评选或者活动，我们会让孩子有一个公平竞争的机会。我们有一个举措，两分钟演讲。有 6 个不同的题目，孩子抽好题目，经过两分钟的准备，然后演讲。这当中需要平时的积累和现场的应变能力。

—— 校长观点 ——

❝ 家庭教育是一门课程，这门课程没有考试，也没有重修，每天都在进行，它没有考试，但一定会在关键时刻或者是某时某刻和我们算账。❞

从这件事我们可以看出很多：一是公平。不管抽到什么内容？你就准备两分钟，然后上场。二是重过程，台上两分钟，台下无数功，没有平时的实践积累，没有平时的努力积累，上台是讲不出来的。三是讲的方式不一样，有回答式的，有陈述式的，有讲故事的，也有演讲式的，无论哪一种，大家都是两分钟，很公平。

二是让孩子增强做事中的责任心。孩子的学习是重要的任务，一师附小历来重视培养学生的责任感，愉快教育提倡自主自动，学生拥有愉快的情绪才能激发和唤起学习的动力，其过程和刻苦并不矛盾，两者可以互为作用。

我们一直教育孩子是这样的路径，老师也是这样操作：学习的兴趣—积极的实践—教师适时提供资源和帮助—获得点滴收获—情绪高涨—继续挑战自我—进入新一轮的学习。并不是不要刻苦、不要努力，但是要带着积极的情绪、愉悦的体验来做事，你必须积极地实践，必须努力去做，做了老师会帮你，不做什么都没有。

三是对孩子惩教之后要有跟进举措。身教重于言传，相信家长都认同这个道理，但很多时候，你的不经意的表现、一句话，给孩子的教育是不一样的。犯错可以原谅，

—— 校长观点 ——

**❝ 愉快教育提倡自主自动，学生拥有愉快的情绪才能激发和唤起学习的动力，其过程和刻苦并不矛盾，两者可以互为作用。❞**

但是要有改正的行动。我这里讲的，可能有不到之处，我们只是对事。

例如，孩子在学校打架了，态度不好，班主任反映了这个情况。后来学生态度好一些，我们想有必要联系家长到学校来一次，我们沟通过，事情的经过我们都了解，家长来了之后，我简单说了一下孩子打架了。

家长说："我的孩子很乖巧，不可能，他是非常听话的孩子，怎么会打架呢？"这个男孩很聪明，察言观色，他说："对的，是某某同学冤枉我，我没有打过。"老师所有的教育，对他的循循善诱都没有用了。我说："今天就到这里，我们再进行调查。"

因为我们也要给家长一个面子，我让孩子留下，我说："孩子，你刚才和我说，你是承认错误的，对吗？"但是家长一句话、一个言行给孩子一个信号："我做错事情，可以抵赖，因为父母支持我。"

我后来问他："你到底错了吗？"他说："错了。"为什么当时不承认？他说："爸爸很信任我，他一直说我是好孩子，我打架了，他回去骂我、惩罚我，怎么办？"我说："惩罚、骂你，也是应该你承受的。"

后来我和他谈三件事，我说你一定要做，我们还击掌。我说："你回去向爸爸承

—— 校长观点 ——

**66 身教重于言传。很多时候，你的不经意的表现、一句话，给孩子的教育是不一样的。99**

认错误，到底错在哪里？原委要说清楚。"第二是要在班级里面做一件好事，挽回影响。第三，和被打的小朋友交朋友，你给他一个小礼物。孩子都答应了，说好的。

我说这就是改正错误，这不是惩罚，这是历练。当然，如果奖励之后也要有一种跟进举措，就是要有更高的目标。孩子的潜力无限，你给他多高的期望值，他都可以努力去达成。夸奖之后要有新的目标要求，产生新的动力，攀登新的高峰，走上新的台阶。

四是与孩子的条约要适切合理，约法三章。我们每个班都有班规，上面每个孩子必须要签字，班规人人都要遵守，贴在教室门口。还有一个小岗位，像开教室门、管图书、管绿化、管广播、管电灯、管黑板、抄每天的课程等等，每个学生都有小岗位，这是每天每个学生都要遵守的规则。在家里，也可以给孩子定几条。

## 如何培养孩子的好习惯？

规则是前提，习惯跟在后。吃饭前要洗手，这是规则。每天做，就成为了习惯。规则要内化为行动，内化为一种自觉的意识，养成一种改不了的行为，这叫习惯。

—— 校长观点 ——

**❝ 孩子的潜力无限，你给他多高的期望值，他都可以努力去达成。❞**

一开始，肯定是做规矩。中国人讲，没有规矩，不成方圆。有了规矩、规则，慢慢地就变成习惯了。

一要做好孩子的表率，言传身教。地铁站教孩子排队，到地铁站就找脚印，一开始要告诉他这个脚印是派什么用，之后就会形成排队的习惯。车厢内，和孩子一起捡散落的爆米花，变成习惯之后，他不会随地扔东西，这就是好习惯。书店门口家长为孩子顺手拿走的书道歉，这就是教给孩子一个好习惯：做错事，要道歉。

我们学校每条走廊都有书，一开始我们的书都给孩子拿回家去了。有的孩子害怕家长惩罚，把书藏起来。有的家长看到之后，领着孩子回来，放到原位。这就是在教他的习惯、规则，或者让他以后形成习惯，公用的东西不要拿回家，这就是一种言传身教。父母是最最好的启蒙老师，要相信孩子有这样的一个过程，这也是好习惯。

二要全力营造学习环境，无声胜有声。孩子不是一个容器，家长不能只知道往里

—— 校长观点 ——

**❝ 父母是最最好的启蒙老师，要相信孩子有这样的一个过程，这也是好习惯。❞**

—— 校长观点 ——

**❝ 父母要做温柔而又坚定的强者。为什么要说'温柔'？循循善诱，润物无声。为什么要说'坚定'，孩子会'讨价还价'，你要坚定。为什么要说'强者'，你要和孩子'迂回作战'。❞**

塞知识，还要往里塞习惯、品德。孩子是一棵树，有生命力，有灵魂，家长的作用就是引导、点拨、唤醒。家长是一片土壤，可以让孩子长得更好。家庭也是一片空气，让孩子浸润其中。家庭又是一盏明灯，照亮孩子怎么走好路。

三要持之以恒的行为训练。好的习惯不会生来就形成，一定要反复训练，几经回合当中才能成就，父母要做温柔而又坚定的强者。关键是三天，决定是三十天，真正成为习惯可能是要三个月。一定要反复训练。为什么要说"温柔"？循循善诱，润物无声。为什么要说"坚定"，孩子会"讨价还价"，你要坚定。为什么要说"强者"，你要和孩子"迂回作战"。

## 培养有规矩有品位的孩子

从规则到习惯，要有一个过程，需要家长的耐心、恒心，但一定是要重视培养和训练的。孩子出错时，该如何帮助他。关键在坚持，有时要硬下心肠。我们做父母就要有一双魔力的双手，根据孩子不同情况，有时是推，有时是托，有时是拉，有时是拍。

有的孩子胆子小，遇到情况退缩，你

让他上台始终不肯，这种孩子要推他，给他创造机会、给他条件。抓住任何机会，让他可以出场、出挑、出彩。有的孩子基础差，能力也不是很强，理解上有一些问题，我们要托一托。碰到孩子犯错误、受委屈，碰到他情绪低落的时候，碰到出现问题的时候要拉一下，否则他可能走得更远。拍，就是猛击一掌，就是犯错的时候让他改进。都说孩子是夸出来的，给孩子一些鼓励，孩子会进步。但是要适可而止，有的时候赏识、鼓掌都要适可，太多就滥了。

孩子的一生是一场马拉松，起跑时慢一点没有关系。人的一生很长，小学五年，初中四年，都是打基础。关键是什么？方向要对，别跑歪了。意志要强，不能半途而废，跑不动就不跑了。特别是现在的家长，很焦虑。不要急，孩子千差万别。有的孩子晚发，大器晚成。有的孩子可能早发，很早就出来了。但不是说跑得慢的人最终就怎么样，不一定。总之，好习惯，必要的规则是一定需要的。让我们共同努力把孩子教育好，让他们走好人生之路。

我把一些好习惯进行了摘录，与大家分享：

怎么主动招呼？热情叫、微笑迎、把

—— 校长观点 ——

**66 孩子的一生是一场马拉松，起跑时慢一点没有关系。 99**

—— 校长观点 ——

**66 培 养 好 习 惯，就是培养 好的素养。99**

手招。

自觉阅读，我们有晨诵、午听、晚读。傍晚，一定要有 20 分钟的阅读。

学业自理，书包整理，台板要清，订正及时，作业不拖拉。这些都是必要的习惯。

岗位劳动，每个人都必须要做，尽责任做。有的小朋友今天身体不舒服，互相帮助。

文明用餐，排队取，安静吃、有序放，三个擦。孩子都在学校吃饭，一定要文明用餐。吃完之后把碗筷都放好，湿巾擦擦嘴，擦擦手，擦擦桌面。

说到底，培养好习惯，就是培养好的素养。如果做到位了，我们的孩子就会有规有矩，有品有位，这样才可以出彩成功。

问津校长

**家 长**：孩子选择的可能性更多，但总是三分钟热度怎么办？

**鲁慧茹**：我们教育孩子持有这样的路径：从学习的兴趣到积极实践，教师适时提供资源和帮助，让孩子获得点滴收获，继续挑战自我，再进入新一轮的学习。不是不要刻苦、不要努力，但要带着积极的情绪和愉悦的体验来做事，必须积极实践，努力去做。

每周二下午，学校有快乐活动日，学生可以在人文艺术、科技创新、阳光健身、综合实践、生活实践等五大类、60 多门菜单式的课程中进行自主选择。有些孩子 3 分钟热度，选了机器人编程课程，但两堂课后觉得太难提出要换班，想改换选厨艺课，做蛋挞、品烧卖，轻轻松松；也有学生开始热情洋溢，但不能投入坚持，上课点名后就借故上厕所溜掉了，半途而废，学不进去；还有学生一个学期后一无所获，没有成效。

出现种种问题，就是规则的问题，学校不同意学生中途换班。学校提倡"我的选择我负责"，既然做了选择，就一定要负责任。让孩子明白处事规则，需要是人的愿望，努力是一种达成，只有坚持学习实践，才能争取到想要的机会，让孩子增强做事的责任心。

**家　长**：我给孩子定的要求他总是做不到怎么办？

**鲁慧茹**：家长是原件，孩子是复印件，孩子出现的问题，家长应该先找原因，身教重于言传。家长与孩子的条约要适切合理，做到约法三章。比如：一师附小学生 5 年里要读 100 本书，学校要求家长给孩子订一个协议，每天阅读半小时，一年级学生每天 20 分钟。此外，还要做到"今日事今日毕，白天事白天毕，学科事学科毕"。也就是说，白天的事不要拖到晚上，今天的事不要拖到明天。

# 让每个孩子成为与众不同的自己

**徐 红**

上海市实验学校校长，语文特级教师、特级校长、全国科研型校长、全国特色学校先进工作者、享受国务院特殊津贴。曾获全国教育实验成果一等奖、上海市教科研成果一等奖。出版著作有《让每个学生成为与众不同的自己》《护长容短——我的教育随笔》《教师专业发展学校的理论与实践研究》《谁是教育的敌人》《新教师百问》《时文阅读》《上海名师课堂——中学语文徐红卷》等。

—— 校长观点 ——

**" 不到哈佛孩子就不成功，考上哈佛才是聪明的孩子。这样的想法，会害了99.9%的孩子。"**

## 教育是现在社会最热点的问题

教育是现在社会最热点的问题，每位家长都有自己的孩子，特别是中国的家长。我在教育岗位工作了 30 多年，每个孩子都确实非常聪明，但是每个孩子的聪明又是各不相同的。现在家长的概念中的聪明，是将来孩子会考试考得很好，将来孩子可以读很好的小学、初中，将来读很好的高中、大学，将来还要到美国去读哈佛。在孩子出生之后，已经规划了这样一条非常灿烂、辉煌的大道，不到哈佛孩子就不成功，考上哈佛才是聪明的孩子。这样的想法，会害了 99.9% 的孩子。其实老古话说到"行行出状元"。每个行当都有优秀的人才。

## 好的教育就是寻找每个孩子身上都有的东西

这本《发现孩子心中的精灵》，是我的枕边书，是非常好的一本书。里面有一个词 Genius，可以宽泛地译为天性、才能、好奇心、创造力。每个孩子身上都有这样的东西，好的教育就是寻找它、鼓励它，让它发展出来就是成功教育的秘密。每个人都有自己不同的 Genius，通常我们只有一种方法培养，就是通过学科，语数外，一路培养。但语数外其实只是工具，是一个学生的基础，它用来帮你成才。现在，我们把本源忘记了，我们的学校变成了"工厂"，把孩子往一个模具塞，塞不进去就成为了"废品""次品"，最后我们仰望了一些成功的学生，却忽视了模子外面所谓"没有成功"的

—— 校长观点 ——

**❝ 好的教育就是寻找每个孩子身上都有的东西。❞**

学生。实际上，社会需要各种各样的人才。西方有一个讲石雕的故事，伟大的人看到石材，知道可以刻成什么样子，唤醒出来。而不是说我要刻一个什么东西，拼命去找。实际上每一块石头都有它的原形。

## 作为家长，你是不是了解孩子

作为家长，首先要了解我的孩子是什么样的孩子，特点在哪里？好的家长是把孩子的特点发掘出来。这话讲起来容易做起来难，这里有几个故事，是《发现孩子心中的精灵》这本书中的事例，这本书的作者写这本书的时候 70 多岁了，他自己在做跟踪记录，写了自己的孩子。

故事一是讲到自己的女儿。孩子从蹒跚学步到长大，有很多的细节，家长要做有心人。我们可能有些忽略了，但这个懂教育的人做了记录。作者当时观察自己女儿的时候，说道"我当时心里同时做了四件事"：（1）看着她，肯定不是几米，会被孩子看到；（2）不干涉她；（3）不让她看到我；（4）确保安全。一般的家长可能是觉得危险，会拽住孩子。他说，40 多年之后我回头看，仍然觉得当时这是一个非常睿智的教养行为，

—— 校长观点 ——

**66 孩子从蹒跚学步到长大，有很多的细节，家长要做有心人。99**

引领孩子往树林去的力量是好奇心，孩子小的时候都充满了好奇心，这份好奇心，让她40年后在一所很好的大学成为教授。

故事二是讲自己的儿子。16岁的儿子宣布休学一年或者一个学期，不要读书，觉得读书没劲。孩子说，每个人都告诉我说我很聪明，但是我自己不觉得。我生长在一个高成就的家庭，这意味着我无法达到他们的期望和学校的标准。因为这个男孩的姐姐太有成就了，姐姐什么东西都研究，他不喜欢深入研究，男孩子很自卑。

中国的家长，90%估计不会同意。作者也不想同意。他说，我不知道如何抗拒我先天做父亲的倾向，我抗拒替他解决问题，我知道这是一件非常严重的事，严重到我最好不要插手，最好让他讲，我来听，而我不替他解决问题增加了他继续和我谈的勇气。孩子说，我要去蒙大拿州找朋友，我要去做侍者，端盘子为生。如果在中国，人们会觉得端盘子是失败的，不会和同事朋友讲自己的儿子在端盘子。

作者和妻子商量之后，妻子也很反对，但最后还是和妻子准备了一个大背包，一个小背包，两个大箱子，一个小手提箱，一个厨房用的高脚椅，一个自行车，看起来，他像是要在蒙大拿州过一生。10月4

日，"接到电话他说他在爱达荷州，你那里干什么？我在骑自行车要去西雅图。一个礼拜后，他说改主意了，假如我不去西雅图回家，你觉得怎么样?"儿子回来的时候，高脚椅等等都没有了。"10 月 21 日他回家，所有的东西都只在他一个背包里，还有他的自行车，骑了 1200 英里的路，穿越了洛基山，回到家里，脑海里只有一首新歌，骑车时作的，其他东西都没有了，12 月回到学校，成绩上升为 B 和 A。"这个作者 8 月 4 日送儿子骑自行车出去，到 10 月份孩子自己想着要回来，这个过程非常难熬——关注，但是不干涉。

孩子走在自己的旅途上，我们不知道他们要到哪里去，我们也不知道自己要到哪里去，所以我们要克制主导、建议、猜测的冲动。艺术家、作家这一类群体的人，很不愿意守规则。如果他守规则，谨小慎微、按部就班，不可能有创造力。所以，创造性的人才和非创造性的未来所走的路有所不同。每个人的特点不一样，找到孩子最大的特点，帮助他去找到学习的兴趣点，和他能力匹配的点，他以后的工作才会成为他最理想的工作。

故事三是幼儿园里面的故事。3 岁的海伦在沙坑中玩，另一端两个孩子为一把

—— 校长观点 ——

**" 孩子走在自己的旅途上，我们不知道他们要到哪里去，我们也不知道自己要到哪里去，所以我们要克制主导、建议、猜测的冲动。"**

铲子扭打在一起，海伦四周看了一下，发现有第二把铲子，于是她把另一把铲子递过去，打架就停止了，这个过程中她没有说过一句话。有的孩子从小会管人，他有判断、管理的能力，这种人将来就会做管理者。教室做作业，老师过去问"今天作业有没有问题?"海伦说，"老师你为什么不教那边的两个孩子?"

故事四是工程学教授让同学们设计一座桥，惠斯勒设计的图上是绿草如茵的河岸，一座五彩的小石桥，还有两个儿童在垂钓。教授说，你是工程学院的，又不是美术学院。所以，你要把两个孩子从桥上撵走，不要画这些乱七八糟的，你只要把工程图画好就行。几天后惠斯勒交上设计图，孩子被从桥上转移到了岸上，结果教授命令他把两个孩子从画上删除，否则就不给他及格。这在中小学也经常会发生，因为不能满足老师的要求、标准。结果是什么? 惠斯勒移掉了，图上画了一个坟，上面写着"被独裁者谋杀的小天使"。我们会发现，有很多天才会被学校退学，比如乔布斯。学校的规则很难满足有这类特点的学生。当然，后来这个人成为了非常伟大的艺术家，惠斯勒。

故事五是加拿大园艺师的故事。像阿甘一样的人，非常蠢。16 岁学习非常用功，成绩惊人地差，成绩基本都是个位数，没有考过两位数。前提还不是不用功，而是非常用功。学校基本不懂他。他被辍学了，而且自己认为自己就是一个傻子。结果他在公园里面遇到了一个衣衫褴褛的人，这个人不仅衣衫褴褛而且瘸了一个腿、手不好，眼睛也不好，但是这个人一吹口哨公园里面的鸟都来了。这个人和他说，每个人都有一样别人比不了的能力。也许你 99 样比别人差，但是你可能有一样比别人好，这个很关键。"傻子"有一个特点，喜欢弄花草，可以对着花讲话讲一个小时。弄着弄着，可以把一块地弄得很漂亮。后来市政府说，有一个垃圾场你去弄弄。他很喜欢做和花草打交道的事情。最后，他成为了非常知名的风景园艺家。

## 孩子成功需要用对方法

王可达 2006 年进来，2016 年毕业。这个孩子刚来的时候，绝对不是大家

—— 校长观点 ——

" 每个人都有一样别人比不了的能力。也许你 99 样比别人差，但是你可能有一样比别人好，这个很关键。"

一眼看上去就那么聪明、有灵性的学生。孩子最早的时候很脏，每天在学校像泥猴一样，各种颜色都在他的脸上，因为他特别喜欢画画。小学美术老师说："他可以画相当复杂的卡通形象，对于一年级的学生来说，要记住这样的形象而且用那么肯定、流畅的线条把它默画下来不是容易的事，于是我牢牢记住了这幅画的小作者。"实验学校的老师，不仅是要教孩子，还要观察孩子，记个性卡的工作，30年来如一日。2008年，他除了画画，别的地方没有突出，只是画了高级一些、酷一些的东西。2010年，孩子升到了初中，进入中一年级。学校每年有"达人秀比赛"，他不画画了，开始做PPT。他说我要做PPT达人，他说我做了1000多张，小学部老师上课得奖的PPT都是我做的。全场静默，他成为了当年的PPT达人。这个孩子，渐渐显现出有非常强的视觉艺术的能力。因为他自诩自己审美眼光比较强，还嫌弃自己的同学。中一年级的时候，他嫌弃自己的同学，所以课堂当中一发言一节课，不让别人讲，他认为别人讲的都是错的，有艺术性向的人会有这样的"毛病"。他们全班联名要把他开除出中一班。现在还有全班签名的案底。我们知道学校不可能开除一个学生，

—— 校长观点 ——

**❝实验学校的老师，不仅是要教孩子，还要观察孩子，记个性卡的工作，30年来如一日。❞**

班主任和我当时"合谋"说，你喜欢讲话的时候，你就到"苹果工作室"那边设计，不要干扰同学。等你不想讲话，愿意听别人讲再回到教室里面。这时候出现了"特许课表"，他可以和高年级的同学去坐，他觉得有高人在，没话说了。在自己的年纪里面，特别贫，讲个不停。

这一年的暑假，我要做一个反映实验学校课程改革的数字故事，我就想，我们不是有一个做 PPT 的小达人吗？我说，王可达你可以帮我做吗？他说，没有关系，但是你要给我买一台苹果电脑，否则我做不了。我说，让你爸买，反正是你家的财产。当然，他父母很支持，买了。这个故事的名称叫做"伫望每一片叶子的成长"，由他制作，做完以后真的很漂亮。他说，我要做制片人。我说制片人要出钱的。所以最后就是学校没有花一分钱，他的父母买了一台电脑。我给了他最高荣誉，就是在片子的片尾加上了"制片　王可达　12 岁"，还给他评了"有影响力学生"的荣誉称号。中三时，他开始玩电影，要拍微电影。名字起得很文艺《当年十三》，把他 11 岁时，赶他出去的同学和班主任成为电影当中的角色。他的班主任说，我第一次成了女主角。

　　高中的时候，他不玩电影了，开始做实体的设计。就是实验学校的数学建模，数学建模需要数学能力、计算机和语言能力特别强，他这三方面都沾不上。他班级的同学去搞数学建模，在美国比赛当中得奖。他说做不了数学建模的成员，就帮他们设计吧。高二的时候他拿出一个设计稿，主色调是黑色、灰色。我说，你怎么这样？人家都是五颜六色的，怎么你是黑色？我觉得黑色不太好做教室。他说："你不懂了，只有灰色和黑色，才可以表达数学，才 Hold 住。"后来他们数学建模得了大奖，我奖励他们一个楼面。我给了他 10 万元，一个工程队，现在这个建筑成为我们实验学校的经典之一，很多人参观，当年他15 岁。

　　2016 年他要毕业了，在实验学校 10年。他写了毕业典礼发言稿，叫《知美而处，向美而生》，现在成为了实验学校理念关键词。每个学生都知道"向美而生"，去年我们的校庆时变成了"向美而立"。他说："十年的实验生活告诉我，是美好造就了成就，而非成功反过来带来了美好。"我们总是成功才说美好，他恰恰认为是美好成就了成就。什么最美好？唯一有资格判

—— 校长观点 ——

**❝什么最美好？唯一有资格判断的只有自己。❞**

—— 校长观点 ——

**" 为了长远的美好，我们有时需要暂时放弃眼前的美好。"**

断的只有自己。而成功，就是不断以实现自己心目中最美好的事情为目标而努力，并最终通过奋斗实现它。为了长远的美好，我们有时需要暂时放弃眼前的美好。17、16 岁的他，不再是一个邋遢的男孩，北大给他加了 50 分，进了北大建筑，是梁思成那个学院，现在他读大二了。

还有个孩子叫闵越，爱写小说，每门功课都不及格。他和父母说，我不想读书了，要退学，要写小说，他每天写 2000 字，每天晚上熬夜，白天上课注意力肯定是不集中的。他的脑子当中都是人物以及人物关系等。他的妈妈是知识分子，剑桥的博士生，一个医院副院长。和我说儿子看起来有抑郁症的倾向，让我开一些病假。我说你儿子不像抑郁症，很健康的。作为校长，明知你儿子身体健康，你让他写小说就不抑郁了。索性胆子大一些，索性开"创作假"，回去写小说，写完再回来。于是，闵越回去写小说了。小说写完了，当时媒体跟踪报道过，《休学一年搞创作，能否推广》《学生特需"倒逼"改革》。他高二写完，弹性一年，到高三了，要考大学了，数学一模只有 40 多分。当时他妈妈一对一给他请家教，我说你也不要请了，我说你按照老师的方式学，不会低于 40 分了。果

然也没有低于 40 分。后来我们建议他考一
所特别的学校，上海戏剧学院编导系。他
去一试、二试、三试，人家反馈他是"难
得一见有想象力的"。当时二本最低分数线
就可以了，于是他成为上海戏剧学院编导
系的学生，今年应该要毕业了。我说将来
写 100、200 集的电视剧，他都会不厌其
烦，但他弄数学真的不明白。如果高考进
了大学，肯定不是优秀学生，进了上戏肯
定是如鱼得水。

蔡亭亭，高一就在研究美元指数的影
响，她从小说，电脑屏保就是人民币。从
小就有自己的股票账户，没有输过。这个
孩子高二没有读完就到美国，现在在美国
经济学非常好的一个大学。

王崇安，这个学生也非常有趣。每天
捣鼓公式，要做一个完美的公式。这个公
式物理教研组长等等都看不懂，高考肯定
也是不考的。现在很多孩子读奥数等等，
都是为了名校敲门砖，未必真的喜欢。到
高三的时候，他的数学成绩和物理成绩都
比较好，但也没有到顶尖。每年北大、清
华来招生我都会讲故事。我说这个学生有
一马夹袋的草稿纸。我说陈景润是一麻袋，
你只有一马夹袋，你就拿给招办的老师看，
如果看得懂就看得懂，如果看不懂，你就

好好努力争取高考。最后，清华大学招生老师翻这些东西，觉得有价值，给他加了50分，现在他是清华的学生。他读了土木工程，其实他更应该读物理系。第一年去清华不怎么样，第二年清华发现他是天才，让他直升研究生。他说不要，我要去国外读。

还有一个案例，现在还在高三的一个学生，喜欢做小制作。高二的时候做了一个盲人可以看的书，盲人Kindle。因为他花了时间做实验，妈妈就反对他做，觉得拿了科创一等奖就差不多了。那天我请他吃饭，我说，你很厉害、很成功。他说，我很痛苦，因为我妈现在不让我做实验，说"你好好学习，考个好大学，将来才可以找好工作，找到好工作才可以讨好老婆，讨了好老婆将来孩子才能再来实验学校"。后来我给他妈妈"洗脑"，我说你儿子在发明创造方面，可能就是年级当中数一数二的。为了他的长远未来发展，他走哪条道？马上要面临高考，这个孩子被评为"全国最美中学生"，因为他做的盲人Kindle是真的能帮助到残疾人的。

# 有理念的家长，会培养一个优秀的孩子

**"有理念的家长，会培养一个优秀的孩子。"**

有一位爸爸，跟着儿子在实验学校从一年级到七年级，他的儿子一年级来的时候，我觉得这个孩子"卖相好"，唱歌跳舞极其灵活，一路学也好。上海几场大的表演，《小王子》歌剧，他做小王子。他不是一般水平的唱唱跳跳，是专业水平的。音乐厅连续演了三四十场。记得小升初时，因为当时要巡演，他爸爸问过我，说要不要放弃，我说还是要看你儿子。他爸爸还有一个地方和一般家长不一样，会带着孩子去听各种各样的教育讲座。之前我也带他们去电视台录《超级家长会》节目。当时，这个儿子控诉爸爸说"我喜欢弹钢琴，让爸爸买爸爸不买"。而且他是真的喜欢，爸爸却没有给他买。他爸爸认为，不见得拥有钢琴你就会弹好钢琴。不拥有，有的时候你更想要。所以他爸爸让他经常到我们学校的琴房弹琴，让他觉得我未必拥有才可以得到。因为他爸爸看到了太多家长，钢琴买好，最后成为了摆设。

我想说：

（1）自己的孩子都是独一无二的，父

母因为相爱结合在一起。我们不相信宗教、上帝，但是要相信你们的爱情，会留下最精华的天赋给到你的孩子。哪怕，今天数学考不好、英语背不出来，你依然要相信你的孩子是最优秀的。你只是暂时没有发现他在什么地方优秀，这一点非常重要。

（2）有心观察、记录、分析孩子的成长轨迹，帮助孩子发现 Genius。

（3）不要去跟别的孩子比，让自己的孩子做到自己最好就是成功。

（4）不要焦虑于孩子的错误、失败、挣扎、摔跤，这些经历也许会使你的孩子更茁壮。我们培养孩子，真的是要为他的一生考虑，而不是送上大学就成功。

（5）不要替代孩子做事，你站好家长的位置，负起家长的责任，这是最后，也是最重要的教条。

（6）护长容短。这个"长"要护，因为很多"长"被我们扼杀，尤其是所谓的创新能力。孩子画画很好，画画当中可以看出孩子的天赋。因为考试考不好就不让他画了。孩子很多方面的天赋，不经意当中被学校、被我们的家庭"呵护"掉了。

我有一个观点，创新人才或者是拔尖创新人才，不是中小学培养的，我们唯一可以做的就是保护好这些苗子，也许到了

—— 校长观点 ——

**❝我们培养孩子，真的是要为他的一生考虑，而不是送上大学就成功。❞**

大学就会萌发出来。"护长"很重要，但是长愈长，短愈短，有人说天才和疯子一步之遥，就是这个道理。生到一个中等资历的孩子，是父母的福分。生到一个聪明的孩子，你要修炼，你要变得更聪明才可以把孩子带好。"容短"，他身上一定有很多你看不惯的东西。陈景润袜子都不会穿。很多天才，一般人看看都是疯子一样，当然，中国需要这样的人才，因为中国的教育，让很多"长"很早就被我们扼杀掉了，无法出"钱学森之问"。为什么无法出诺贝尔奖？中国的教育无法出这样的人才。如果我们有了"护长容短"的观念，也许若干年后我们会出现一些与众不同的人。在每个领域，哪怕烧菜一流、服装设计一流等等。我们需要这样的人才。

这话，都是很通俗易懂的，不是理论性的话。但是家长能否做到？需要"修炼"。往往，我们一个孩子不太懂，有二胎，通常二胎的教育会比一胎成熟一些，因为我们有经验、教训。

—— 校长观点 ——

**❝ 护长容短。这个'长'要护，因为很多'长'被我们扼杀，尤其是创新能力。❞**

问津校长

**问：**关于中考改革，家长和孩子都需要做什么调整？徐校长的心目当中新时代的好学生是什么样子的？

**徐 红：**我个人认为，考试应该改革，越少越好。但现在的改革，考试似乎还是蛮多的。我想政府有它的出发点。像现在的中考，除了语数外理化，历史、地理也要考，包括生物、综合实验，英文的听说。这些是为了让学生可以全面发展，不能盯着语数外化学，其他也都要掌握。家长的头脑中，分数是难以避开的话题。这次中考改革，很多考试开卷，比如历史60 分，30 分学校给，30 分开卷，更多还是培养学生的理解能力。不要认为是死记硬背的东西，这会加重学生的负担。从这个角度来讲，我个人的看法，小学、初中阶段，阅读是最最好的。任何一件事，如果为考试而应付考试，学习成绩不会走到顶端，过得去就可以。真正走向顶端的学生，不是从学科考试获得的，更多是阅读。

不是每个人天赋当中都有这样的东西，这时候家长就要营造环境。一起看书、一起阅读、一起讨论，越宽松环境的家庭，孩子的后劲越足，所以，家长把自己的位置要摆正。让他变成自己学的行为，并且告知孩子需要多阅读。小学、初中可以多读一些书，到了高中一定会厚积薄发。

第二个问题，我觉得新、旧时代，好学生差不多。好的学生，自己知道自己喜欢什么，自己想要什么，这样的好学生走到任何一个大学，任何一个职场都会很优秀。我说，人生的幸福就是能够非常有兴趣地做自己能力匹配的事情。为什么职场有人痛苦，有人高兴？痛苦，因为这份工作不是自己兴趣，或者是自己的能力不够，所以痛苦。如果又感兴趣，能力又对上，那么在校是好学生，在职场就是好员工，而且这些人将来会很有发展的前途。

允许一门好一些，其他弱一些，但重要一点就是每天快乐、愿意去学校，这点很重要。我也碰到高中的家长说："我们管不住了，交给老师了，我们没有用了，孩子不听我们的。"

我希望大家都做爱学习的家长，也会帮助你培养一个爱学习的孩子。

**家　长**：作为家长，我们想问孩子的思维怎么可以训练？

**校　长**：原来我有一个观点，在中国的教育中，超常儿童，我们没有成熟的教育方法。如果家长生到超常儿童、天才儿童，这是你的幸运也是不幸。学校招到超常儿童和天才儿童，是我们的幸运也是不幸。因为我们要付出更多差异化的教学，因为孩子不是一般人。思维是否可以训练？现在有了基因学，不能否认有天赋的部分。一个人逻辑思维强一些还是怎样，由基因决定，但不能讲百分之百。有很多的环境、教育可以改善。12 年的基础教育是面向全体学生，难度不是最高的。我们要缩短一些学制，对智力中等偏上的学生，达到这个水平，他可以读得很轻松。但凡在实验学校读得很辛苦的，不是我们真正所需要的。各司其命，我认为是最好的教育。但是家长要"认命"，不是悲哀地认命，而是知道每个孩子都是与众不同的，是上天赐予我的礼物。这个命，哪怕土命、银命或者是金命，成就好，就成了孩子"最好的自己"。这是我的观念。

# "五线谱"家庭教育五条线

**吕华琼**

长宁区天山第一小学校长，中学高级教师，曾获市园丁奖、市星星火炬奖章、国家级科研论文二等奖。积极探索公办学校教育国际化办学，提出"培养具有中国底蕴的世界公民"的教育理念，在"新解放教育""中英教育""中芬教育"等重要论坛发言，多篇论文在国家和省级教育杂志上发表。

作为学校、老师、家长，和社会的每一个人，我们的使命就是要通过我们的努力，去让儿童走向这样一个丰富多彩、广袤的世界。同时我们的家长、老师，也有使命互相牵手，让世界上每个人都关注孩子每天的健康成长。教育即生长，家长的使命是提供良好的环境。这个环境有显性的物质环境，还有孩子们良好的心理、生理的环境。

"五线谱"家庭教育五条线是红线、蓝线、绿线、金线和粉线。

## 红线——警示之线

家长需要做好坚守道德和安全的底线。我们要坚守做人的基本良知，坚守道德的底线，弘扬正气。道德底线很简单，

—— 校长观点 ——

**❝ 教育即生长，家长的使命是提供良好的环境。❞**

就是人们应该遵循社会道德最低的警戒线。比如我们常常和孩子们说的诚实、厚道、良心，不损害他人。"教育错了，比不教育更糟糕。"孩子是一张白纸，父母的所作所为都会在他人生的这张白纸上留下深刻的痕迹。所以，家庭教育的红线上最重要的一点是坚守做人良知的底线。

安全，一直以来是家长不容忽视的一个问题。孩子的成长离不开我们家长对于安全这方面的反复提醒。作为父母，我们要认识到，孩子身处在一个比较复杂的社会，仅仅依靠学校是不够的，更重要的是引导我们的孩子在家庭、周边的环境中，在参与很多社会性活动中要会自救、自护，要果断地进行判断，能够处理很多异常和威胁。每年3月最后一周，是全国中小学的安全教育日，为什么要安排一个安全教

—— 校长观点 ——

**" 孩子是一张白纸，父母的所作所为都会在他人生的这张白纸上留下深刻的痕迹。"**

育日？就是希望把这个安全教育能深入到每个家庭、每个老师、每个孩子的心中，尤其是防骗、交通、用电、用火、饮食，而且要结合自己居住地和家庭的特殊情况，对孩子加强安全的教育。同时，要告诉孩子，父母是孩子最重要的安全守护者。遇到困难，遇到威胁，第一个应该是向父母求救。

## 蓝线——天空之线

**蓝**线是家校共同畅通之线，学校和家庭要达到高度共识，希望家庭在教育孩子具体问题上要有像蓝天一样宽广的胸襟。现在的家长身上有一些不足，一是重质轻德，二是陪伴缺失，孩子心理问题比较多，三是教育的信息太多，不太容易筛选，影响到很多的家庭教育。在这里非常想推荐一本书《爱的艺术——60 位校长谈家庭教育》，里面的序是教委副主任高德毅所写："家庭教育的目标，应该更多聚焦在三个方面，其中包括生活的启蒙、习惯的养成和习惯的塑造。"特别呼吁在座的学龄前后儿童的家长，做家长要用心，不要太用力。要关注那些看不见的成长，要允许孩子在童年欢乐玩耍。

—— 校长观点 ——

“ 做家长要用心，不要太用力。要关注那些看不见的成长，要允许孩子在童年欢乐玩耍。”

形成家校共识，是蓝线当中最重要的。长宁区 2016 年就实施了"家校共育"的计划，家校联手。天一小学新入学的一年级，会开设 6—7 次的"家长学校"。同时在家长学校当中，也会让非常有智慧、有困惑的家长们参与到家长学校共同的问题研讨中来。

学校和家庭教育当中难免会发生矛盾。比如，有一天孩子非常着急地从教室门口奔出去，因为教室门口打扫卫生的阿姨没有及时把一摊水拖干净，于是一不小心把门牙磕掉了。我碰到一个比较有智慧的家长，当学校通知家长后，他首先是配合学校，带孩子去专门的医院进行了修复治疗。这对夫妻经过一段谈话后，把责任落在自己的孩子。事后，学校也非常有这方面的意识，上门看望孩子，也表达了学校的歉意。孩子都看在眼里，他知道的是我有一对非常讲道理的父母，碰到事情就事论事，紧急事情处理好，再分析事情的责任，处理后续的问题。作为家长，我们的蓝线就是在家校共育过程中，如果碰到一些问题，无论是小的还是大的，还是需要有宽广的胸襟，在孩子的面前做好品德、做好事情是非判断的更多榜样，不要只顾眼前利益，要把眼光放得远一些，在整个过程当中，

—— 校长观点 ——

**" 形成家校共识，是蓝线当中最重要的。"**

—— 校长观点 ——

**❝ 身体的强健，为心理的健康打下了非常重要的基础。我们学校对成绩不排名，但是近视和肥胖是月月排名。❞**

要培养孩子广阔的胸襟，自我保护和自我反思的一系列能力。

## 绿线——健康之线

绿线是健康之线，是孩子成长的生命之线。身体的强健，为心理的健康打下了非常重要的基础。

有的时候，我们觉得孩子户外运动的时间还是不足的。人的骨骼成长，人的视力健康，很多都需要在室外。学校早晨开放校园，让孩子一进校门，放下小书包就有机会打开身体，拥抱早晨清新的空气，和小伙伴一起做有一定运动量的活动，这其实对他一天身心的健康非常有意义。中午，我们学校也有很多孩子是走到操场上来的，有的看看植物，有的散散步。还有12点30之后，会有一个肥胖干预。一些班级的孩子近视率和肥胖率偏高。我们学校对成绩不排名，但是近视和肥胖是月月排名。低于平均线的班级，中午要求他们必须出来运动、眺望远方。甚至于对肥胖过度的班级，我们用日式的30米来回跑进行肥胖专项干预，在学校倡导一个主流，就是身心的健康最重要，尤其是"身"。

在天一，我们有一个单词叫Bright，

所有的孩子都知道。
Bright 有两个意思,阳
光和智慧。阳光,是
指一定要让孩子身心
健康。智慧,首先是
家长比较聚焦的,学
习的智慧,第二是做
人的智慧。学习的智

慧,在小学阶段究竟包括什么?我们长宁
区有三个指数的评价,评价是决定我们平
时所有课堂教学的一个很重要的推动力。

长宁三个指数的评价是哪三个维度?
(1)学生身心健康指数。(2)学生学习生
活的幸福指数。主要是指学校生活和家庭
生活,它的同伴关系如何?我们在一年级
新生入学的时候有一张问卷,会问问您的
孩子,他平时喜欢和爸爸妈妈、爷爷奶奶
中的哪些人一起共进午餐、晚餐或者外
出活动?他在幼儿园有几个好朋友?男的
多还是女的多?这些都是他的生活具体量
化内容。他的生活幸不幸福?这会直接影
响到他将来感知幸福的能力。(3)学生学
业的成就发展指数。为什么要说这个"发
展"?发展,是为了进入后面一个阶层的学
校打下基础,这个指数不是停滞的,不是
冷冰冰的分数,而是一个参考,一个依据。

—— 校长观点 ——

**❝ 发 展 , 是
为了进入后面
一个阶层的学
校打下基础,
这个指数不是
停滞的,不是
冷冰冰的分数,
而是一个参考,
一个依据。❞**

**❝ 我们的传统教育，先是补短，再扬长。希望家长们能够扬自己孩子的'长'，能够更多发挥孩子身上的特点。❞**

所以，我们把它叫做学生学业成就发展指数。在小学阶段，我们认为学习兴趣的保护、学习态度的端正，以及学习习惯的养成，是孩子进入上一级初中最重要的三样法宝。到了中学，这三样东西融合在一起，就是孩子的学习品质了。所以，在绿线里面，我们特别强调了这三个形成了孩子进入上一级学校的质量之线和健康的质量之线。

## 金线——闪亮之线

金线是每个家长的自豪，很多来自我们的遗传基因。孩子的兴趣、特长也是金线。我们的传统教育，先是补短，再扬长。比如他数学很好，语文不行，先把语文补补好再让数学更好。但是家长没有想到让自己的孩子将某些有特长的方面亮起来。希望家长们能够扬自己孩子的"长"，能够更多发挥孩子身上的特点。

我们在金线当中也非常强调，要让我们的孩子学会选择。选择的过程当中，我们可以引导他说一说你选择的理由是什么？比如说有一些家长会带着孩子参与到课间铃声我做主的创作小组当中。平时音乐课当中，他们可能不愿意去学老师们觉得非常优美的歌曲，但是创编铃声，他们可以把他们游戏机当中的游戏网络音乐拿过来，填入他们想填的词。大道至简，我也希望通过这个例子，能够让我们的家长意识到，要更多让孩子们参与到学校的活动中，虽然这些活动不一定有眼前的功利和实效，但是可能会给孩子带来很多未来他感知很美好的可能，也由此可能在若干年后，忽然对音乐有了想法、感知，对他团队里面喜欢音乐的人有了包容、理解和共同的共鸣。

在金线当中，要着力培养孩子的意志和品质。在整个的过程中，我们是以培养人为目的的。而人的品格养成，要比眼前的一些学科成绩更重要。我相信，如果一个孩子通过一些活动和项目，或者他兴趣的养成过程中培养了良好的品行和精神，他的学业成绩一定也是很好的。因为这些东西会迁移到学习上，去克服很多的困难，享受学习带给他的很多愉悦。所以，千万不要只追求眼前的成绩，而放弃了在孩子个性、特长、兴趣、培养中对他意志、品质的引导、鼓励和接受。也希望提醒家长们，不要忽视孩子的个人理想、生活理想。将来的职业理想的塑造，其实就是从兴趣、特长、爱好当中慢慢滋养出来的，不是一

—— 校长观点 ——

** 人的品格养成，要比眼前的一些学科成绩更重要。 **

—— 校长观点 ——

**" 家长不是个体，一群人在一起那才是'家'。 在家里，我们要营造一种和谐、温暖、友爱的家庭氛围。 "**

蹴而就的。

## 粉线——关爱之线

粉线是家庭教育的和谐之线，家长不是个体，一群人在一起那才是"家"。在家里，我们要营造一种和谐、温暖、友爱的家庭氛围。家庭成员之间，应该互相表达关爱。这种亲子关系，也是在平时很多低处、近处、小处当中着力表现的。

最近，很多的电影也在谈论死亡的命题。有的时候我也会问我们的家长伙伴，什么样的孩子，让你将来离开这个世界的时候非常地放心？家长说，如果他身心健康，碰到很多困难都不害怕，同时他能感受人一生的幸福，那么我会非常安然地离开。我想，这些东西都不是一朝一夕的，是需要在家庭当中不断营造的。

在这里，我想分享一个我们家长学校当中的案例。这位妈妈，是一位长期出差在外的职业女性，平时没有什么机会接孩子。有一天她晚上出差回来发现孩子还没有回家，她就到学校去了，看到教室坐了10多个孩子，老师在上面严厉批评着这些孩子试卷没有订正完、作业没有做好。妈妈一天的工作很辛苦，但她还是耐心地等待他。回家的路上，妈妈问他饿不饿、舒不舒服。两个人回到家里，妈妈给他煮了一顿他比较喜欢吃的菜。吃好之后，妈妈又询问孩子的心情。她拿出两个大枕头让孩子回房间发泄。过了半个小时，两个枕头惨不忍睹，毛絮都出来了。妈妈问，你现在舒服一些吗？孩子露出了笑脸，说很开心。妈妈带孩子出来，给孩子拿热毛巾、洗脸，再给一杯热开水。妈妈问，老师有没有家？孩子说有的。有没有孩子？说有的。孩子多大了？孩子说我知道的，比我们还小。那老师为什么不回家给孩子做饭，不检查自己孩子的作业，而是给你们辅导呢？孩子就说，那是因为我们的作业没有做好，这次测验的成绩不理想。忽然间孩子就沉默了。这位妈妈，家庭的粉线做得非常好，顾及到了他的生理、心理需求。当这些需求得到满足之后，便开始晓之以理，换位思考，培养他的同理心。人有七情六欲，家长和孩子都会有脾气。如何互相体恤？孩子有情绪的时候你要体谅，你有情绪的时候他也会体恤。

有一位老师和我说，孩子回家以后，本来是给他拿双拖鞋。爱人就说，不要拿，做作业去。试想若干年后，会不会是"不要去看爸爸妈妈，赶快赚钱，赶快奔

—— 校长观点 ——

**❝人有七情六欲，家长和孩子都会有脾气。如何互相体恤？孩子有情绪的时候你要体谅，你有情绪的时候他也会体恤。❞**

—— 校长观点 ——

> **粉线，一定要'粉'进他的心，把人情味'粉'进去，关爱'粉'进去。**

事业"？因为他来看你需要花时间，要带一些保健品、要带你喜欢吃的东西，这不仅费事也费力。而你小时候给他的潜移默化是什么？眼前的功利最重要，学业成绩最重要。所以，粉线，一定要"粉"进他的心，把人情味"粉"进去，关爱"粉"进去，关爱和理解要带着粉红色，这样的孩子，你顾及他的尊严，在他的小伙伴和人群当中给他尊重，那么你在你的朋友当中，你在过年亲属聚会的时候，也会给你面子和尊重，让你心花怒放，人与人之间彼此是尊重的，他们再小也是一个独立的个体。

我们一共说了这样的五条线。其实在孩子的教育当中，五条线并不是单列的。如果在孩子成长的跑道上可以让这五条线交相辉映，相辅相成，一定会谱写出一个单词——"Bright"，可以让你的孩子阳光生长，智慧前行。

问津校长

**家　长**：如何看待低年龄段的留学问题？

**吕华琼**：第一，孩子年龄比较小，没有监护人，即便有监护人也是牺牲夫妻两人在一起的家庭模式，有的是爸爸带过去，有的是妈妈带过去。在孩子很小的年龄段，我们觉得家人在一起最最重要。第二是孩子的是非观念、判断力和价值观还没有建构，所以很容易被很多非主流的价值观捆绑，这时候的牺牲可能就更大了。如果想让孩子出国，希望等到高中以后，等到孩子的身心健康、基本的价值观都比较完整了，再征求孩子的意见，如果他也愿意出去，家长便可以考虑。

**家　长**：现在孩子们可能很喜欢玩游戏，甚至有些玩游戏也成为孩子和同学们交流比较重要的环节。作为家长会觉得玩游戏影响学习，怕他上瘾。校长你看这个问题如何解决比较好？

**吕华琼**：游戏，首先我认为不是坏的东西。孩子喜欢玩游戏也是很正常的。并不是说游戏是不好的，而是说这种类型的游戏可能对孩子是弊大于利。孩子首先是需要游戏的，孩子是在游戏活动当中建构自己平时或者是践行平时学校很多学习的内容，这是观念上的问题。我们也非常倡导寒暑假多让孩子出去玩，多让孩子出去做游戏。关于网络的游戏，只要做好三个"定"就可以了。一是定好时间，大概在什么时间玩，有的家长是一个星期玩一次，有的是一个星期玩两次。二是定好地点，在哪里玩？地方要安全，不要跑到网吧去玩，不要去不健康的场所。三是定规则。我们大家约定俗成，你可以玩多长时间。孩子的心里有数，不好的东西，他也会自我克制。但是克制的时间是不断训练当中延长的，5 分钟、10 分钟、15 分钟，不是一上来就很有克制力，这样孩子也不是孩子了。所以，我觉得这个问题，一方面是定时间、定地方、定规则，还有一方面是家长自己做好榜样作用。

# 教育的精神元素和教育的存在形态

**姜晓勇**

上海市民办尚德实验学校校长、尚德幼儿园创始人，市工商联民办教育协会副会长，曾先后创建了上海市建平中学西校、上海市建平实验学校，并担任首任校长，为这两所学校成为上海市一流的品牌学校打下了坚实基础，受到社会的广泛赞誉。

—— 校长观点 ——

**❝ 教育就是
服务，就是服
务于学生健
康、快乐、幸
福地成长，就
是让学生过上
幸福、美好的
生活。❞**

法国著名教育家卢梭曾经有过这样一段话：我们生来柔弱，所以需要力量；我们生来无助，所以需要帮助；我们生来愚顽，所以需要理智。我们出生时所缺乏的一切，我们长大成人后所需要的一切，都来自教育的馈赠！

受教育最根本的目的是什么？教育的最根本目的是什么？不同的人有不同的诠释。我个人认为：教育就是服务，就是服务于学生健康、快乐、幸福地成长，就是让学生过上幸福、美好的生活。然而这一切的实现，就一定需要我们认真地思考，我们今天的教育究竟给了孩子什么。

三四月份，我们学校举行了高三年级成人仪式。凡是成人礼，都要讲究"忠、孝、礼、义"，我在给孩子们戴冠、加笄的时候，问过孩子们，我说各位同学，校长想问你们一个问题，你们知道成年人和未成年人最根本的区别是什么吗？我告诉学生：所谓成人，就意味着今后所有自己犯的错，都要靠自己去面对与承担。然而，基础教育怎样能够使孩子学会承担，健康快乐地成长呢？我个人觉得有这几大任务，每一位家长都应该牢记于心。

## 基础教育的五大使命

基础教育第一大任务就是为学生的升学考试负责。这也是基础教育最重要的使命。有的人一谈到升学考试，就会谈到升学率，以功利的形式去衡量。但我认为，升学考试的内涵是要树立终身学习的理念，是要给孩子建造终身学习的愿景，打下扎实的基础，这才是真正的教育使命。

—— 校长观点 ——

**❝升学考试的内涵是要树立终身学习的理念，是要给孩子建造终身学习的愿景，打下扎实的基础，这才是真正的教育使命。❞**

基础教育的第二大任务就是为学生的幸福人生奠基。怎样才能为学生的幸福人生奠基？光学习好是肯定不行的。我们的教育，要为学生建立教育体系，让他有自己的认知结构，让他在成长过程中锻炼自主建构的能力。怎样在孩子基础教育的过程中，使他自主建构自身的价值和认知体系，是我们基础教育的第二大任务。

基础教育的第三大任务就是为社会培养合格的公民。要想为社会培养合格的公民，首先必须得打造他的责任感、责任意识。每个人都要扪心自问，你为这个国家、这个社会作出了哪些贡献？用这样的方式，我们培养出来的学生才能担负起实现中华民族伟大复兴的重任。

基础教育的第四大任务就是为家族培养孝子贤孙。中国讲究百善孝为先，中华民族的优秀文化是孝道。孝，对于我们民族五千年的历史和文化弘扬，起到了非常重要的支撑、保障作用。一个孝满天下的民族，一定是爱满天下，大爱无疆的民族。因此，今天在基础教育的过程中，要使我们的孩子真正地懂得什么是尊老，什么是爱幼，什么是孝满天下，只有这样，才能够成为真正的立于天地之间的人。

基础教育的第五大任务就是为民族、

—— 校长观点 ——

❝ 要使我们的孩子真正地懂得什么是尊老，什么是爱幼，什么是孝满天下，只有这样，才能够成为真正的立于天地之间的人。❞

为国家培养一流的大师。马云曾经说过，阿里巴巴要给美国创造 100 万甚至 1000 万个就业岗位。但是今天，阿里巴巴决定放弃对美国的承诺。今后阿里巴巴要全力开发芯片，我们要有自己的核心技术，一个民族没有一流的大师，这个民族就永远不会有核心竞争力。

基础教育要完成这五大使命，使孩子健康、快乐地成长，要服务于学生，致力于让学生过上幸福、美好的生活，我们就得思考，在教育的过程中我们要给予孩子哪些精神要素，我们要为孩子打造哪些精神元素？

—— 校长观点 ——

**❝ 要使一个孩子懂得什么是任重道远，我认为首先必须要懂得什么是爱。❞**

## 教育的七大精神元素

胡适先生在 1932 年任北大校长时，在毕业典礼上，向所有北大毕业生发表了一篇演讲。演讲的题目是《不要抛弃学问，天下没有白费的努力》。然而，要使一个孩子懂得什么是任重道远，我认为首先必须要懂得什么是爱。

第一个精神元素是爱。什么是爱？爱，就是当别人需要的时候，能看到你的责任；爱，就是当别人需要的时候，你能给予他帮助；爱，就是他冲你发脾气，喋喋不休的时候，你能够恒久的忍耐。了解、尊重、给予、帮助、责任、忍耐，这些要素，如果我们在基础教育的过程中不能够很好地教导孩子，在他的成长过程当中没有正确的价值引导，或者是自主建构，他就不可能理解真正的爱。一个学校，一个老师，如果不能了解他的学生，不能尊重他的学生，不能给予学生最大的帮助，这样的教育怎能谈得上是爱的教育，怎能谈得上是有温度的教育？所以，我一直认为，在这个世界上只有教师对学生付出了大爱，才能创造教育的奇迹。

最近微信上转载很火的一篇乘务员写的文章，在这里跟大家分享一下：飞机就要起飞了，还有 3 分钟就要关舱门了。这时候还有三位旅客没有登机，从登机牌的反馈信息，这是一家三口。作为乘务长和机长该如何处理？是减员关舱门？还是等待？机长看了一下手表说："还有三分钟，再等三分钟。三分钟不到，按减员处理。"

乘务长回身，往舱门外一望，这时候，他看到一个背着大包小包，满头是汗，穿着很邋遢的男子，急匆匆走到舱门口，"噗通"一声跪了下来，乘务长忙问他怎么了。他说："我一家三口来这里是为了给孩子看病，孩子在当地医院治疗，已经花去了所

—— 校长观点 ——

**" 我一直认为，在这个世界上只有教师对学生付出了大爱，才能创造教育的奇迹。"**

有的积蓄，但是医生告诉我说我的孩子没救了。我卖掉了家中的房子，领着孩子准备到大医院求医。因为孩子是第一次坐飞机，妈妈想让孩子看看飞机，以后他可能

就没有机会了。我们就这样在机场走散了。我跪在这里，因为是我，是我的孩子耽误了大家的时间。"

乘务长转身问机长怎么办？机长说："等！"飞机已经延时 20 分钟，离最后飞行通道关闭的时间很近了。机舱里边的乘客开始骚动、埋怨。

这时候乘务长不得不向所有的乘客公布事实的真相。了解到原委后，134 名乘客顿时鸦雀无声，一起选择默默等候。

又过了一会，一名中年妇女急匆匆地牵着一个天真无邪的孩子出现在机舱，孩子脸上洋溢着无法抑制的高兴。中年男子责怪妻子："你怎么带着孩子这么晚，让这么多人等着我们？"夫妻俩剩下的只有鞠躬、道歉。

当飞机飞翔在蓝天的那段时间，有位乘客提出了捐款。134 名乘客和 8 名机组人

员一共捐赠了 73300 元。这就是中华民族的大爱无疆。

第二个精神元素是信仰。《论语》当中有一个篇章叫《子路问政》。子路问孔子，要想统治一个国家需要哪些条件？孔子回答说："足兵、足食、民信之矣"。

"足兵"，我们可以理解为强大的军队。"足食"，是物质丰富。"民信之矣"，就是百姓要信这个国家，要有信仰，建立国家需要这样三个条件。

子路说，如果是两个条件呢？孔子说，那就把"足兵"去掉。如果有丰富的物质，百姓有信仰，当有外来侵略者的时候可以全民皆兵。子路还觉得多，说如果再去掉一个条件呢？孔子说，那就把"足食"去掉吧。如果一个国家的百姓都不信任这个国家，还要丰富的物质有什么用？那活着不就如同是行尸走肉吗？

所以要想实现中华民族的伟大复兴，请永远记住，我们是炎黄子孙，我们曾在这个地球上创造了灿烂的中华文化，要想使孩子健康、快乐地成长，我们的教育必须要打造他内心信仰的种子，使这颗种子发扬、茁壮成长。

第三个精神元素是感恩。我们要打造孩子的精神元素，必须要孩子在爱、在信

—— 校长观点 ——

**66 要想使孩子健康、快乐地成长，我们的教育必须要打造他内心信仰的种子，使这颗种子发扬、茁壮成长。99**

仰的基础上，懂得感恩。当一个孩子理解爱、懂得爱的时候，他才真正能够表达爱。让孩子学会感恩我们拥有的一切，感恩父母给予他在成长过程中付出的艰辛。要让孩子懂得感恩，实际上就是在给他打造高情商。要想完成五大任务，不打造这些精神元素是绝对不可能使我们的孩子在内心中有信念、有希望的。

第四个精神元素是反思。一个人会不会反思、懂不懂得反思，是这个人是否可以区别于他人一个非常重要的分水岭。当一个人懂得扪心自问，懂得正确宽容地对待别人，严格要求自己，不断地反思自身存在的不足时，这个人就迈向了人生伟大的起点。

第五个精神元素是希望。"文革"十年过去，正当年轻人失去希望时，改革开放的总设计师邓小平在1977年决策恢复高考。得到恢复高考消息的那一刻，我正在黑龙江生产建设兵团。那天，上海知青、北京知青、天津知青、哈尔滨知青，激动得一夜都没睡。我也是那一年，有幸考上大学。

1977年的恢复高考给了我们希望，是教育给了我希望。今天，我做老师、做校长，我在不停地思考怎样能够实现我所提

—— 校长观点 ——

**"当一个人懂得扪心自问，懂得正确宽容地对待别人，严格要求自己，不断地反思自身存在的不足时，这个人就迈向了人生伟大的起点。"**

—— 校长观点 ——

**" 教育最大的魅力就是让每个学生拥有希望。"**

倡的"教育最大的魅力就是让每个学生拥有希望"。然而这个希望，一定是包含了教师的爱，教师的付出，教师对学生的了解，教师给学生和风沐雨的说教。我们要让家长们懂得溺爱是不可能有希望的，放任的孩子是不可能健康成长的。

第六个精神元素是探索。我们要真正懂得什么是爱，必须要教会孩子探索。我们的基础教育在孩子的自由探索、主动学习上，还存在着这样或那样的反思。怎样保护孩子的好奇，怎样引导孩子的好胜，怎样培养孩子的兴趣，怎样开展丰富的探索课程，是一个学校永恒的课题。因为探索，是孩子自主建构的重要过程。

第七个精神元素是自由、自主、合作。我们的老师、家长，是不能够随意地指手画脚，给我们的孩子和学生定下条条框框的。我们要培养他自由、自主的精神，他们自己的事情，由他们自己做主。学习是自己的事，自己的事自己做主，这样我们的孩子才可以在自由自在的天空中任意翱翔。教育，必须要打造人与人之间的合作，一个人是否能与别人合作是他的一个重要品质。一个人是否善于与人合作，是一个人的能力。所以爱、信仰、感恩、反思、希望、探索、自由、自主、合作，是教育永恒的追求。

## 教育的五种存在形态

—— 校长观点 ——

**教**育，要想真正实现孩子健康、幸福、美好的生活，我们必须得知道教育的五种存在形态。世界上，无论不同的国家和民族，在教育存在的形态上，一定是遵循着五个要素。

> **家风、校风、学风，对孩子最重要的影响是熏陶。**

一是熏陶。家风、校风、学风，对孩子最重要的影响是熏陶。父母、老师的言行举止，待人处世方法，是对孩子熏陶过程当中重中之重的因素。所以父母们在待人接物上的真诚与否对孩子是有终生影响的。一个学校的老师，怎样得体、富有情感、明理地向孩子讲述道理，是对孩子有终身影响的。

二是主动学习。我们学习的所有课程：数学、物理、化学、音乐、体育、美术，以及课外活动、团队和少先队所组织的一切活动，都是主动学习。上海的中考、高考，以及全国的中考、高考有过很多次的改革。改革的时候，有很多人议论纷纷，说过去是五个学科的考试，现在考这么多，加重了学生的负担。有人问我，是不是这样？我的回答是"NO"。当一所学校为学

—— 校长观点 ——

" '寒门'与
'贵子'之间，
是要有一所好
学校、好老
师，才能够
使穷人的孩
子真正地早
当家。"

生的升学考试负责的时候，它的背后所培养的是学生的终身学习。基础教育，并不是为了叩开升学之门，而是为了打下他终身学习的基础。历史，地理、道德、社会、艺术、美术、体育这些功课的习得，对他今后的幸福人生不比走遍天下的数理化要差。因为一个时代有一个时代的教育主题，一个时代有一个时代的职业归宿。今天的孩子，怎样教会他主动探索学习是非常重要的。

三是训练。训练，不是中国教育的专利。我一向认为，中国的教育缺少训练。而训练，不能只是主题的训练，一个钢琴演奏家如果不训练，如何能够"熟能生巧"，弹出天籁之声。如今，当孩子做作业，做试题的时候，当孩子为了一道题目在那里冥思苦想的时候，社会上就说"负担，负担"。请记住，一个孩子要想学习优秀，教育要想效率高，世界通用的办法是深度阅读，世界公认的是要有足够的时间来保障学习，世界公认的是要有充足的训练，世界公认的是要有好的老师，因为"寒门"与"贵子"之间，是要有一所好学校、好老师，才能够使穷人的孩子真正地早当家。

四是自由探索。一个没有好强、好奇，不争强好胜的孩子，是不可能顶天立地的。

尚德，在教育过程中要拿出很多的时间、资源、空间，来让我们的孩子自由探索。如果你来过尚德，你会发现尚德在科创、艺术、人文、国学、音乐、美术等方面，都给孩子提供了广阔的空间。因为我知道，只有培养孩子的好奇、兴趣，只有使孩子懂得争强好胜，他才有可能崭露头角。

五是评价。当你拿到孩子的作业，有多少勾，多少叉？拿到的是优、良还是差的试卷？看到试卷的那一刹那你的面部表情，你的内心世界都是在对孩子作评价。今天，我们缺少的是激励性的评价和反思性的评价。当学生做的题你感觉非常好，你的血液应该加速流动，你要兴奋起来，写上："孩子，你这个题做得太好了，我都没有想到！"这样的评价，就是激励性的评价，孩子会记住一辈子。我们如何让孩子在评价当中获得动力，在我们的评价过程中获得反思、找出存在的问题，这是我们的教育必须加以思考的问题。

—— 校长观点 ——

**" 只有培养孩子的好奇、兴趣，只有使孩子懂得争强好胜，他才有可能崭露头角。 "**

## 打造一所吸引学生的学校需要九大要素

—— 是和谐的师生关系。一所学校要想真正地吸引学生，第一要素是必须有

—— 校长观点 ——

**❝ 一所学校，要想真正地吸引学生，还在于课堂，富有吸引力的课堂是至关重要的。❞**

和谐、健康的师生关系。良好的师生关系，是一所学校办好最重要的因素。然而，师生关系最重要的在于老师。不管是人工智能还是工业 4.0 时代，那时候人工智能只是老师的秘书，但是老师的情感、老师对学生的爱，永远是给学生创造最优越的学习环境、最宽松的学习环境，最兴奋的学习环境的决定因素。所以，学校对老师的素质建设、师德建设是至关重要。

二是富有吸引力的课堂。一所学校，要想真正地吸引学生，还在于课堂，富有吸引力的课堂是至关重要的。老师在课堂上那种富有真情的演讲，老师在课堂能够给学生富有挑战的知识传授，老师在课堂，能够非常细致地对学生给予关爱、关心、关照，这些都能使我们的课堂高效、精彩、实用。

三是友爱互助的同伴关系。要想真正地吸引学生，我们还要注重同学、同伴关系。一所学校如何以大帮小，以强帮弱？就像我们工作在一个单位、一个公司、一个办公室都要处理好同事关系，都学着和谐相处。这样，我们在早晨会急着去上班，因为那里有幸福感。

四是丰富多彩的课外活动。学校不能没有歌声，学校不能没有笑声，学校不能没有读书声，学校也会有哭声。当一个孩子受委屈，想不通的时候，他可以流泪，他可以埋怨。而一所学校，不可以没有丰富多彩的课外活动。精心设计学生期望之中意料之外的活动，是一所学校永恒的追求。

五是科学合理的课业负担。孩子的学习一定要有负担，如果我们的工作没有压力、没有负担，我们在工作时就没有进取的动力，孩子的学习要有适当的负担，关键就是在教育的过程中，我们如何营造单位时间里的学习效率，我们怎样不断地培育孩子的学习兴趣，怎样保护孩子的上进心和好胜心，怎样培养孩子内心的心理承受能力，这才是"负担"的真正内涵。

六是一流的学校硬件设施。办好一所学校，还要有好的硬件条件。一流学校的硬件设施包括卫生间、教室、实验室、庭院空间，都要让孩子感受到一流硬件带给他思维的碰撞和遐想。去过尚德的朋友一定会感受到尚德在每一个建筑细节上都认真地考量，因为我要让学生拥有希望，我希望我的学生能时刻感受到幸福、美好。

七是严明的校规校纪。一所学校，必须要与学生订立明确的校规校纪。没有规矩，不成方圆。要让孩子从小懂得，要想

—— 校长观点 ——

**❝孩子的学习一定要有负担，如果我们的工作没有压力、没有负担，我们在工作时就没有进取的动力。❞**

—— 校长观点 ——

**❝ 要让孩子从小懂得，要想有自由，要想有玩耍、游戏的时间，要想有自己的空间，必须懂得契约和规则。❞**

有自由，要想有玩耍、游戏的时间，要想有自己的空间，必须懂得契约和规则。一个没有契约精神的民族是造就不了大师的。尚德的孩子都明白尚德的校规校纪很严，但是严格的校规校纪下，尚德也给予了他们自由玩耍的空间，因为他们始终是孩子。

八是富有激励的评价。一所学校要有非常好的评价体系，富有激励的评价能使孩子获得动力。一所学校要不断注重自己的办学质量。一个良好、有声望的学校，孩子一定会热爱。不管是公办还是民办学校，都要千方百计保护自己的名声，打造自己学校的声望，让我们学校的孩子非常骄傲地说："我在尚德学校读书。"

九是充满正能量的校风。一所学校要想成为好的学校，要有严明的校风、学风、教风。教育也是一种服务，服务于学生的自主建构，服务于学生不断地感悟。教育是让学生形成乐观的人生态度，能够独立、有尊严地面对世界，并形成终身的学习愿望，知晓人类千百年的基础经验和价值，让学生与家人、自我、自然，建立和谐、积极、建设性的关系，他们才能够真正拥有幸福的人生。

问津校长

家　长：最近上海市政府出台一系列有关中考改革的措施，很多家长很关心，作为校长，您想给予哪些建议？

校　长：要想提高学生的学习成绩，提升学习的效率，成为一个优秀的学生，一是深度阅读，二是保证足够的时间投入到学习，三是一定要经过严格、有兴趣的训练，四是教师一定要有责任和爱，才能保证学生的学习优秀。这么多年我一直认为，考试不是教育的全部。要想真正地完成它走向社会所拥有的一切，我们的考试只是一个工具。过去是五个学科，现在增加了历史、政治、化学以及其他的学科，我认为是非常有必要的，经过训练，把孩子的知识上升为能力，当一个孩子在能力的驾驭过程中，经过自主架构，提升为他自己的智慧。与此同时，还要培养孩子自主、自觉地读书。

家　长：绝大多数的孩子都是被逼迫的，都是"要我学"，而不是真正的成为"我要学"。我们的孩子什么时候可以很自觉地成为我要学，而不使家长很累、老师很辛苦？

**校　长**：学习是自己的事，但是得一点一滴地悟。关于参加课外培训，也不能一棍子打死。当他进入到"要我学"的过程时，对学习产生兴趣、明白道理的时候，一定会主动自觉地学习。但是主动自觉地学习，也不等于不参加课外学习，课内和课外的培训我认为不矛盾。

我相信任何一所学校，在它的教育过程中都会坚守课堂教学主阵地，都会给孩子提供丰富多彩的课外活动。因为这样的教育才是永恒的。当然，我们也不反对我们的学生在课外以及休息日的时候，到好的培训机构参加有意义的培训，还有好的特长培训，音乐、美术、击剑、冰球等等。我还是觉得，我们在培养孩子的过程中，以孩子的兴趣为先，孩子的学习动力不是一朝一夕的，"革命尚未成功，同志仍需努力"。

# FUTURE-READY 培养会玩的孩子

**余 祯**

　　黄浦区蓬莱路第二小学校长，中学高级教师、上师大兼职副教授，曾获市优秀教育工作者、市园丁奖、市教育系统巾帼建功标兵、全国小学语文教学论文评比一等奖等荣誉。出版专著《有一个叫"蓬莱小镇"的地方》《学生喜欢的作业》。提出"在这里，我们发现未来"的办学理念，开发"蓬莱小镇"校本特色课程，打造了学生自由学习快乐成长的小社会。

## 应该站在更高的，面向未来的视角，来关注孩子的成长

也许很多家长会质疑，玩还需要培养？玩好像是与生俱来的能力，可真是如此吗？我想与大家共同探讨这个话题。

FUTURE-READY 是 指 "为 未 来 做好准备"。国际上许多中小学，均基于 FUTURE-READY 提出了自己的办学理念或育人目标。例如在我校的一次年度中英数学教师交流项目中，其中一位老师去的英国 Trinity Primary School 就 提 出 过 "要培养学生成为未来的好公民，能过上自己满意并能实现个人抱负的生活"的想法，这样着眼于儿童未来成长的办学思考，和蓬莱路第二小学的办学理念非常契合。我校办学理念是 "在这里，我们发现未来"。

—— 校长观点 ——

**" 应该站在更高的，面向未来的视角，来关注孩子的成长。"**

—— 校长观点 ——

**" 每一个孩子的培养，都不应仅关注他当前的状态，例如考试第几名，而是应该关注他长大以后可以成为什么样的人，是否能拥有属于他的幸福人生。"**

这样的办学理念有着什么样的内涵呢？

（1）学生即是未来，所谓"我们发现未来"，指的就是我们要去发现学生。

（2）教师研究未来，教师要研究面向未来的教育，发现面向未来的教育。

（3）学习探究未来，指老师要引导学生探究和发现未知的世界。

（4）师生共创未来，师生在教和学的过程当中，共创属于自己的未来。

为何要谈"未来"？其实，每一个孩子的培养，都不应仅关注他当前的状态，例如考试第几名，而是应该关注他长大以后可以成为什么样的人，是否能拥有属于他的幸福人生。我女儿从小学一年级到现在高一，读了 10 年书，也遇到过考试失利，也经历过沮丧。每当这时我都会告诉她，偶尔一两次的考试失利，对于将来的人生

—— 校长观点 ——

**❝ 我们希望孩子可以最大程度地从内心找到激励自己的学习动机，学会自信地生活，学会施展创造力，奠基其一生的幸福感。❞**

而言微不足道，小到可以忽略不计，你要往前看，向着未来看，你就会发现，只要找到问题的根源，发现了问题，就能进一步解决问题，最终实现自我挑战。我们培养孩子的目光，应该站在更高的，面向未来的视角，来关注孩子的成长。

## 要为未来做好准备，就要培养这样会玩的孩子

从终生发展的眼光来看，我们希望一个孩子除了能适应来自社会、学校、家庭的学习要求和压力之外，还希望他们可以最大程度地从内心找到激励自己的学习动机，学会自信地生活，学会施展创造力，奠基其一生的幸福感。

FUTURE-READY 培养"会玩的孩子"，什么样的孩子是"会玩的孩子"？

有一位四年级的男生，非常喜爱海洋生物，除了喜欢观赏这些可爱的海洋生物外，还自学了很多与之相关的知识，做了很有趣的学习笔记，记录了自己充满童真而又有意思的想法。这个孩子某天突发奇想，决定做一个海洋地图。他在三张巨大且粘贴在一起的白色卡纸上绘制了海洋，将自己喜爱的海洋中的鱼等比例缩小，画

下来并贴在海洋图中。他买了发光二极管，装在那些有特殊本领的鱼上。不仅如此，为了能让更多小朋友了解这些鱼，他为每条鱼都生成了二维码，并贴于一旁。小朋友只要扫一扫，就可以了解这条鱼的特征。他将完成后的海洋地图带到学校，与同学们共同分享其中的乐趣。

　　还有一位五年级的女生，她最大的特点就是什么都会玩、也都爱玩。她非常热爱大自然，会捡很多有意思的树叶，拼成一幅幅图画；会使用放大镜去观察大自然中的各种植物、昆虫，并做仔细研究，还会把昆虫做成小标本进行收藏；她还喜爱石头，看到奇特的石头就会捡起来，对照书籍、网络，了解不同石头的出处及各自的特征、故事；她还喜欢做一些简单的科学小研究，从中发现并提出问题，用小实验、小研究报告呈现自己的想法。她还热衷于旅行，父母每年寒暑假都会带她去旅行。每到一处新的地方就收藏当地游玩中产生的门票、火车票、飞机票和当地的小玩意儿，并做成一个相框，去过一个地方就产生一个相框。这个小朋友一个人可以玩得很开心，在和同伴一起玩的过程中也能很好地和对方互动交流。

—— 校长观点 ——

**❝ 如果小朋友一个人可以玩得很开心，在和同伴一起玩的过程中也能很好地和对方互动交流。❞**

第三个孩子，是个酷爱阅读的女生。她花费了相当长的时间，将家中所有藏书编进了一个目录。完成后，她还在每本书后写上该书的推荐指数，并附上阅读该书大致需要花费的时间。此后，她把目录带到学校，为同学们做了借书卡，把自己的藏书背到学校和同学分享，《少年日报》以《书包里的"图书馆"》为题对她的故事进行报道。

这三个孩子都是普通人，并不是平时意义上的学霸。为何说他们才是会玩的孩子？因为他们都有如下四点特性：

（1）他们都并非简单地玩，其玩的过程都是实践、体验和发现的过程。

（2）他们对于一个领域或者是某些领域充满好奇心，玩的时候特别专注，并且能够创造出属于自己的玩法。

（3）他们可以自己独立玩，也可以与同伴一起玩。

（4）他们的玩不是功利的，不是为了考级获奖，也不是为了学习成绩的提高。

要为未来做好准备，就要培养这样会玩的孩子。众所周知，人的左右脑有不同的分工，左脑主要负责数字、概念、分析，右脑更多负责艺术、想象、创造性。

—— 校长观点 ——

**❝ 要为未来做好准备，就要培养会玩的孩子。❞**

## 让孩子形成玩的能力，为未来做好准备

在《全新思维：决胜未来的6大能力》这本书中，作家丹尼尔·平克提出，"以前，左脑思维是司机，而右脑思维是乘客。现在，右脑思维突然抢走了方向盘，加大油门向前奔驰，并且决定我们要去哪里，以及怎样到达目的地"。未来，人可能更多要看右脑是否发达，右脑可能决定了他未来的人生是否重要、是否幸福。如果你想要在未来也拥有与众不同的思维，唯有拥有右脑时代的六大能力才可以决胜未来。

这六大能力就是三感三力：

（1）设计感。要有自己的想法，不是人云亦云，不能总是抄袭模仿。

（2）娱乐感。会玩，会创造生活，让自己的生活变得很快乐。同时，也要别人感到很快乐，所以需要有一些幽默感。

（3）意义感。你对自己的生活要有一定的追求，要感到未来的生活是有意义的。未来我们的物质条件会越来越丰富，当物质条件达到一定的水准，如果你没有新的目标、找不到生活的意义和价值，有可能

—— 校长观点 ——

**未来，人可能更多要看右脑是否发达，右脑可能决定了他未来的人生是否重要、是否幸福。**

—— 校长观点 ——

**66** 要 给 到 孩 子玩的空间和 时间，让孩子 基于自身原有 的 经 验 基 础， 在玩的过程中 体 验、 发 现， 并不断获得新 的 经 验， 从 而 促 使 孩 子 形 成玩的能力， 为 未 来 做 好 准备。**99**

你就会困顿在原地止步不前。

（4）故事力。讲故事的能力，你可以讲故事也可以倾听别人讲故事，而讲故事的能力、表达的能力，对未来的发展也非常非常重要。

（5）交响力。我们知道交响乐，一种乐器无法交响，所以如果你只会一个能力，也无法交响，所以更关注的是综合能力，全局思考的能力，跨领域的能力。

（6）共情力。能够和别人产生共鸣，能够理解别人的想法，能够从别人的脸上看到他的心理活动。

丹尼尔·平克认为，决胜未来的人身上一定要具有这些能力，而这些能力靠知识的学习、掌握，靠趴在桌子上刷题、靠辅导班是无法获得的，需要给到孩子玩的空间和时间，让孩子基于自身原有的经验基础，在玩的过程中体验、发现，并不断获得新的经验，从而促使孩子形成玩的能力，为未来做好准备。

杜威提倡"玩中学"，他觉得学校即是社会，教育即是生活。我们书本上获得的知识，获得的经验都是间接经验。如果我们在玩中获得经验，那叫直接经验。你学游泳，老师在课堂上教你每一步怎么做，你知道了这样就是游泳，你获得的知识叫

间接经验。你自己去
体验、实践、探究，
那么你获得的是直接
经验。间接经验固然
重要，但直接经验更
重要。我们需要给孩
子这样一个获得直接
经验的时间和空间。

　　杜威在 20 世纪 30 年代就和很多教育
家、哲学家共同研究了一个问题，那些自由
玩耍的孩子，在玩耍的过程中到底获得了
什么？他们研究发现，给那些非常自由玩耍
的孩子一个称号——"富有游戏性的儿童"。
这类热爱并充分游戏的儿童是主动性和内在
动机都较强的儿童，在"外控性"即外部动
机的控制上得分更低，依赖性更少。这些儿
童，自我控制的能力很强，需要外界控制他
的地方很少。这样的儿童会视学习、生活中
遇到的困难为挑战，对失败、挫折的恐惧、
压力也会减少，他们是一种高创造性的儿
童，所以杜威认为，这些孩子不但拥有了幸
福、轻松活泼的童年，而且一定会在学习中
表现出更强的自控能力，可以更自如地应付
和挑战学习中遇到的困难。不但如此，这些
人会在未来拥有幸福的成年生活。
　　"会玩"是未来人才综合能力的重要评

价标准。在美国，一半以上的大学可以不看成绩单或者选看成绩单，开始更关注这个孩子在中学阶段有多少实践经历，做过多少项目。成都外国语大学有一个姓黄的孩子，他的成绩在成都外国语大学属于中下游，北大清华没有希望。但是这个孩子居然同时收到哈佛、斯坦福等五、六个国际知名大学全额奖学金的录取通知书。这个孩子和其他的孩子不一样，老师对他的评价是很独立，很喜欢钻研或者做自己喜欢的事情。哈佛给他录取通知书上这样写着："你是有美好心灵、灵魂的人，我们希望有更多的人像你这样，你太特别了。非常希望在哈佛的操场上看到你的身影。"这个孩子有自己的思想，有世界胸襟，在坚持做自己喜欢做的事情。家长可能也关注到了上海的中、高考制度正在悄然地发生变化，而这些变化更多关注的是孩子综合能力的表现。而这些综合能力怎么来？需要我们的孩子有会玩的能力和心态，一旦会玩，就会觉得周围的困难变成了好玩的挑战。

## 怎样培养会玩的孩子

**然**而，"不会玩"是现阶段中小学生普遍存在的问题。第一，孩子缺少玩的时间。第二，玩的内容很单一。很多孩子认为最好玩的是手机、平板电脑、游戏。没有东西玩造成了"不会玩"。第三，家长缺少"玩"的教育。很多家长关注学习的教育，但是要知道培养一个会学习的孩子很难，要培养一个会玩的孩子更不容易。那么，怎样培养会玩的孩子呢？

第一，解决没有时间玩的问题。先来看看学校的做法，也许会给家长带来启发。我们学校每个星期五下午是快乐半日时间，学校像被施了魔法一样，变身为快乐小镇，五个年级变成六大社区，所有的教室会变成医院、邮局、银行、超市等 45 个不同的社会活动场所。我们的学生，也在这一天的下午变身成为小镇的镇民，每个人拥有小镇的护照、货币、存折、银行卡。在这样一个微型的小社会情景中，去实践、体验和探究。而我们不仅让孩子做职业的体验、启蒙，更多的是要让他围绕自己选修的课程做深入的研究。我们用废旧大巴创意地改造成了一个公共汽车教室，可以作为教室上课，也可以做各种各样的休闲活动。每天中午举行午间巴士乐园，星期一，两个外教老师和小朋友做英语角，星期二是迷你驾驶学校，星期三是电影院，星期四是读书吧，星期五是聪明豆集市，可以

—— 校长观点 ——

**66 我们不仅让孩子做职业的体验、启蒙，更多的是要让他围绕自己选修的课程做深入的研究。99**

—— 校长观点 ——

**❝要合理规划孩子的课外时间，千万不要填得过满，不要让孩子一直处于疲惫状态。❞**

参与有趣的数学活动。

家长们该如何做？我们建议，要合理规划孩子的课外时间，千万不要填得过满，不要让孩子一直处于疲惫状态。我认识一个家长，每个双休日都会给孩子安排一场电影观看，通过电影了解世界。双休日一定会带孩子去喝一次下午茶，喝喝茶、吃吃甜点、看看电影看看书，只有安排像这样的弹性时间，孩子才会有更饱满的精神投入到想做的事情中。

第二，解决玩什么的问题。我们学校的蓬莱小镇，45 个课程，每个课程都很好玩。在西餐厅可以认识英文的菜单，学习西方用餐礼仪，折叠餐巾花，做各种各样的小西点；在服装设计课程上孩子们可以量体裁衣做记录，钉纽扣，用不同的材料创意地为宜家买的小人偶做衣服；在消防局课程中，检查学校所有的灭火系统并做记录；在超市课程上，有商品摆放、商品定价研究、收音机的使用研究、促销海报的制作研究等等。我们还有蓬莱小镇的货币降息听证会，通过这样的过程，很多小朋友知道，我可以自主参与，我可以勇敢表达自己的想法，这个过程对小朋友而言就是实践、体验和探究。除了蓬莱小镇，老师们会围绕一个主题进行各种各样的作

业设计，让学生感觉很好玩。课间，我们
努力改造利用每一个角落，让孩子有东西
玩，比如墙面拼拼乐、视听角、自由阅读
角等等。

家长要理解学校的做法，配合学校形
成合力，还要创造一切可能，让孩子去体
验、去经历。家长可以让孩子"玩家务"，
每天都可以有不同的主题，比如今天研究
洗衣机怎么用，明天研究怎么一起做一道
小点心，后天像一休一样擦地板，这都是
可以做的事情。

还可以让孩子玩体育运动。一定要留
时间给孩子做体育运动，只有锻炼好了身
体，他才有强健的体魄去做未来要做的事
情。体育运动会让孩子有更强的耐挫能力、
团队合作精神，因此我非常建议大家，一
定要坚持玩体育运动。

还可以玩外出旅游。我认为旅游并不
一定要跑到很远的地方，哪怕是市内、市
外也都是旅游。可以跟孩子一起讨论旅途
的规划、如何整理行李箱、模拟演练海关
问答，可以上网了解当地的风土人情。旅
游途中我们可以玩什么？和陌生人问路，
研究时差，研究货币的汇率兑换等等，一
定要让孩子看到更大的世界，他才有更大
的格局。

—— 校长观点 ——

**"旅游并不
一定要跑到
很远的地方，
哪怕是市内、
市外也都是
旅游。"**

—— 校长观点 ——

**❝** 家长在孩子玩的过程当中也要适当建立一些小任务，建立'玩中实践'的概念。**❞**

第三，在玩中指导、教育我们的孩子。首先要建立规则、培养习惯。道理可能很深奥，孩子也许理解不了，但是规则的东西确立下来，一旦养成习惯，便会受益终身，即使长大也不会轻易突破规则底线。那么玩的当中如何建立规则？例如和孩子约定好明确的玩耍时间就不能轻易改变、玩好了的东西最后一定要归位。其次要引导思考、鼓励发现。家长在孩子玩的过程当中也要适当建立一些小任务，建立"玩中实践"的概念，所以不是简单意义上的玩。第三要创设困难，鼓励坚持，孩子的成长需要面对困难。第四要注意团队合作，鼓励孩子多人际交往，不要一个人玩。学校的活动都是团队的，例如我们每年都会安排的四年级徒步春游，小朋友们自行组队，完成路线规划。六个人分工，一个人负责财务，一个人负责垃圾，一个人负责规划路线，每个人都有自己的任务，团队共同合作一起克服重重困难，像极限挑战一样突破重重关卡，拿到"宝藏"。这样的机会，学校为孩子创设，家长也可以为孩子创设。

玩好像看上去是一件无用的事，好像是浪费时间的事，但是我想到梁文道说过的话：读一些无用的书，做一些无用的事，花一些无用的时间，都是为了在一切已知之外保留一个超越自己的机会，人生中一些很了不起的变化，往往来自这个时刻。

我想说，给孩子更多玩的时间和空间，你现在看到他在玩，但你不知道的是"玩"这个形式的背后是经验的不断积累，经验积累到一定程度就是阅历，阅历越多就越成熟，越容易掌握或者解决复杂的问题。玩，看似是没有用的事情，但是会玩的孩子一定会学习，会玩的孩子一定会拥有非常美好的未来。

问津校长

**家　长**：孩子的同学们都在玩游戏，孩子要求我也给他下载游戏，他希望可以和同学们有共同话题，我又担心他玩游戏上瘾，这样的情况应该如何引导？

**余　祯**：爱玩游戏，肯定是很多孩子共同的问题。如果孩子提出这样的要求，我们用"堵"的方法不可行，只能疏导和引导。游戏这件事，并非完全不能做，它可以接触，但绝对要适度，要建立一定的规则，在此基础上可以适度地玩。这个案例当中讲到，你不给我买我无法和同学有共同语言，就这点，家长可以这样引导自己的孩子，小朋友的共同话题不是每一个都要参与的，也许你不是别人话题的追随者，但是你可以成为另一个新话题的开创者，你可以把你自己玩的东西、自己看的书形成一个新的话题，会吸引到更多的小朋友来参与你的这个话题。

**家　长**：孩子的专注度如何才能比较好地培养？

**余　祯**：专注度问题可能也是一部分孩子身上的通病。可以用一个闹钟帮他建立时间的概念。孩子有爱好是非常好的，这点家长一定要给予支持。但是家长可以帮他规划一个时间，每天可以用多少时间做自己喜欢的事。千万不要给孩子贴标签，不要逢人就说"这个孩子很喜欢干什么，这点很好，就是思想不集中，就是爱拖拉"。因为一旦贴了标签，孩子就会自我判断，我就是一个爱拖拉的人，我就是一个不专注的人，会给自己形成这样的界定。相反，家长要看到他有进步的地方，比如昨天还拖拉到 10 点，今天 9 点半就做好了，家长一定要给予鼓励，今天你非常好地争取到了时间，多下来的时间就是你的专属时间。家长们可以尝试用这样的方式。

# 做智慧的家长　让孩子健康快乐地成长

## 赵国弟

浦东新区进才实验小学校长，中学高级教师、特级校长，先后获得市园丁奖，全国百名优秀小学校长和市育德之星等多项荣誉称号，出版专著《我的小学校长之路》。秉承"为学生的卓越发展服务"的办学理念，积极倡导"以学生发展为本，教育好每一位学生，让每一位学生都能在自信、负责、文明、快乐、成功中得到主动发展"的教育思想，不断进行教育改革与创新。

> 教育，不光要关注知识，还要关注做人。教育工作是要培养孩子爱、善、智慧。

柏拉图说："教育非他，乃心灵的转向。"教育，不光要关注知识，还要关注做人。教育工作是要培养孩子爱、善、智慧。

## 帮助孩子养成良好习惯

我总结下来，养成良好习惯主要是"三个意识，一个时间"。

一是努力意识。努力意识是与生俱来的本能，孩子一生下来，为了吃饱，用尽力气吸吮乳汁。平时我们形容"用吃奶的力气"，这种努力是本能。而今天，做妈妈的为了身材好看，为了早一些恢复身材，不喂奶，让孩子喝牛奶，把本能的努力从小剔除掉了。

二是责任意识。努力意识，直接影响

了责任意识，现在的孩子几乎不用管，什么都是家长准备好了，上什么学，路上怎么走，吃什么早点等等。出现一件事情的时候，孩子跌倒了，我们不怪孩子没有学会走路，而是怪地上不平。

三是规则意识。经常我带着外孙女到游乐的地方玩，那里有滑梯。有些家长一点都不注意，让孩子倒爬上去，这样的意识，对孩子来说就是不遵守规则。

四是玩耍时间。我们的孩子太痛苦了，家长太努力了，孩子没有玩的时间。下课去培训，双休日三四个地方培训，孩子缺少了童年生活。教育，真的要有所改变，家长的教育意识也要有所改变。

最重要的是培养孩子的责任意识，帮孩子树立责任心，这关乎到孩子和整个家庭未来的幸福。在早教中心，一个18个月

—— 校长观点 ——

**" 培养孩子的责任意识，帮孩子树立责任心，这关乎到孩子和整个家庭未来的幸福。"**

的孩子，小朋友自己要出来，两个大人看见他出来了，但是不管他，让他自己跑出来。进去的时候换过鞋的，看到孩子慢慢拿出自己的鞋子，把外公外婆的鞋子也拿出来，准备穿了，再看没有人，再奔跑过去找到他们两个人。18 个月的孩子，从小培养了责任意识，换鞋子也是责任。现在学校里面，孩子经常会丢校服。天热了，一上体育课、活动课，脱下放在旁边的校服就忘记拿了。我们的未来责任意识，培养到孩子不丢校服，这样，责任意识就培养起来了。

孩子犯错误的时候一定要承担责任。作业本忘记，要适当地惩罚。和同学吵架了，出现问题了，不要随他去，一定要让他承担责任。要带着他上门道歉，知道自己做错了，我有责任，这是我的责任。作为家长也要注意，同学间吵架了，千万不要掺和，不要以大人的思维思考孩子的思想。有一个例子，家长到学校打了学生几个耳光，拘留了 5 天。我们有位家长也如此，其实那个孩子是特殊的孩子，不是顽皮，是心里有毛病。心里有毛病的孩子，最痛苦的是这个孩子的家长。现在这样的问题还有很多。在这样的环境当中学习，

—— 校长观点 ——

**" 孩子犯错误的时候一定要承担责任。"**

我们要教会孩子宽容、理解，未来你到社会上也会遇到各种各样的人，你也要学会宽容理解，这在学校也是一种教育的环节。所以我们对孩子的教育，是要尊重孩子的天性。

好习惯不是与生俱来的，是培养出来的。除了责任心，好的习惯也是成就孩子一生的关键。大家应该都听到过福特公司应聘的故事。故事的主人公大学毕业去应聘，和他一起应聘的有4、5个人，他是最后一个去的，而且这些人的学历都比他高。他最后一个进去，觉得自己聘不上的。进去的时候，看到门口下面有一张纸，而且是脏的，他捡起来扔进了纸篓里面。老总告诉他，你被录取了。因为他有良好的习惯，这也是一种责任的意识。这种责任意识，未来一定会体现在他的学习、工作当中。所以，我们也要帮助孩子养成良好的习惯。

在我的学校里面，到学校我不准朗朗读书声，取而代之的是安安静静看课外书。中国的语文教学，孩子花了那么多时间，孩子不喜欢语文。为什么？我们的教学有问题。我们太关注里面的内容、太关注里面的训练，没有真正地把语文教成语

—— 校长观点 ——

**❝ 好习惯不是与生俱来的，是培养出来的。❞**

—— 校长观点 ——

**" 家长的言行是孩子学习最直接的素材。"**

文。靠一本语文书可以读好？滑天下之大稽，永远不可能。帮孩子养成良好的阅读习惯，语文一定好，其他的学科也一定好。读书很重要，这才是可持续发展的。

我在进才实验小学其中一个改革就是每天早晨要晨读。我还做了两分钟微课程，每一节语文课要安排一个孩子演讲，培养孩子的演讲能力。不仅是培养孩子的演讲能力更重要的是培养孩子收集信息、处理信息、善于研究，解决问题的能力。同时，通过演讲，通过数学的"两分钟计算训练"，通过道德与法制、品德与社会课上的"新闻播报"，通过艺术体育课进行"才艺展示"等等，给孩子一个自主锻炼的舞台。通过这样的舞台，孩子的信息量、知识面未来一定很大，对孩子的成长一定非常有帮助。所以，我们要帮助孩子养成良好的学习习惯。

家长的言行是孩子学习最直接的素材。我们做家长的，是孩子的第一任老师，也是他的榜样。不和睦的家庭，严重影响孩子的发展。孩子良好的行为，一定源自家庭，显现于学校，将来有利于社会。有时候有些家长，会问孩子在学校里面怎么样，我说我看到这个孩子就可以看到这个家庭。这个孩子斤斤计较，家里大人肯定有这样的习惯。孩子有暴力行为，家里一定会有这样的现象。有些孩子在家里总是受到体罚，有的时候他会在学校里面，把这气发在同学的身上。家长的一言一行，都是孩子的榜样。现在的规则意识比以前强了，乱穿马路少了，上车不系安全带的少了，说明社会在进步，我们要做孩子的榜样。我经常会说，我们再也不要把身上的陋习传递到下一代的身上。

## 尊重孩子　多与孩子交流

要多陪伴孩子。孩子的生活中始终有你的身影，家长要舍得为孩子的成长付出时间。过去湖南卫视有一档节目《变形记》，城里的孩子家庭都很好，不缺钱，也不缺别的。正因为不缺钱，但是缺少家长陪伴，这些孩子出了问题，这些孩子被弄到云南、青海等艰苦的地方，短暂的时间内，这些家庭里面，有些有人陪伴，有些没有人陪伴，甚至有些是在家长在外打工也跑回来陪伴孩子，让这些孩子们很感动，短时间内有了较大的变化。

孩子成长当中需要陪伴，从心理学的角度也是如此。祖辈的情感不能替代父母

—— 校长观点 ——

**" 孩子的生活中始终有你的身影，家长要舍得为孩子的成长付出时间。"**

的关爱。经常我要求开家长会，必须家长来。隔代教育完全是不一样的，很多孩子出问题是隔代教育出的问题，隔代教育像我们做外公外婆、爷爷奶奶的，对孩子的情感支持更多。

所以，往往出现宠爱孩子，孩子往往不会养成良好的习惯。自己的孩子一定要自己带。家庭里面再忙，两个人至少有一个人挤出时间陪伴孩子，孩子不光要知识、要钱、要玩具，更要情感的体验和交流。这种情感对他的成长很有帮助。

二要多征求孩子的意见。你要和孩子沟通，你要让他去学习，不仅是你的意志，你要把你的意志转化为孩子的意志，要让他自己愿意进去，这样的情感是很顺利的转换。否则，没有和他商量，你决定的，孩子会逆反。无论是买学习用品还是别的，他自己买的他珍惜，你买的他不珍惜。学什么，沟通一下、商量一下，不要看到星期六下面还有半天，说你前面学习很辛苦，我让你玩，但是玩什么？他喜欢打乒乓球你让他打羽毛球，他会喜欢吗？要和孩子商量。

培养孩子独立思考问题、独立解决问题和独立决策的能力。我们学校有 24 个厕

—— 校长观点 ——

**❝ 孩子不光要知识、要钱、要玩具，更要情感的体验和交流。❞**

所，我搞了一个厕所文化，分配到 24 个班级，让每个班级自己决定如何装饰等等，孩子们自己装饰的，自己管理。既美化校园，也培养了孩子的能力。所以，我们学校有独立自主管理岗位，更多让孩子参与管理。包括评优等等，一年级的小队长，全部都是竞选上岗。我们无论是哪种活动，要给孩子真正的自主权，我们要征求孩子的意见，要尊重孩子。

三要多帮助支持孩子。每一个孩子都渴望进步，有一位家长和我说，我孩子从来没有想做小队长、中队长的欲望。我说你肯定错了，孩子一定有这样的意愿。当孩子看到人家在选的时候，嘴上不讲，心里在想。我说今年马上就要选小队长、中队长了。你和孩子交流一下，你告诉他，如果你愿意，我给你帮助。结果，他告诉我，孩子真的有这样的意愿，他真的帮孩子准备演讲等等，终于当上了小队长。孩子回家非常高兴。

要尊重孩子，多与孩子交流，条件再好也不要让孩子感觉太多的优越。要让孩子知道，人的发展要靠自己的努力。我们现在一年级，有些家长很急，进来要学什么？知识要储备多少？这些学得太早的孩子，如果自控能力不行的话，到了上小学

—— 校长观点 ——

**"我们无论是哪种活动，要给孩子真正的自主权，我们要征求孩子的意见，要尊重孩子。"**

以后，反而成为他成长当中的障碍。因为他学多了，上课不听了。上课学习的习惯不好。

但是真正零起点的孩子，他虽然没有学过，一开始他也辛苦、家长也辛苦，但是通过一段时间的努力，他不仅赶上了别人，甚至超越了别人的时候，你想想，他要收获多少？他收获的不仅是超越，收获的是一种精神！告诉他：我只要通过自己的努力，我未来也能超越别人，我的落后是暂时的。

国外很多大家、企业家，钱财再多，宁愿做慈善事业，不留给孩子。18 岁，让孩子独立。我们有一句话"富不过三代，穷不过三代"。所以，一定要让孩子知道，条件好我也要努力。有时候吃饭，要搞特殊，要送饭，我说没有必要，人家能吃你为什么不能吃？现在学校基本还是营养餐。请假也不要太随意，你过分搞特殊化，孩子在学校里面会被孤立，对孩子的成长没有好处。

四要多鼓励孩子。我们经常说，孩子是夸出来的，国外提倡欣赏教育，这其实不是国外的专利，我们完全可以学习。鼓励，对于增强孩子的自信心，有利于激发孩子的进取心，有利于学生良好情绪的

—— 校长观点 ——

**孩子是夸出来的，国外提倡欣赏教育，这其实不是国外的专利，我们完全可以学习。**

形成。去年上海市做了绿色指标评价。进才实验小学四年级的家长对孩子期望值当中，35%希望孩子是博士。75%的孩子希望是硕士，99%以上要孩子有本科以上的

学历。我说要求太高了。未来人生活在社会上，不是光有学历，还要有许多的东西。知识要学好，其他的能力也要培养好，所以对孩子的要求要适度，不能过高，过高可能会打击孩子的积极性。同时要尊重孩子，要有积极的语言激励孩子。

平时你经常用这些语言吗？如果你总是说"我同意、我欣赏、我尊重、我高兴、你又提高了"。犯了小错误，告诉他是有原因的，给他找个台阶下一下，这叫正向肯定，激励孩子。

曾经有一个五年级的孩子，在学校里面犯了一些错误。家长去接孩子的时候，老师就把这件事告诉了家长。家长回去之后，当天忘记了，第二天吃早餐的时候想起了老师说的事情，他批评、教育孩子，但是最后说了一句，你再这样下去我不要你了。结果孩子吃好早饭进了自己的房间，

—— 校长观点 ——

**❝ 对孩子的要求要适度，不能过高，过高可能会打击孩子的积极性。同时要尊重孩子，要有积极的语言激励孩子。❞**

再也没有出来。现在我们要加强生命教育，告诉孩子生命只有一次，要尊重生命，珍惜生命。从小，对自己的生命、身体有一种敬畏感。家长说话，一定要讲究艺术性，多激励孩子，不要伤害孩子。

## 关注孩子　健康快乐成长

要让孩子拥有幸福快乐的童年。北京大学中文系教授温儒敏说：童年的"价值"不只是为将来的生活做准备。童年本身也是"生活"，而且是人生最美好的一段生活。

现在的教育为什么会出现问题？因为很多家长自己奋斗得非常不容易。自己今天有了成就，他更希望自己的孩子将来超越自己，甚至把自己没有实现的愿望寄托在孩子的身上。这样一来就有了问题。我们不光要给孩子知识，更要为孩子的成长创造一个良好的氛围。

我们有些学校靠刷题，一年级学二年级的，二年级学三年级的，预备班为了冲刺，五年级甚至学初一、初二的英语，学很多奥数。学生的学习负担非常重，一年级回家作业就要做到很晚。我把这种教育称为"转基因教育"，现在大家都认为转基

—— 校长观点 ——

**❝ 转基因教育要不得。❞**

因食品是有问题的，不敢轻易吃了。转基因有两大特点，一是压缩生长期，加速生长；二是扩张产量。今天的教育不是在做这样的事情吗？为了让孩子所谓"不输在起跑线上"，让孩子提前学习，获得家长所希望获得的知识、分数。但是孩子失去的是什么？是童年的快乐、玩耍的时间，是更多学习做人的基本能力。我们的代价太大了。

未来到了社会上光有分数行吗？不行，还要有能力。有研究表明，将来到了社会上，情商占了80%，过去讲知识就是力量，现在应该是"能力＋知识"才是力量，光有知识没有能力不行。未来，不光要有知识，还要有能力和综合素养。

我校的办学目标：办一所让孩子爱心感恩最多、实践体验最多、学习快乐最多、习惯养成良好，孩子最健康快乐成长、全面发展的，在浦东、上海乃至全国具有较高知名度的、没有特色的、高质量的素质教育实验小学。

人家说，赵校长你写错了，"没有特色"？我说没有写错。我从1992年开始做校长，做过了6所学校的校长，只有到了进才实验小学才敢说要办没有特色的学校。没有特色，就是要全面发展。学校不能只

—— 校长观点 ——

**❝ 学校不能只搞一项体育，不是每个孩子都有这样的天赋。❞**

—— 校长观点 ——

**66 艺术，不是每个孩子都可以跳舞，不是每个孩子都可以拉小提琴的，我们做各种各样的课程，让孩子发现自己的长处，进一步发展。所以我说要办'没有特色'的学校。99**

搞一项体育——足球，不是每一个孩子都喜欢踢足球，不是每个孩子都擅长踢足球的，不是每个孩子都有这样的天赋。我们学校开展各种体育项目，让孩子有选择的机会。艺术，不是每个孩子都可以跳舞，不是每个孩子都可以拉小提琴的，我们做各种各样的课程，让孩子发现自己的长处，进一步发展。所以我说要办"没有特色"的学校。

有一个孩子五年级毕业，预备班的时候到瑞士去考学校。他会钢琴、巴松和葫芦丝，其他乐器不能带，但是葫芦丝很小、很方便，可以带。他当场表演的时候拿出了葫芦丝，回来以后他父亲找我，非常激动。当孩子拿起葫芦丝演奏的时候，把全校所有的师生吸引过来。听完之后，获得热烈的掌声，就被录取了。当时我把葫芦丝引进课堂的时候考虑到两点，一是民族音乐，很好听。二是价廉物美，200 块左右一个，每个家庭都可以接受。还有一点很重要，学起来快。容易上手，几次就可以吹出来了。

要多拓展孩子的视野，要让孩子走进社会，要让孩子多参与活动，眼界决定境界，读万卷书，行万里路。我们不要把孩子框死在知识当中，要让他更多地走出去，更多地体验生活。我们学校除了春秋游，每个学期还有社会实践活动，要求家长带着孩子走进场馆。了解社会，增强社会责任感。

二要为孩子营造良好的成长氛围。家庭和睦，是孩子成长最好的营养剂。不和谐的家庭对孩子性格的养成不利，对孩子良好行为习惯养成不利，对孩子价值观的形成不利。所以家庭要和睦，和睦的家庭孩子会感受到浓浓的爱，会有更强的安全感。家校和谐，是孩子学习最好的保障。你与老师良好的关系，是教育孩子的重要资源。与老师保持良好的沟通，有利于孩子的教育。达成一个共识：你与学校、教师都是学生发展的促进者。有些说午餐吃得不好，都是这样的，午餐都是餐饮公司供应的，校长和家长一样，都希望他们可以提供最好的午餐。不要觉得学校午餐不好就和学校对立，好像是学校造成的，这方面要处理好。

两个信任，信任老师、信任学校，教育也是专业的。我开家长会的时候经常讲，学位再高、官位再大、钱挣得再多，但绝大部分的家长都还缺一张证书：小学教师资格证书。你碰到的案例是个案，我们碰到的案例是无数的案例。

—— 校长观点 ——

**❝ 绝大部分的家长都还缺一张证书：小学教师资格证书。你碰到的案例是个案，我们碰到的案例是无数的案例。❞**

教孩子知识，不是你有知识就可以教的，1 + 1 = 2，没有做过老师的人上来讲 5 分钟就了不起了。我们呢？上 35 分钟，来龙去脉、方法都应用进去，这是艺术。有些研究生、博士生说，辅导 5 年级的孩子一定可以的，但后来发现不行。

三个不要，不要过度保护孩子和维护自己的权益。过度保护是对孩子的伤害，孩子在班级当中争取荣誉，让他自己去努力。当孩子之间发生矛盾，要教会孩子自己处理，独立处理，非原则问题不要插手。不要在孩子面前贬低老师和学校，因为这样会降低学校和老师的威信，降低教育的效能，没有意义了。不要让不文明的行为进入学校，接送孩子，要给孩子做榜样，言传身教。

陶行知说：教人要从小教起。幼儿比如幼苗，培养得宜，方能发芽滋长，否则幼年受了损伤，即不夭折，也难成材。每个孩子成长过程当中，父母的教育非常重要。

教育孩子是家庭最伟大、最艰巨、耗时最长、费力最多的事情，我计算了一下，要 21 年。现在造一座桥、挖一个隧道，二三年的时间，造一艘航空母舰也没有多

—— 校长观点 ——

**❝ 不要在孩子面前贬低老师和学校，因为这样会降低学校和老师的威信，降低教育的效能，没有意义了。❞**

长时间。所以，家长要有足够的耐心，持久的恒心，周到的细心，要付出时间、付出金钱、付出情感，一定要尽父母之天职，要努力学习，做一个智慧的家长，让孩子健康、快乐地成长。

问津校长

**家　长**：人工智能的时代，我们要怎样培养孩子？应该重点培养孩子什么样的能力？

**赵国弟**：随着科技的发展，人工智能也在不断地发展。昨天我们还在探讨，现在很多人工智能很健全，可以做到同声翻译，包括医疗诊断，都可以在尝试。但是我想，无论哪个时代，人的一些基本素养、能力还是需要的。人工智能，还是需要人去操作。人工智能，能解决的更多是知识性的问题。

教育当中，情感的问题等，完全是人工智能所无法解决的问题。与人沟通的能力，自己的综合素养等等，也是人工智能所无法替代的。因为这些人工智能未来的发展，为人类服务，能够给人类带来服务，提高生活的质量，但是让自己更幸福、更快乐，最后还是要靠自己。无论人工智能发展到什么时代，我们做人的基本素养、基本能力，与人交往的能力以及基本的知识储备，我觉得还是需要的，并不是说因为有了人工智能就不需要了。

**家　长**：孩子从小比较自觉，对自己的要求比较高，对事情比较容易有压力，这样的孩子怎么教育？

**赵国弟**：对于自我要求很高的孩子，我们要特别关注。往往没有达到目标的时候，他比别人的挫折感会更强。所以，对这样的孩子，你平时要多和他沟通，要把工作做在前面，不要让他失败之后再去说他。之所以不愿意考级，因为他担心失败，害怕失败。这方面，你也要引导他，不要担心失败，现在已经比别人好了，如果你可以考出来更好，考不出来，你已经是非常了不起了，我们要这样多多鼓励孩子。同时，也要告诉他，把自我的要求适当降低一些，你样样都要比别人好，这种愿望是好的，我们可以去努力。但是，我们时间可能还不够，我们要学会舍弃。哪方面需要努力，哪方面我们舍弃一下，这样对孩子可能会更有利一些。这样的孩子，家长一定要多注意，孩子可能心理方面会有很多的压力，我们一定要给孩子减压。

# 从"守望"开始，与孩子共同成长

**李　莉**

　　静安区闸北实验小学教育集团总校长，中学高级教师。曾荣获全国优秀教师、市优秀专业技术人才，市三八红旗手等多项荣誉。先后出版《攀越——一个青年数学教师的成长》《小视角　大视界：给予儿童视角的教育教学实践研究》等多本专著，带领学校先后蝉联上海市文明单位、上海市艺术特色学校，上海市行为规范示范校等荣誉称号，同时学校是集团化办学的先行先试校，上海市教育综合改革基地校。

—— 校长观点 ——

" 《麦田里的
守望者》给教
育贡献了一个
新词：守望。
我想，教育就
是在'管'和
'不管'之间
作出一种选
择，教育不是
管，也不是
不管。"

美国作家塞林格的小说《麦田里的守望者》，小主人公霍尔顿是一个有着自己独特个性，在大多数人眼里并不那么优秀的孩子。但是他有一个愿望，就是想做麦田里的守望者，站在悬崖的一边，看着在麦田里奔跑的小伙伴们玩耍。当有小伙伴不知不觉要跨到那个悬崖边的时候，他就会用守望者的身份阻止小伙伴，避免坠崖。《麦田里的守望者》给教育贡献了一个新词：守望。我想，教育就是在"管"和"不管"之间作出一种选择，教育不是管，也不是不管。我们应该如何用守护和瞭望的方式去关注孩子的成长呢？要我们管的时候，我们就在孩子们的前后左右；需要我们不管的时候，我们不是全身而退，而是默默、远远地瞭望孩子们的进和退。家长和老师要做的就是在关键的时刻，做那个呵护孩子成长，拨他方向、导他思维的那个人。所以，我想"守望"这个词对教育来说非常重要。

2018 年 5 月 19 日，我们学校所处的大宁街道举行了一场提倡绿色环保低碳理念的"垃圾分类，畅想生活"知识竞赛活动。辖区内共有 20 多个参赛队参加，强手如林。而孩子们只有 3 天的准备时间，更困难的是老师们公认的"王牌军"周末都无暇参赛。那如何选拔参赛队员呢？细细思量下来，也许日常并不特别受"关注"，而常常被"守望"的孩子可能会成为黑马脱颖而出。于是，老师把人选目标锁定为周末无补习、记性好、手速快，知识结构呈现散点状分布的小调皮们。因为周末无补习就意味着是有时间准备并出席大赛，记性好就意味可以在短时间内博闻强

—— 校长观点 ——

**"守望这个词对教育来说非常重要。"**

记庞大的题库，手速快就意味着可以第一时间按响抢答器，知识结构呈现散点分布意味着知识面宽广。于是一支"杂牌军五人组"应运而生，有学校公认聪明却极调皮的"问不到"、有手速极快的学校击剑队队员、……"杂牌五人组"代表学校征战沙场，他们在为学校"荣誉而战"，我们惊诧地发现这些看起来超级调皮的孩子，在准备期间的投入绝对不是我们日常看到的那种"嬉皮笑脸""毫不在乎"，反而是"沉稳冷静""稳扎稳打"，颇有四两拨千斤的感觉。再看他们的对手是谁？有社区志愿者队、有教师队伍、有大学生队伍、还有中小学生队伍。我们的孩子一路过五关斩六将，无论是知识题还是操作题，都是大比分遥遥领先。

这个案例，让我想到：教育的守望也许就是关键时刻的那个行动，给学生方向注入希望、指导行动助其成功。因为未来之人，第一要有精气神，没有精气神什么都没有，什么都干不好；第二要有能力，能力是一种技能，技能可以伴随你终身，可以让你有足够的能力去生存得更好；第三要有情趣，情趣会让我们生活得有滋有味。精气神、能力、情趣，是未来之人所需要的必不可少的三个要素。

—— 校长观点 ——

**66 没有精气神什么都没有，什么都干不好。99**

## 国家的未来发展需要我们把孩子培养成什么样的人

——　校长观点　——

> **"人的个性得以充分良性的发展，社会才会有创新。"**

**教**育部在 1985 年提出了"素质教育"。所谓素质教育就是以儿童为本，以人为本，把学生的个性发展作为发展的基石，把人的发展放在社会发展的前面去考虑。这是教育的一种极大进步，发展到今天，学校教育确实把学生个性发展作为教育的重大内容来推进。人的个性得以充分良性的发展，社会才会有创新。2014 年，教育部在立德树人的背景下提出"核心素养"。2017 年 9 月，中央办公厅提出了关于深化教育体制机制改革的意见，明确提出了关键能力。随着对教育的深化理解，我们得到如下的认识：核心素养涉及四种关键能力，第一是认知能力，即收集信息、采集信息、处理信息的能力，可以调动我们的五官感知这个社会；第二是合作能力；第三是创新能力；第四是职业能力。这四种关键能力指明了学校的育人方向，是掷地有声的"落地板"。

教育，无论是中国式教育还是国际化教育，放眼望去世界顶尖的学校，在选拔人才的时候，不是简单地看分数，而是看综合能力和未来的发展潜力。那未来需要怎样的人？

　　未来需要复合型人才。所谓的复合型人才是指人不要局限于一才、一技、一艺，而是要我们多才多技多艺。古往今来有很多的例子可以说明。比如，法国物理学家帕斯卡，压强就是他发现的，帕斯卡三角形是他对世界数学的贡献，《人是一根会思考的芦苇》是他的文学作品。又比如，古代数学家祖冲之最早发现了 π，并精确到了小数点后七位，直到 1000 多年以后，这个记录才被打破。我们的社会，从最初的石器时代到现在人工智能时代，当人类棋手无法与 Alpha Go 抗衡的时候，当 AR/VR 技术带领我们进入超级时代的时候，当未来很多职业将会被机器所代替的时候，我们应该怎么办？如何获得更多的技能，让自己成为一个复合型的人才呢？我想，我们所处的这个时代就是一个瞬息万变的时代，在感叹一日千里的时候，我们准备好做一个复合型人才了吗？

　　未来需要创意型人才。所谓的创意，更多涉及的是一种审美。记得朱光潜先生在其一篇文章中叙述了不同的人对一棵古松的三种态度：木商心中盘算这些松树可以做成什么器皿，思量着如何卖它、砍它、

—— 校长观点 ——

**❝ 我们所处的这个时代就是一个瞬息万变的时代，在感叹一日千里的时候，我们要做好成为复合型人才的准备。❞**

运它；植物学家分析这棵松树属于哪个科、目、纲，关注它和其他松树异同；画家则思量它苍翠的颜色、遒劲的纹理。三种不同的角色分别表达了实用、科学和美感的三种态度。在今天非常现实的社会当中，大家对艺术的态度以现实居多。那如何让孩子生活得更幸福？我想我们的教育应该让孩子学会欣赏，欣赏建筑之美、舞蹈之美、戏曲之美等等，形成积极的感知艺术的能力。"天生我材必有用"，只要我们耐心观察，就一定会发现每个孩子都有自己的创意，千万不要让我们的孩子局限于课堂和课本之内，也不要让我们孩子的思维仅仅跟着成人的思维进行运转。我们希望我们的孩子从发现美开始，感受美、欣赏美，从而创造美，审美之人应该是幸福之人。

　　未来需要有德之人。教育的过程，就是要一个人逐渐理性的过程。孔子说："志于道，据于德，依于仁，游于艺。"苏格拉底说"美德即知识"。我们会发现，道德会将我们引向非功利、非短视、非物质的社会。现在条件好了，家长可以带孩子到世界各地去旅行。有长远见识的家长，不会带孩子去欧洲到老佛爷购物买奢侈品，也不是踏遍全球迪士尼游乐场，而是带孩子

—— 校长观点 ——

**❝ 每个孩子都有自己的创意，千万不要让孩子局限于课堂和课本。❞**

品味每个国家的文化。比如到海德堡要去走走哲学家之路，在静谧当中思考未来的人生；到波士顿的时候，去瓦尔登湖感受梭罗澄澈的内心；到莫斯科，可以看一下世界上最美的坟墓，感受对托尔斯泰的景仰。在我们这样一个千变万化的世界里，人心的淡泊、人心的纯净，是家长和老师可以带给孩子的，因为我们是他们的引领者、指路人。人为之人，不能缺少教育，我们通过学校教育、家庭教育以及整个社会共同把孩子培养成智慧之人，创意之人和有德之人，从智慧、审美和德行三个纬度，让我们的孩子走得更好。

## 家长要始终陪伴在孩子的前后左右

—— 校长观点 ——

**" 家长要始终陪伴在孩子的前后左右。"**

学校曾经做过一些调查，随机采访了一些孩子："你的爸爸妈妈哪些地方让你觉得他们做得很好，哪些地方你觉得他们可以做得更好？"

孩子们的回答很有趣也很公正。大多数同学认为满意的地方有：

"我的爸爸妈妈很负责任，各方面都盯得很紧。"我认为：孩子们口中说的"盯得很紧"主要是指学习，孩子们觉得这是爸爸妈妈很爱自己、对自己负责任的一种方式，即便是开启"5＋2"和"白＋黑"的疯狂学习模式。

"我很喜欢爸爸，爸爸讲话很幽默。"我认为：孩子口中的幽默，其实是比较喜欢成人用幽默的方式帮助缓解自己的各种压力，希望有玩的时空，希望家庭永远拥有其乐融融的氛围。

—— 校长观点 ——

> **❝ 爸爸妈妈在孩子们的心目中，始终是他们的精神领袖。❞**

"爸爸妈妈很能干，工作很出色。"我认为：爸爸妈妈在孩子们的心目中，始终是他们的精神领袖。父母在工作中表现出色，商场上叱咤风云，即便普通工作岗位的父母取得的成绩，也是足以令孩子们引以为豪的。孩子们同时也在表达因为爸爸妈妈很能干，就常常没有时间陪伴自己成长，失落之情也是存在的。

"爸爸妈妈能够给予我一定的自由。"我认为：孩子们心中的自由，其实很朴实，比如给零花钱和花零花钱的自由，比如给课外活动时间的自由，比如给社交与社会接触的自由。

大多数同学认为不满意的地方有：

"爸爸妈妈总是看手机，打游戏。"我认为：这是一个真实的现象。很多家长可能不一定打游戏、不一定刷屏，但机不离手成为了一种状态，这种肉眼即视的情况对孩子来说是有很大的诱惑力和杀伤力，何况确有许多年轻的父母沉迷于网游和追剧。

"爸爸妈妈有意见不一致，就喜欢迁怒于我。"我认为：家长的意见不统一，有争议是正常的现象。但是把争议的矛头指向孩子，把孩子作为争吵的借口，容易增加孩子心理负担，胆小、患得患失或反抗抵触等不良情绪就会接踵而至。

"爸爸永远在电话中……"我认为：孩子眼中的父亲若永远是个忙碌的人，也就意味着孩子缺少父爱的陪伴；电话中的爸爸对人说话得体和颜悦色、挂掉电话后爸爸对我说话很不耐烦，这也意味着孩子对爸爸态度的不满，孩子感受到的是爱的缺失，反过来，这也表达了孩子对父爱的渴望。

"爸爸妈妈特别喜欢拿我和别人比较。"我认为："比较"从本意上讲是父母希望自己的孩子变得更好，但事实上非常容易挫伤孩子的自尊心和积极性。人比人总是两个结果，一个是你比人家好，一个是你比人家差。而家长的比较，通常是拿别人家孩子的优点来比自家孩子的缺点，长此以往家长的好意却无法得到好的结果，可谓欲速则不达。

"妈妈的标准经常因人而异。"我认为：

—— 校长观点 ——

**" '比较'从本意上讲是父母希望自己的孩子变得更好，但事实上非常容易挫伤孩子的自尊心和积极性。"**

孩子们反映的家庭存在的不良状况，一般情况下是妈妈的问题比较多一些。比如，有的小朋友反映，在家里妈妈对奶奶一个标准，对外婆一个标准。奶奶要管我，妈妈就会说："管这么多干什么呀?!"而外婆要管我，妈妈就会说："对的，小孩子就是要严管，管得再紧点。"又比如：妈妈对自己一个标准，对我这个小孩子又是另外一个标准。妈妈要求我少看电视，最好不要看电视，而自己可以守着电视看几小时，乐此不疲。真诚地希望孩子们的母亲能给予孩子待人接物、对人对己有一个公正客观的标准，从而增强孩子们的处事判断和价值判断，做好孩子们的人生导师。

—— 校长观点 ——

**" 家长应给予孩子对人对己公正客观的标准。"**

"妈妈不懂事，造成我上课迟到。"我们不禁会问：妈妈在干嘛? 孩子，告诉你妈妈，每天早晨要一套一套地换衣服。我们会发现有些家长有时候比孩子还像孩子，我们家长也要学会成长。

"妈妈喜欢扯、喜欢唠叨。"我认为：每个孩子在成长的过程中都会犯错误，家长的责任在于引导，然后解决问题。而不是把陈年烂谷子的事情全部拿出来说事，只为证明孩子的错误。所以说教育批评要有针对性，不要东扯西拉的，孩子反而会云里雾里。

—— 校长观点 ——

**❝ 有效的陪伴是需要大人对孩子成长过程中出现的无数个关乎心理、社交、情绪和行为的'怎么办'做出积极地应对，成为孩子最好的朋友、最好的'心灵指导师'。❞**

总结一下，大人要善于进行反思。我们会发现：孩子眼中的大人，只会下命令。你从不问我想要什么，只是给我一个个安排，让我没有喘息的机会。我认为过于强势的家长教会孩子独断专行，思考问题偏激。孩子眼中的大人，说话不算话。你说要带我去踢足球，可是这个承诺却从没实现过。我认为言而无信的家长教会孩子推卸责任和撒谎。孩子眼中的大人，管得太多。你剪了孩子的翅膀，却怪我不会飞。我认为过于包办的家长会使孩子懦弱，依赖性强。孩子眼中的大人，期望过高。我不是你的复制品，你不能强迫我弥补你以前的遗憾。我认为期望过高的家长会使孩子丧失信心和自我。

## 如何破解孩子的成长密码

过分的溺爱，过分的关注，不仅不能让孩子充分享受到丰富的人生成长过程，还可能限制他们的发展空间，扼杀他们的潜能、机会、兴趣，甚至不如一般学生；有效的陪伴是需要大人对孩子成长过程中出现的无数个关乎心理、社交、情绪和行为的"怎么办"做出积极地应对，成为孩子最好的朋友、最好的"心灵指导师"。

我们学校为孩子们开设了一门德育课程，叫做"成长中100个怎么办？"涉及孩子们在社会规则、学习交往、情绪生理等诸多领域遭遇的困惑和

两难。我这里举几个例子：

关于社会规则。比如："遭遇中国式的过马路怎么办？""家长在校门口乱停车怎么办？""有人在公共场合大声喧哗怎么办？""家长不进行垃圾分类怎么办？"这一系列来源于学生的问题，给予了在生活中培养规则意识的素材。你告诉他不要乱穿马路，"七不"规范是哪"七不"，告诉他没有用，孩子记不住。我们要让孩子自己了解规则、遵守规则、倡导规则，甚至要影响身边的人产生对规则的敬畏。"我们看到中国式的过马路怎么办？"一个小孩的力量是不可能去阻止中国式过马路的人群的。我们可以做什么呢？我们可以告诉孩子，别人在中国式过马路的时候，你可以不盲从，你必须等到绿灯亮了之后再过马路；你也可以劝诫你身边的认识的人，不要中国式过马路。

—— 校长观点 ——

**❝ 我们要让孩子自己了解规则、遵守规则、倡导规则，甚至要影响身边的人产生对规则的敬畏。❞**

关于人际交往。比如："我找不到好朋友怎么办?"日常生活中，我们会发现确实有相当一部分孩子没有好朋友。针对这个情况，我们家长要一分为二去考虑。首先是孩子的个性是不是慢热或比较内向；其次是不是缺少交友的技能，这样就可以对症下药。又比如："好朋友要我帮助隐瞒错误怎么办?"我们就要帮助孩子分析，这个错误是不是原则性错误，若可以当即改正的，则不需要告知大人；若是很大的问题，小孩的能力无法改善，就要求助于成人共同帮助孩子成长。

关于心理情绪。比如："爸爸妈妈喜欢把我和同学做比较怎么办?"我认为，每个家长都希望孩子更好，因此不断地为孩子设置目标，期待在比较中激励孩子成长。但是没有顾及到孩子的心绪，在比较之后若收获持续的挫败，是会严重打击孩子的自信心的。

关于家庭。经常和孩子一起做三件事：一是共进晚餐，现在爸爸妈妈的生活很丰富，工作很忙，但是没有特别的困难，一定要家里坐在一起吃完饭，因为家庭的共同价值观就在餐台上，友好的亲子关系，就在这个过程当中会建立起来。二是邀请孩子一起修理玩具，家具或衣物，偶尔邀

—— 校长观点 ——

**66** 一定要家里坐在一起吃完饭，因为家庭的共同价值观就在餐台上。**99**

请孩子帮忙解决工作中的困难。三给孩子讲故事并邀请孩子自己讲故事，让孩子从听故事开始建立阅读和写作习惯，让孩子尽早学会独立阅读，尽早养成终身阅读的习惯。从来不给孩子讲故事的父母，是不负责任的父母。

我一直觉得，1—6岁的孩子若由老人带大，会有些问题，主要体现在：一是沉默寡言、胆小、特别关注别人的看法。二是无法无天，没有规矩，特别不在乎别人的感受。这两类孩子在学校里在日常生活中都会表现出生活得有点艰难。我希望每个孩子在学校的生存空间里都是自由的，都能找到一种释放自我的空间，而不是做别人的附属品或者是凌驾于别人之上。同时，父母不要忘了每个人都要过独立的生活。如果父母完全围绕孩子转而没有了自己的生活主题，这样的父母常常会以爱的名义干扰孩子的成长。有时候，并不是孩子离不开父母，而是父母离不开孩子。我们希望爸爸妈妈是孩子的榜样，丈夫尊重妻子，妻子尊重丈夫，这样男孩子会像真正的男子汉呵护好女孩子，女孩子也不会瞧不起身边的男同学。

—— 校长观点 ——

**"父母不要忘了每个人都要过独立的生活。"**

—— 校长观点 ——

**" 真正合格的家长，面对孩子，不但要有提携之意，还应该有敬畏之心。"**

# 大人应该向孩子学习什么？

孩子的天空主要是由大人来支撑的，不过大人或许应该放下一直端着的架子，与清醒、与精明做个短暂的告别，向孩子学习，让自己快乐起来，并感染更多的人快乐。真正合格的家长，面对孩子，不但要有提携之意，还应该有敬畏之心。孩子有许多地方比我们敏感，他们对世界的认识很可能比我们更真实，他们的一些缺点，比如淘气，可能真是我们成年人失去的优点。孩子的心灵是立体的，全息的，我们成年人的心灵已经压成片状了。成年人总是把他们看成"不懂事的孩子"，这其实是成年人的傲慢。只有去掉了这种傲慢，我们才会尽量给孩子一些自由活动的时间和空间，让他们自主地获得发展。

最初接触到"大人应该向孩子学习什么"这个话题，是很多年前看了一个 TED 演讲，是邹琪琪 16 分钟的演讲。这是个天才少女，有着非凡的思维方式，她向全世界的大人宣告，大人应该向孩子学习！我截取两段文字片段，与大家共享：

小孩会长大并变成像你们一样的大人。跟你们一样，真的吗？我们的目标不是让小孩变成你们这样的大人，而是比你们强的大人。"我不要做你们的复制品，我要比你们更优秀。不管在生活中你的位置在哪里，你必须给孩子创造机会。这样他们才能成长并让你扬眉吐气"。这就是一个未来世界公民的宣言！

回到我们的现实生活中，我们的家长其实也一直在致敬孩子，不断地发现孩子身上的闪光点。听天家长们的声音：

"我的孩子教会我遵守规则，提醒我每天送他上下学的时候要走人行道，买票不能插队"。

"孩子教会我实事求是，学校的家校练习册要签名，孩子们告诉我检查过了才能签名，没有检查过的签名是欺骗老师。"

"孩子教会我乐观面对，上次下雨天出租车被别人抢掉了，孩子宽慰我，虽然错过了这辆车，没有关系！你可以和我多待一会儿，谈一些别的事情。"

"孩子教会我主动认错，告诉我其实认错没有那么难，下次改正就行！"

首先，家长要学会毫不犹豫地道歉。从孩子很小的时候起，我们就教育他们，如果做了伤害别人的事一定要道歉，说"对不起"。但是反观我们自己，我们是怎么做的呢？当我们伤害了我们亲爱的家人

—— 校长观点 ——

**" 家长要学会毫不犹豫地道歉。"**

和朋友时，我们却常常为了要不要开口道歉请求对方原谅而在内心挣扎不已。很多时候，我们出于所谓的尊严和面子，坚持拒绝做先道歉的那个人。但是孩子呢？他们会毫不犹豫地道歉，"对不起"说得很爽快，对方接受道歉也很爽快，然后刚刚还在猛烈交战的双方马上又玩到一块儿去了。关于这一点，我们还真得向孩子好好学习：如果我们能越快道歉并得到对方的宽谅，就能越快地跨过那些不愉快的沟坎，找回曾经有过的快乐，并且让彼此的感情继续大步向前。其次，接受所有的家人，给孩子的爱，你能一样地给予你所有的家人吗？孩子的爱在感动你之余，还能鼓励你去爱别人，接受别人的真实面目。再其次，要学会装傻扮萌。孩子是最爱笑的，不管是大声欢笑还是独自一人咯咯发笑，哪怕看上去有点傻乎乎的样子，但你不会觉得那是傻，你会说："我的娃真萌！"

家长要学会勇敢，对冒险说 Yes。不管是"无知者无畏"还是"初生牛犊不怕虎"，总之孩子通常比大人有勇气得多。他们会看也不看就跳过壕沟，也从不惧怕去做一些危险的事。而大人总是瞻前顾后、凡事掂量，一定要寻找所谓的最佳解决方案。但是，很多时候就算你把事情掂量一百遍，最终你还

—— 校长观点 ——

**❝家长要学会勇敢，对冒险说 Yes。❞**

是不得不跳过那道壕沟。

　　家长不要总是那么严肃。作为家长，我相信你愿意做任何事情来让你的孩子脸上挂满欢笑。你不介意做些傻乎乎的事，愿意以爱的名义放弃你一贯很酷的作派，只为博得孩子开心一笑。

—— 校长观点 ——

**" 家长不要总是那么严肃。"**

　　父母向孩子学习就要拿出成人的真诚，说心里话说真话，努力成为孩子的好伙伴，建立起对话、交互、融合的家庭教育模式。同时要避开三大误区：

　　一是态度误区，大多数家长认为自己是过来人，见多识广，经常摆出一副家长"尊严"的架子，凡是自己提出的要求，一定要子女绝对服从，以此树立自己的绝对权威。一旦孩子犯了错误，容不得孩子的半点解释。一般来说，孩子犯错误的时候，恰恰是教育的良机，因为内疚和不安会使他们急于求助，而此时明白道理可能使他们刻骨铭心。

　　二是走出情感误区，在教育子女时，作为父亲和母亲要统一战线，不管是严还是慈，从情感角度看，应注意避免以下两个方面：第一不能讽刺揭短，第二不能姑息护短。

　　三是方法误区，道理都会讲，但是方法非常重要。谈话方法的好坏会直接影响到谈话的效果，每个家长倘若都从尊重孩子的原则出发，采取正确的方法，无疑会使谈话令人满意。同时讲话的姿态也很重要，有的小朋友反映父母讲的道理都懂，但是很讨厌成人讲话的姿势和居高临下的气势。

## 让教育闲适一些

这里有一个五年级小朋友的日记，我们来看看他的生活：

妈妈为了让我在比赛当中取得好成绩，报了周三晚上 18:15 分到 20:45 分的奥数短训班。我把这个班称作为"烧脑班"。前 40 分钟我思路清晰，思维活跃，精力旺盛，完全跟得上老师的节奏。接下来的 40 分钟，状态不如之前了，时时在某道题上卡壳，做不出来。第二节课前半段，开始出现一丢丢走神，当老师滔滔不绝讲解压轴题、滔滔不绝讲解五花八门来历不明拓展题的时候，我已大脑死机、目光呆滞了，但仍必须非常耐心听老师慷慨激昂、唾沫横飞地讲啊讲，非常耐心等老师不厌其烦把 30 分钟拖堂的环节进行完毕。最后，我总是在瞌睡虫强势进攻的情况下哈欠连天，东倒西歪回到家里，调个频道继续写语文。宝宝心里苦啊，难受，想哭。

看了这篇小学生日记，可谓百感交集。我们的教育到底要培养怎样的学生，我们的教育能不能闲适一些，让孩子们有沉思、有质疑、有实践的时空。否则，这种紧张且高强度的节奏，只会窄化儿童思考力，浮躁儿童的治学态度，消磨学生求知的欲望。没有了闲适，教育变得越来越盲目、越来越短视、越来越逼仄。负担过重必然导致肤浅。让我们再次强调，让教育闲适一些。

先贤告诉我们，教育是传道授业解惑。在道业之间，如何解学生的成长之惑？我们不断地在学习、不断地在收获。美国社会学家玛格丽特·米德提出了"文化三喻"说，一是晚辈向长辈学习的"前喻"文化；二是晚辈、长辈共同学习的"并喻"文化；三是长辈向晚辈学习的"后喻"文化。今天已经进入文化反哺的"后喻"时代，我们还敢说"我走过的桥比你走过的路还多"吗？在这个时代，人人都是新手，人人都得学会学习。教育就是培育人的精神长相。家长和教师的使命就是让孩子逐步对自己的精神长相负责任，去掉可能沾染的各种污秽，培育人身上的精神"种子"，让人可以呼吸高山空气，让人可以扬眉吐气。孩子的成长需要我们守望相助。

—— 校长观点 ——

**" 我们的教育能不能闲适一些，让孩子们有沉思、有质疑、有实践的时空。"**

问津校长

**家　长**：幼升小，家长应该准备什么？如何准备？

**李　莉**：一方面是孩子们的情绪。所谓的情绪，就是孩子准备好了入学的心理准备了吗？很多小孩子在还没有成为小学生前，就已经把小学看成了洪水猛兽，这种情况就是明显的心理建设出现了偏差。

另一方面是孩子们的精气神。一个性格开朗的孩子，他更加容易汲取外界新生事物。我们的家长在培养孩子的过程中，我希望在精气神这块要注入这样的几个元素。一是体育锻炼。这是让孩子们在流汗的过程当中培养品格、培养意志、培养体育精神最好的方法，可以为他们在学习的过程当中克服很多困难提供基础。二是大量阅读。我们在小学之前要培养孩子喜欢阅读的习惯，要学会让小朋友欣赏最美好的绘本。现在的绘本很多，绘本用极其少的文字和非常丰富的图案，给孩子们提供了一个个美好的、真实的、现实的故事。

**家　长**：如何培养孩子良好的学习习惯?

**李　莉**：我觉得聆听和静心思考是两个最初要养成的习惯。

（1）培养认真聆听的习惯。首先要关注讲的内容是否适应孩
子的年龄阶段，其次要关注讲的方式是否是孩子感兴趣的方
式。成人首先要改变的是选择内容和改变方式，其实每个孩
子都有自己听的习惯，有些孩子的听，生来就是断点式的。
比如我们上课的时候有老师会说，这孩子永远不听，但让他
回答问题回答得很好。我们可能简单地认为他是聪明，其实
孩子的学习习惯千差万别，他的学习方式、听课的习惯就是
断点式的，他会截取。有的孩子聆听方式就是完整性的，然
后再做信息筛选。也有一些孩子是完整式的聆听方式，但
可能就是眉毛胡子一把抓，你会觉得这个孩子上课听得很认
真，成绩一般，甚至不太好。小朋友的聆听，主要是方式不
同造成了结果不同。

（2）培养精心思考的习惯。我们要培养孩子思考的习惯，成人提供给孩子的任务、问题，必须要有一定的内容、一定的难度、一定的挑战性，才能驱动思考的深度和广度，孩子认真思考的习惯也会慢慢养成。

# 助力每一个孩子主动健康发展

**何学锋**

　　闵行区实验小学校长、七宝外国语小学校长，上海市特级校长、正高级教师，上海市第十次党代会代表，上海市劳动模范，上海市教育学会小学管理专业委员会副主任委员。以"启蒙养正　明理成人"为核心办学理念，积极探索优质公平背景下一校多区的办学实践，使得百年老校在办学规模超常规持续拓展中焕发出了新的生机和活力。

—— **校长观点** ——

**" 每个孩子
的成长，必须
自我完成，任
何他人都无法
'替代'。"**

家长和社会对教育的焦虑程度，从我的感受度来讲，好像是每年都在提升。有些焦虑是来自横向的比较，如与亲朋好友，尤其是和单位同事之间比较，孩子在哪里哪里上什么学，参加什么培训，比较之后焦虑程度不断提升。在我看来，更多的焦虑来自对于如何家庭教育做得更好，家长缺乏相应的方式、方法、路径或策略。在此，就如何助力孩子更好地成长，我分享一些想法。这个话题有三个关键词：

关键词一：助力。我感觉每个孩子的成长，必须自我完成，任何他人都无法"替代"。这一点，家长包括老师都一定要认识清楚。

关键词二：主动。我们的家长和老师，在孩子的成长过程中要非常关注"主动性"的培育和激发。小的时候孩子参加什么班、学习什么乐器，基本上是家长设计好的，以家长的意志为转移。小学上什么，初中往哪里去？大学考什么专业？很多孩子到了高二高三，还从来没有想过我未来要学习什么，都是父母在帮他决定。这导致很多孩子现在大学一毕业就失业了。找工作，要爸爸妈妈在那里催，在那里盯。甚至谈恋爱都是爸爸妈妈、爷爷奶奶在急，孩子不急，因为他从小到大都是大人安排好的，一直没有主动性，"我要做什么"这样的意识是相对缺乏的。

关键词三：健康。在幼小阶段，孩子的成长一定是要"身心和谐发展"，闵行实验小学这些年来一直非常关注八个字：蒙以养正，群且自主。我认为，在幼小阶段，一是启学识兴趣之蒙，激发学生对大自然、人类社会以及基础性学科的兴趣与热爱，

—— 校长观点 ——

**❝在孩子的成长过程中要非常关注'主动性'的培育和激发。❞**

为他们的终身学习与发展奠定坚实的基础。二是养言行德性之正，关注学生良好生活、学习和礼仪规范的养成，关注心理健康和品格涵养。三是育乐群尚公之品，学会与人相处，养成公民意识，合作共济、立己达人。四是立自主自强之格，初步培育学生的自主性和独立性，提升自理生活、自主学习、自我教育的意识和能力。

## 关注孩子学识兴趣的正确启蒙

小学阶段是孩子学科学习的起步阶段。在小学阶段对于学科知识的学习、掌握，考试拿一个好的分数固然重要。但是更为重要的，是在这个过程中，能不能同时帮孩子养成良好的学科学习的习惯，培养孩子对这门学科的兴趣，以及在这门学科的学习过程中，养成具有学科特性的思维方法。这很重要，这是未来留在孩子身上最本质的东西。从小培养的习惯、兴趣和思维方式，会积淀在孩子身上。越是从小养成的习惯，越是很难改变，对未来的学习、成长影响非常大。我想举三个案例来和大家做分享。

案例一：蒙正阅读计划。

阅读对孩子成长的价值，不用我多说，

—— 校长观点 ——

**❝ 小学阶段，帮助孩子养成良好的学习习惯、学习兴趣和思维方式，更为重要。❞**

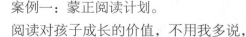

大家都已经认识到。从家庭、学校，尤其是小学，在做阅读教学的非常多。但是我们要思考，在培养孩子阅读能力的时候，如何能够从兴趣切入，帮孩子建立一种良好的阅读习惯，而且是未来能够自主阅读的习惯。从这个意义上来讲，我们学校做了"蒙正阅读计划"。我们的想法是从低年级入手，依据孩子的个人喜好，发现和培育阅读兴趣，在此基础上逐步引导专题性的阅读，最终帮助孩子形成具有一定自我规划能力的自主个性阅读。

孩子阅读计划的培养，主要分为三阶段：

第一阶段，兴趣导向的随机性阅读。以兴趣为导向，只要孩子感兴趣的就可以去读。让孩子自主选书，张扬不同个性。现在的家庭条件好了，给孩子买书不在话下。有的家长一买一堆，回去慢慢读。问题是你买回来的书，你感兴趣，孩子感兴趣吗？有几本书是孩子从头到尾会读的？我们是否可以调整一个思路？我们学校鼓励家长陪孩子到书店选书。刚刚起步阶段，不一定一开始就是世界名著。他喜欢什么就挑什么，哪怕很幼稚，喜欢昆虫的，就买昆虫。哪怕喜欢明星，只要这本书的内容是健康的就可以。这个过程当中你不是

—— 校长观点 ——

**❝ 以兴趣为导向，只要孩子感兴趣的就可以去读。❞**

—— 校长观点 ——

**66 小朋友在选书时，你可以在旁边观察，可以做深度的引导，看看孩子到底喜欢什么。99**

没有事情干，小朋友在选书时，你可以在旁边观察，可以做深度的引导，看看孩子到底喜欢什么。大家注意，孩子的兴趣要靠家长去发现、培育的。

第二阶段，主题导向的半计划阅读。在凭兴趣阅读的基础上，慢慢根据孩子的特点推进一点有主题倾向性的书单。学校是配合阶段性的活动做。学校这几年在做校园四季的系列活动，我们每个季节有自然的变化，还有传统文化节日。像今天是端午节，我们在夏季活动中会结合端午节了解中国传统文化。对孩子的阅读，可以有一定导向性，我们称之为每个月的"加餐"，增加主题导向和校园主题系列活动。

第三阶段，自主导向的全计划阅读。以班级为单位，分享孩子的阅读计划，这周读什么，这个月读什么，有的小朋友会排计划。这些阅读单，在班级、年级当中分享，通过分享，一方面让孩子之间互相比较、互相激励，也可以了解别人在读些什么，慢慢地我们引导孩子有计划、有个性地阅读。这种阅读计划，比如暑假可以随着不同的时间段，不同的心情，有计划地进行适度的规划。我们都有体会，阅读这件事，心情不一样的时候读的东西不一样，不同成长阶段读的东西也不一样，孩子阅读要有计划。

案例二：超前学习与思维培育。

近两年，超前学习现象在小学低年级阶段越发明显。粗略了解，小学以数学学科为例，一个班级半数以上的孩子有超前学习。超前学习多数在培训机构，超前有半年甚至更多。超前学习因培训人员及孩子个体之间的差异，有弊或者有利，很难说。对有的孩子来讲，对学习有帮助，但是弊的因素也不容忽视。

在小学阶段、低年级阶段大概有两方面的弊端。在学习过程当中，相应知识提前学会，孩子觉得学习很容易，时间积累，会积成孩子对新知识探求欲望的缺失，会助长课堂上不专注听讲的不良习惯。因为懂了，学校的老师又没有关注到不同孩子之间的差异。孩子不感兴趣了，注意力不集中，做小动作、讲话、开小差。同时，更重要的是超前学习使一部分孩子阶段性学习表现比较好，掩盖了可能存在的思维问题。我看到一个案例，爸爸妈妈说我们孩子一二年级每门课考试都是 100 分，到二三年级突然就下来了。这是由于前面孩子的学习可能也有问题，因为提前学习过，他懂了，家长、老师便没有发现孩子在学习当中思维的障碍。最终导致孩子学习过

—— 校长观点 ——

**❝在学习过程当中，相应知识提前学会，孩子觉得学习很容易，时间积累，会积成孩子对新知识探求欲望的缺失，会助长课堂上不专注听讲的不良习惯。❞**

程中思维习惯培养、能力培养的缺失。

案例三：英语学习和语言发展。

近年来，尤其是在上海这样的城市，幼小阶段的英语学习受到了空前关注。上海孩子的英语，不管是校内还是校外，水平都非常高。当然，英语机构的培训课程，尤其是校外机构，水平良莠不齐。在小学阶段，从家庭和学校角度来讲，我们如何培养孩子的英语学习兴趣，助力孩子的语言发展呢？

大家都很关心，入学前是否要给孩子学英语？现在很多家庭都在或多或少地学英语。如果说条件允许，可以让孩子适度地接触英语，但一定要注意英语学习的资源、品质。我觉得入学前，最重要的是培养孩子英语的语感。

我兼任七宝外国语小学的校长，民办学校在面谈孩子英语方面能力的时候，不是要你掌握多少单词，而是通过模仿短句、模仿单词，判断你的语音语调。语音语调，是孩子学习一门语言时，能够助力他快速提升的最重要基础。年纪大一些的都知道，我们小时候，条件不够，我们的英语老师水平也不怎么样，讲英语的语音语调起伏、语感不像讲母语那么自然，这样会影响语言的发展。进入小学之前，让孩子学一些

—— 校长观点 ——

**❝ 我觉得入学前，最重要的是培养孩子英语的语感。❞**

纯正的英语，或者是多听一些简单的绘本故事，让孩子跟着纯正的语音语调模仿、培养语感还是比较好的。

进入小学以后，应该要养成非常好的英语学习习惯：

（1）养成每日听读英语的习惯，在小学低年级阶段主要是模仿，包括模仿教材的录音，课外的材料，最好也是寻找一些有音频的绘本类书让孩子听读，这是非常重要的。

（2）每日记忆，英语在低年级阶段还需要大量的积累，每天学习的内容，一定要化为自己的东西。

（3）多为孩子创设英语学习、英语感受的机会。比如说早上起来，在家里面可以放一些英语的儿歌，或者听听英语的新闻。父母语言条件好一些的，早上和孩子做英语对话也可以。

（4）多阅读。随着孩子渐渐长大，小学中高年级可以让孩子多接触一些原版英语绘本的东西。因为原版的东西，可能语

—— 校长观点 ——

**❝ 英语在低年级阶段还需要大量的积累，每天学习的内容，一定要化为自己的东西。❞**

言表述方式还是不一样的，包括语言表述的背后的文化色彩。增加孩子的阅读，也在培养孩子英语阅读的习惯。

在这里，简单介绍一下闵行实验小学英语学习启蒙的特别关注点：

（1）强调语音的准确性。首先，现在我们的英语老师，应该说质量要比原来高很多。我们学校的英语老师，不仅是考级的水平高，关键我们也看语音语调。在职的老师，请华师大专门教语音的老师来做培训。我认为在孩子一年级的时候语音语调的培养是最重要的。老师在课堂当中关注孩子的语音并及时评价。实验小学的孩子，录音之后要给老师听的，就是这个道理。

（2）关注语言表达的完整性。小的时候我们学英语，都是一个词语、一个词语蹦出来的。现在我们要求学生和老师交流，不能一两个词语，而是要把话说完整，可以说得短一些。但是小完整的句子、小语段，逐步练习，孩子的语言能力就会提升。

（3）关注孩子语言表达的切实性。英语学科的教学非常讲究语境，教师要善于创设合理的语境，而且语言的表达规范性，要和语境相连。随着语境的迁移，话语要在不同的语境里面运用。这样才能体验到

—— 校长观点 ——

**66 在孩子一年级的时候语音语调的培养是最重要的。99**

不同语言背后的文化。

（4）关注语言思维的培养，尤其是引导孩子用英语做一些思维，这非常重要。

（5）关注语言文化的渗透。学校里面也会在课外搞一些国际文化节，把它引进到课堂教学当中。

## 关注孩子好习惯有效养成

习惯大家都在培养，如何有效养成孩子的习惯？有三个有趣的小镜头。

上学了，爷爷奶奶帮着宝贝背着小书包，送到校门口还依依不舍。放学了，孩子还在队伍当中，就过去把孩子的书包接过来了。有的孩子见到家长，习惯性就把书包扔给家长，这是校门口最常见的情景。

上课期间家长给老师发信息："老师帮我看看孩子喝水了没有？提醒他多喝水。""老师，今天我给孩子穿少了，帮我看看他的手凉不凉？"

晚上爷爷奶奶爸爸妈妈帮孩子整理好所有的东西，第二天小朋友跑到班级里面交作业的时候傻眼了，这个找不到，那个没有了，说妈妈忘记帮我放进去了，老师我的作业找不到，放在家里面了。

这三个小镜头反映出同一个问题，孩

—— 校长观点 ——

66 英语学科的教学非常讲究语境，教师要善于创设合理的语境。99

—— 校长观点 ——

**" 孩子在渐渐长大，我们要学会放手。"**

子在渐渐长大，我们却没有学会放手。正是这些"善意"的举动，正在侵蚀和剥夺锻炼孩子的能力、养成孩子习惯的最佳时间。小学阶段，很多孩子最困难或者是有问题的，不是知识的学习，而是习惯的养成。对孩子来说，小学阶段好习惯的养成，远比学习知识更重要。

我认为，小学阶段需要养成以下习惯：

（1）整理学习用品。这其实在幼儿园阶段就要养成，我个人感觉到，这是责任心的培养，是条理性的培养，是一种统筹能力的培养，是一种主动型的培养。整理学习用品，带给孩子的助益很多。像整理书包，不要怕孩子慢，第一个礼拜慢，第二个礼拜就好一些，第二个月就好很多了。关键是一开始的时候，家长一定要做一些指导、帮助。学习用品如何分类？用具、作业、教材等等，这个分类是一种条理性。书包里面什么先放？大的先放还是小的先放？哪个放上面，哪个放下面都有讲究，都在培养孩子的能力，真的是这样。

（2）专注力的培养。刚才也讲到了专注力，孩子懂了，不听了，专注力就差了。很多孩子上课，会把橡皮切得很碎，也切得很工整。有的孩子，你看他听得很认真，实际上思绪早就飘出去了，注意力不集中。

注意力不集中的成因有很多，但是有的和家里有关系。大家看看，孩子在看书，爷爷要和孩子套近乎，跑到旁边："宝宝你在看什么？和爷爷讲讲看。""宝宝你在画什么？画得这么像？"在玩玩具、吃饭时，都会有善意的打断。本来他在专注玩玩具，玩的时候也在动脑筋。你不断地刺激，今天刺激、明天刺激，孩子的注意力时间本来就短，你一直刺激、打扰，他就出问题了，这会牵移到课堂上。

专注力的培养，一是减少家长不必要的打扰或者是唠叨。二是专心做一件事，比如吃饭的时候，有的小朋友一定要拿玩具，同一时间段会做两件事。吃饭就是吃饭，吃饭之前 10 分钟不能离开桌子，这样的规矩还是要做。三是定时定量学习，我一直和一年级孩子的家长讲，作业习惯要培养好，否则随着年龄增高，作业量大了，你最头疼。别的小朋友 8、9 点就睡了，你的孩子要 10 点、11 点。当然，孩子的能力有差异，关键问题是他在养成习惯，相应的时间里面做一定量的功课，目标、任务、时间定死，当然可以有适度的奖励、奖赏，有针对性的表扬和鼓励。

（3）"善听乐说"的习惯。不管是家庭还是学校，尤其是学校的课堂当中，发现

—— 校长观点 ——

**66 吃饭就是吃饭，吃饭之前 10 分钟不能离开桌子，这样的规矩还是要做。要培养专注力。99**

—— 校长观点 ——

**❝低年级的老师对孩子倾听时的要求就是'三个到'：耳到、眼到、心到。❞**

相当部分孩子不善于倾听。生活当中，也会随意打断父母、同伴的讲话。课堂上，当老师、同学发言的时候，很多学生不注意倾听，有的似听非听。因此，孩子倾听习惯的养成非常重要。包括在家里，我们和孩子交流沟通的时候，也要关注。低年级的老师对孩子倾听时的要求就是"三个到"：耳到、眼到、心到。眼睛看着说话人的表情，耳朵听说话人的语气、语音、语调，要将全部的注意力集中在说话人的身上。一年级的孩子，英语的词汇量少，语言表达能力比较弱。他的表达，尤其是回答老师的问题，喜欢用一两个词简单地回答。在小学当中这样的现象很多，会问小朋友对不对？上来说"对"。老师会让他完整地讲一遍，什么情况下是对的？引导孩子把句子说完整，其实在这个过程中，是不断培养孩子表达的能力。有的孩子，可能心理原因，心里明白但不善于说。家长说，孩子什么都清楚，但是就不说。不说，要想办法培养他说。尤其是小的时候，不是他天生不说。你越是不让他说，他越是不善于表达，表达能力一定要慢慢培养。

（4）"质疑好问"的习惯。小学阶段，孩子处于一个思维活跃、好奇心强的时期，喜欢刨根问底，喜欢提问、善于提问，是

一种主动学习的表现，也是一种积极状态
的表达。如果我们不注意保护、鼓励以及
培育，往往会扼杀孩子的这种天性，也会
在很大程度上打击孩子学习的积极性。

听低年级孩子的课，感觉自己也会非
常有兴趣，因为小朋友的确有各种各样的
想法，小手都举得很高，发言、表达的积
极性都很高。到四、五年级，看上去一个
个很成熟，老师再提什么有趣的问题，都
在那里看着，不再举手。有的时候是孩子
长大了，不像小时候的状态了。但的确有
的孩子，如果再不注意，孩子不敢问了。
每个孩子在班级群体里面都有自己的心理
定位，我提的问题水平不行，老师不太喜
欢，所以他不问了，不举手。

如何培养提问的习惯很重要，我认为，
家庭和学校都有任务。

一是要给孩子创设想问、敢问的环境。
家里面的家长，即使孩子上了小学，也不
要认为孩子烦，什么事情都要问。其实，
真的是一个好的现象。我感觉到，如果
你用欣赏的眼光看自己的孩子，心情会很
愉悦。

二是引导孩子观察发现，善于提出问
题。我们学校这些年来一直强调要保护孩
子的表达、发言积极性，要还给孩子提问

—— 校长观点 ——

**❝ 每个孩子
在班级群体里
面都有自己的
心理定位，我
提的问题水平
不行，老师不
太喜欢，所以
他不问了，不
举手。❞**

的权利。在我们的课堂教学改革当中，把课堂还给学生，其中一个就是还给孩子提问的权利，这是孩子的权利。低年级，孩子有很多的假问题、空问题、没有意义的问题，这个很正常。他提的问题很精准，为什么还要上一年级？所以很正常。

三是留给孩子思考和互动的空间。这点在我们学校课堂教学当中更为重要。孩子的思维有差异。有的孩子一看这个文章问题就出来了，一看这个题目问题就出来了，而有的孩子要等 10 秒、20 秒甚至 1 分钟。我一直和我们的老师讲，也不太赞成外面所谓的公开课，这个课上得非常流畅，老师一个问题，没有两秒钟就有小朋友举手，三秒钟一个小朋友回答好了。你想想，这个孩子是考虑好了、想好了，还有 2/3 的孩子没有反应过来，问题还没有生成你就已经结束了。这些孩子就只是"陪读"。长此以往，孩子也没有提问的兴趣，提问的能力也弱了，最后形成一个定式，反正我提不出问题了。尤其是学校更加要注意。如果由于孩子提问，老师有不恰当的做法，家长一定要和老师做沟通，相信现在老师的理念都不一样了。我和家长讲，回家要问问孩子，你课堂上今天提问了没有？

四是引导孩子质问问难的思维路径与

—— 校长观点 ——

**66 要还给孩子提问的权利。 99**

方法。比如，你看到这个题目会有什么样的问题？进行质疑。看到一篇文章，里面有几个人物，根据人物关系有没有问题？根据文章当中的疑难词、句，你有没有问题？根据文章的故事情节你有没有问题？根据文章当中有哪些和你生活经验不相符？"你有什么问题？"这是老师可以培养的思维路径和方法。现在有很多家长自己这方面的研究很多，可以给孩子不同方法的引导。

习惯生活的养成也非常重要。

一是自理生活的习惯。自己穿衣服整理床铺，收拾房间。到了小学，中午吃好饭，餐具都要自己收拾的。保管好自己的物品，这一点现在的孩子问题很大。学校最常见的事，上好体育课，问学生操场上的衣服是谁的？没有一个小朋友承认是自己的。最后找到是他，问他"这件衣服是你的吗？"因为早上这件毛衣是妈妈套上去的，他不知道自己穿了什么。有些孩子不知冷暖，体育课再热不脱衣服。有一个孩子去上社会实践课，因为下雨，学校发了一次性的雨衣，他穿了之后。后来老师发现他穿着一次性雨衣坐了半天，很热，但是不脱。他没有养成热了脱衣服、冷了穿衣服，或根据季节的冷暖穿衣服或者是脱

—— 校长观点 ——

**"'你有什么问题？'这是老师可以培养的思维路径和方法。"**

—— 校长观点 ——

**❝ 这些习惯看起来都是小事，但是很重要，家长不要替代。❞**

衣服的习惯，这些习惯看起来都是小事，但是很重要，家长不要替代。上述这些问题都是替代造成的。

二是文明礼仪的习惯，熟人见面主动打招呼，公共场所要安静。

三是运动锻炼的习惯也真的很重要，国家已经把这个提到了非常重要的位置。早上只要有升旗仪式，像现在的天气，8点 10 分在操场上站 10 分钟以上，一定会有孩子出问题，随着时间的推移，一个个有脸色煞白，会被老师扶到卫生室，卫生室一看，有一排。体育锻炼，一定是习惯的养成。一要坚持，每天要有固定的时间。我们学校有布置体育作业的。二要培养孩子对体育运动项目的兴趣，现在的孩子好多了。

我参加区人大对体育全民健身的视察，明显感受到现在的中老年人体育健身的意识越来越强，但是有很多中老年朋友，喜欢的体育项目没有，或者是体育运动方面的东西了解比较少。从小培养的兴趣，可能你到了中老年以后，慢慢会拿起来，作为健身的项目。所以，要从小培养孩子至少一个以上的体育运动项目的兴趣。还有乐器，尽量让孩子学一样乐器，对于提升他的音乐素养、音准的培养都有好处。带领孩子更多地走进大自然，养成户外运动的习惯。

所以，现在我们学校做校园一年四季的主题系列活动，我们会建议家长双休日、节假日带孩子到户外走走。现在的孩子和大自然接触真的太少了。

## 关注孩子"合作—自主"意识和能力的培养

为什么我一上来就讲"蒙以养正，群且自主"？孩子的合作能力培养以及孩子自主意识和能力的培养，都非常重要。大家知道，现在的独生子女比较多，孩子与同伴多人在一起的游戏和活动机会相对较少。在家里面，又始终处于中心的位置。因此，孩子的合作交流、沟通的意识和能力相对欠缺。另外，孩子很多的学习和生活都是由家长全程设计、掌控，甚至不仅是掌控，而是直接代替。学什么乐器、报什么培训班由家长选择，这样一种现象，逐渐压抑了孩子未来发展所必须具备主动性、能动性的培育。

家庭层面培养孩子"合作—自主"意识和能力的建议：

（1）不给孩子随意贴标签、下定论。

**"不给孩子随意贴标签、下定论。"**

"你这道作业做来做去不会做，看样子你就是不会了。"你讲者随意，小朋友听在耳朵里，一次还好，两次、三次之后，小朋友会自我暗示，妈妈一直说我不行，我肯定不行。

（2）逐步放手，传递信任。我也希望家里面给孩子一些小岗位，我自己的成长非常有体验。我小的时候爸爸在外地工作，我在家里做很多的家务，因为妈妈规定，妈妈下班前我自己要做好饭、地扫好。那时候一个小时的时间，你肯定要安排好，淘好米，烧饭，菜理好，然后去拖地。我觉得这就是一个统筹的能力，脑子当中很清楚，一个小时后妈妈要回来，我要把这些事情做好。如何按时做好？一定要有统筹能力。家里给孩子不同的适合的岗位非常重要。而且他会感觉到自己是家庭的一份子，也在为家庭作贡献。

（3）征询意愿、倾听需求。用陪伴和引导的方式来培育自主和自信。家长和孩子商量时，一定不要把自己的兴趣强加给孩子作为他的兴趣。

（4）关注孩子的差异性。善于观察和捕捉孩子身上闪现的"苗子"。每个孩子不一样，不是人家的孩子小提琴拉得好你的孩子就要去拉小提琴，可能你的孩子画画比较好。比如你的孩子体育就比较好，一上去就知道是运动的料，不用教，他跑步的协调性、接触球的协调性就不一样，这就是孩子的天赋。而且有些因为年龄特点，可能差异性还没有表现出来。8 岁没有表现出来，10 岁没有表现出来，但是他有潜能。家长和老师要关注孩子偶尔闪现的"苗子"。比如孩子到图书馆看书、买书，突然对《时间简史》《国家地理》这样的内容感兴趣。要把闪现的"苗子"开发成孩子未来发展的可能性。

—— 校长观点 ——

" 关注孩子的差异性。善于观察和捕捉孩子身上闪现的'苗子'。"

问津校长

**家　长**：我想请教下，家长应该如何帮助培养小朋友的自尊心?

**何学锋**：如何培养孩子的自尊心，我感觉对不同的个体来讲是不一样
的。孩子的教育要把握好一个"度"的问题，小的时候我们
会尊重，但一味地尊重会有问题，一味地顺从也有问题。比
如刚才讲到的孩子的兴趣，他不太好的兴趣、偏的，我们一
定要引导。度的把握，每个孩子都不一样。孩子听下来，有
点挫折，如果说引导得好，其实是一个好的教育机会。孩子
可能太顺了，让孩子受到一些挫折也没关系。当然，我们可
以和班主任老师沟通，和鼓号队少先队的老师沟通。要给孩
子一定的挫折，你也要引导，适度的批评也需要。孩子今后
的学习、今后走向社会，一定会碰到挫折。但是，如果度把
握不好，孩子就有可能会自暴自弃。你和班主任老师也要沟
通好，同时对孩子的状况要有所跟进。总之，我认为要让孩
子接受适度的挫折，要鼓励，以鼓励为主。

**家　长**：我想请问学习效率方面的问题。我们做到了定时定量，一定

的时间内做作业，但是效率很低，一直提不上去。在这方面，您有没有好的建议和方法？

**何学锋**：做不好作业，一是习惯问题，动作慢。这个时间段里面如果一直是很认真地做，就是他的思维跟不上，比如数学，他解题慢，主要是对知识的理解不够。二是熟练程度有一些问题。熟练程度，可能要提高一些训练的量。

# 后　记

自 2017 年下半年以来，"让孩子成长得更好"名校长公益大讲堂已经成功举办了两季，18 位沪上知名校长登台开讲，为青年家长解疑释惑，把平和理性的教育理念传递给家长，也传递给全社会。校长们所带领的学校，社会美誉度、家长认可度都较高，他们的教育思想、教育方法、实践案例，对于家长而言很有启发、很有共鸣、很有说服力。随着名校长公益大讲堂的社会影响力不断扩大，许多无法到现场聆听的家长，纷纷表达了希望通过书面形式了解校长真知灼见的心愿。

为了更好地满足广大家长的迫切需求，在全社会传播、倡导先进的教育理念，缓解家长中间普遍存在的教育焦虑，在共青团上海市委员会、少先队上海市工作委员会的指导下，本书顺利付梓，与广大家长读者见面。

在这里，要诚挚感谢共青团上海市委书记王宇同志亲自倡导、支持、推动名校长公益大讲堂的成功举办，并为本书作序；感谢上海市少工委主任赵国强同志亲自指导名校长公益大讲堂的筹办和本书的编纂等工作；感谢 18 位校长大力支持实录的编辑出版；感谢共青团上海市委少先队工作部、上海少年儿童研究中心、青年报社和何婷婷、杨江丁、柳咏、陆旭泽、乔晓蕾、王丹青、元琴、周胜洁、楼岚岚、胡雅君等为本书编辑出版所作的工作和贡献。

敬请各位读者对本书提出宝贵意见，并继续关注名校长公益大讲堂的持续举办。

"让孩子成长得更好"名校长公益大讲堂项目组
2018 年 7 月

**图书在版编目(CIP)数据**

让孩子们成长得更好:名校长公益大讲堂实录. 第 1
辑/共青团上海市委员会,少先队上海市工作委员会,
上海市少先队工作学会编. —上海:学林出版社,
2018.8
ISBN 978 - 7 - 5486 - 1427 - 2

Ⅰ. ①让… Ⅱ. ①共… ②少… ③上… Ⅲ. ①中小学
教育-文集 Ⅳ. ①G63 - 53

中国版本图书馆 CIP 数据核字(2018)第 168735 号


**责任编辑** 楼岚岚 胡雅君
**封面设计** 张志凯


**让孩子们成长得更好**
——名校长公益大讲堂实录(第一辑)
共 青 团 上 海 市 委 员 会
少先队上海市工作委员会 编
上 海 市 少 先 队 工 作 学 会

出　　版 学林出版社
　　　　　(200235　上海钦州南路 81 号)
发　　行 上海人民出版社发行中心
　　　　　(200001　上海福建中路 193 号)
印　　刷 上海盛通时代印刷有限公司
开　　本 890×1240　1/32
印　　张 13
字　　数 33 万
版　　次 2018 年 8 月第 1 版
印　　次 2018 年 8 月第 1 次印刷
ISBN 978 - 7 - 5486 - 1427 - 2/G · 544
定　　价 58.00 元